国家社会科学基金项目“用社会主义核心价值体系引领和整合社会思潮研究”（项目批准号：10BKS059）

信阳师范学院学术著作出版基金资助出版

使命与引领

以社会主义核心价值体系引领社会思潮研究

单刚 等著

中国社会科学出版社

图书在版编目(CIP)数据

使命与引领：以社会主义核心价值体系引领社会思潮研究／单刚等著．—北京：中国社会科学出版社，2016.12

ISBN 978-7-5161-9269-6

Ⅰ.①使… Ⅱ.①单… Ⅲ.①社会主义建设—价值论—研究—中国 Ⅳ.①D616

中国版本图书馆 CIP 数据核字(2016)第 270867 号

出 版 人 赵剑英
责任编辑 田 文
特约编辑 陈 琳
责任校对 张爱华
责任印制 王 超

出 版 中国社会科学出版社
社 址 北京鼓楼西大街甲 158 号
邮 编 100720
网 址 http://www.csspw.cn
发 行 部 010-84083685
门 市 部 010-84029450
经 销 新华书店及其他书店

印刷装订 北京君升印刷有限公司
版 次 2016 年 12 月第 1 版
印 次 2016 年 12 月第 1 次印刷

开 本 710×1000 1/16
印 张 16.25
字 数 246 千字
定 价 69.00 元

目　录

导　　论

在人类社会发展史上，社会思潮作为一种特殊的社会意识现象，总是如影随形、若隐若现地伴随着社会的变革、转型与发展。每一种社会思潮在其起源、传播和流变过程中，都以其特有的方式发挥着一定乃至巨大的能动作用，对一定时期的思想文化和社会生活产生或强或弱、或大或小、或长或短的影响。社会思潮犹如社会意识领域的“晴雨表”，纷繁复杂的社会矛盾和社会意识往往通过它集中地体现出来。在全球化深入发展特别是我国全面深化改革、积极扩大对外开放的今天，开展对社会思潮及对其引领问题的研究，对于提高我国新时期新阶段社会主义意识形态建设水平，对于建设社会主义文化强国以致中国特色社会主义整体事业健康发展，不仅具有一定的理论意义，并且具有重要的实践价值。

一　社会思潮的内涵、特征与作用

社会思潮的形成、传播和影响几乎涉及一定社会经济基础和上层建筑的各方面，而对社会思潮基本问题的研究也必将涉及社会意识的基本问题以及现实意识形态建设的实际问题。应当说，加强对社会思潮内涵、性质、类型、特征以及形成、传播、作用、与主流意识形态的关系等基本问题的研究，是开展以社会主义核心价值体系引领社会思潮问题研究的一把钥匙。

（一）社会思潮的基本内涵

关于社会思潮的界定，中国近代思想家梁启超先生曾有一段精辟的论述："凡文化发展之国，其国民于一时期中，因环境之变迁，与夫心理之感召，不期而思想之进路，同趋于一方向，于是相与呼应汹涌，如潮然。""凡'思'非皆能成'潮'；能成'潮'者，则其'思'必有相当之价值，而又适合于其时代之要求者也。"[①] 这一观点明确地告诉人们，社会思潮应当具备时间阶段、社会环境、社会心理、思想理论、群众基础、时代要求等要素或条件，其形成和传播必须实现这些要素和条件的有机契合。在此基础上，梁启超先生还将社会思潮划分为启蒙、全盛、蜕分、衰落四个时期。这为我们深入研究社会思潮奠定了良好的认识基础，具有一定的借鉴意义。

改革开放以来，社会思潮问题受到了学界越来越多的关注。近年来，学术界从不同的视角、以不同的方法对社会思潮进行了更深入、更系统的研究，对社会思潮的基本含义作出了多种界定，其中既有诸多共识，也有一定差异，争议的焦点集中在社会思潮的内在结构及其在社会意识结构中的地位上。归结起来，国内目前有代表性的观点主要有"综合说"和"中介说"两种。[②]

从"综合说"的观点出发，社会思潮是"反映特定环境中，人们的某种利益或要求并对社会生活有广泛影响的思想趋势或倾向"，"有时表现为由一定理论形态的思想作主导，有时又表现为特定环境中人们的社会心理，是社会意识的综合的表现形式"[③]。还有学者认为是"某一时期内在某一阶级或阶层中反映当时社会政治情况而有较大影响的思想潮流，它以一定的社会存在为基础，以特定的思想理论为理论核心，并与某种社会心理发生相互影响、相互制约、相互渗透的作用"，它"渗透、贯通于社会心理和特定的思想理论这两个层次中，是这两种不同层次的社会意识的辩证综合的表现"[④]。

从"中介说"的观点出发，在社会意识结构中存在着社会心理、社会思潮、思想体系三个不同的层次。其中，社会心理是对社会生活比较直接的低层次的反映；社会思潮是在社会心理的基础上、在某种思想

① 梁启超撰：《清代学术概论》，上海古籍出版社 1998 年版，第 1 页。
② 梅荣政：《用马克思主义引领社会思潮》，武汉大学出版社 2008 年版，第 52—57 页。
③ 《中国大百科全书》，中国大百科出版社 1987 年版，第 765 页。
④ 梅荣政：《用马克思主义引领社会思潮》，武汉大学出版社 2008 年版，第 57 页。

体系的诱导下使这种理论与群众的心理引起共鸣而汇成潮流；思想体系则是对社会心理和社会思潮进行系统概括而形成的理论体系，是对社会生活较间接、较深刻的反映。三者之间，社会思潮是社会心理与思想体系相互作用和双向转化过程中不可缺少的中间环节。[①] 社会思潮“具有相对独立性，有着比社会心理较多的理论意识而比思想体系较多的日常意识”，“是社会意识发展链条中的一个环节，是社会意识系统中的一个认识层次”[②]。

“综合说”和“中介说”对社会思潮的界定，既有总体上的相同之处，但又存在着明显差异。从两者的共同点来看，“综合说”和“中介说”都强调了社会思潮是一个时期内某一阶级或阶层对社会经济和政治生活的能动反映，是以一定的社会心理为基础，以一定的思想理论为核心和引导，是社会心理和一定的思想理论相互作用的结果。对此应当充分肯定。从两者的不同点来看，两者在表达的侧重点、对社会思潮在社会意识结构中地位的确定上存在较大差异。“综合说”在强调社会思潮的物质利益根源的同时，更突出了思潮的特定性和综合性特点，以及作为社会思潮内在构成要素的社会心理与思想理论的交融性和互动性，但它认为通常处于流变中的社会思潮，在社会意识结构中不是一个独立、稳定的层次，不具有独立层次地位；“中介说”则着重强调了社会意识形态的层次性，注重从社会意识结构的层次上论述社会思潮与社会心理、思想体系之间的关系。从两者的不足来看，“综合说”和“中介说”均未能揭示社会意识存在着动态和静态两种形态，前者只把静态形式作为社会意识的常态，后者则把动态形式作为社会意识的常态。其中，“综合说”在强调社会思潮是社会心理和特定思想理论这两种不同层次的社会意识形式辩证综合的表现时，未能进一步揭示动态形式的社会意识形态的客观存在，也未能进一步阐明动态形式的社会意识结构以及社会思潮在其中的层次地位；“中介说”在论述社会思潮在社会意识层次结构中的地位和作用时，忽视了静态形式的社会意识形态的存在，

① 参见何梓焜《社会思潮在社会意识结构中的地位和作用》，载《探求》1991 年第 6 期。

② 肖锦全：《论社会思潮作为社会意识一个层次的构想》，载《现代哲学》1997 年第 1 期。

也未能进一步揭示社会思潮的本质和特征。

基于上述分析，对社会思潮的基本内涵，笔者认为可作如下界定：它是在特定的社会条件下，以某种社会心理为基础，紧紧围绕着某一理论形态或者思想体系，以社会意识的动态方式体现并传播着某一阶级或社会阶层、群体的社会理想或价值追求，并在一定社会范围内产生较大影响的思想潮流，是一种特殊的社会意识现象。

深入理解和准确把握社会思潮的基本内涵，需要进一步阐明以下观点：

第一，社会思潮是一定的社会心理因素和思想理论因素有机结合并广泛传播的产物，是一种动态的思想运动方式。一种典型的社会思潮，一般由三个层面的要素构成：一是社会心理要素，表现为一定倾向或趋向一致的情绪、舆论、民意等群体愿望；二是思想理论要素，即建立在社会心理基础上或与社会心理因素相适应的思想体系或理论形态；三是传播活动要素，即实践层面的思想体系传播活动。社会思潮一般起源于一定的社会心理，诱导于一定的思想理论，形成于一定的思想传播活动之中。“当某一历史时期某种社会矛盾或问题达到一定程度，首先表现出一定社会集团或群体的社会心理活动超出日常心理范围，产生出某种共同的、比较强烈的心理意向。这个时候，原先积累于社会心理层面的理性因素，便在共同心理意向诱导和激发下，很快凝结为一种意识形态，支持、强化业已出现的共同社会心理，当意识形态的力量和社会心理的明确意向相互渗透、融为一体时，社会思潮就逐步形成起来。”①一般而言，如果没有一定的社会心理基础，思想理论形态就难以在社会上广泛传播；如果没有一定思想理论形态的引领，社会心理力量就缺乏明确的方向或目标；而没有一定的社会传播活动，社会心理力量与思想理论形态也就难以有机结合、互动并广泛传播。因此，社会思潮既不是一般的社会心理现象，也不是孤立的思想理论形态，更不是一般的群众运动，而是建立在一定社会心理基础上的广泛的思想理论传播活动，是三者有机结合的产物，是一种动态的思想运动方式。

第二，社会思潮代表一定阶级、阶层或社会群体的理想愿望或利益

---

① 邓卓明主编：《社会思潮专题研究》，中国社会科学出版社2012年版，第9页。

要求，是一种非主流意识形态。一定历史条件下的社会主流意识形态，是占统治地位的经济基础和政治上层建筑在观念上的反映，是占统治地位的阶级或政治集团为维护和发展一定的社会秩序而建构和推行的、与一定的社会存在相适应的价值观念体系和行为规范体系，是整个社会的观念上层建筑，因而是整个社会意识形态的主流与核心。而社会思潮常常代表某一阶级、阶层或社会群体的社会理想、价值取向或利益诉求，与社会主流意识形态相对应，是一种非主流社会意识现象，是社会意识运动在一定历史条件下的特殊表现形式。每一种社会思潮在形成和传播过程中，虽然都不断完善其思想或理论体系，并存在向主流意识形态转化的企图，但绝大多数囿于其思想理论的局限以及缺乏稳定的社会组织为依托，因此不可能上升为主流意识形态。但应当认识到，社会思潮具有一定的能动作用，特别是对主流意识形态既有批判、挑战和冲击作用，又可以为其建设和发展提供一定的思想营养，有的还对社会具有一定的启蒙或导向作用，能够对人们的思想产生一定的影响，因而也是一种推动社会变革的重要思想力量。

第三，社会思潮是特定历史条件下的产物，是动态社会意识形式的重要组成部分。由于社会形态往往表现为稳定发展和变革转型两种状态，社会意识形态也必然与之相适应，表现为动态意识形式和静态意识形式。当社会处于和谐稳定健康发展时期，居于统治地位的主流意识形态（或价值体系）被社会普遍接受，社会上一般不存在与之相对应的社会思潮，此时的社会意识形态表现为静态形式，其内在构成要素主要包括一般社会心理、一般理论体系（不反映社会经济基础，自身没有阶级性，不属于上层建筑）和主流意识形态；而当社会处于变革和转型发展时期，人们对社会现实的不满或对改革发展的高度关切及要求往往会形成一种或多种强烈思变的社会心理愿望，这种强烈思变的社会心理在一定理论体系（具有阶级性或政治性）的引导下，会逐步形成一定的社会思潮。这一时期的社会意识形态也就由原来的静态形式转变为由特殊的社会心理、一般理论体系、社会思潮、主流意识形态等四种要素构成的动态形式，而此时的社会思潮便成为这种动态社会意识形态中的重要组成部分。

（二）社会思潮的基本类型与基本特征

1. 社会思潮的基本类型

依据不同的标准，可以把社会思潮划分为多种类型。

从内容和学科类别来看，可以将社会思潮划分为哲学类思潮、政治类思潮、经济类思潮、文化类思潮等。依据内容及所属思想领域对社会思潮进行划分，可以更科学地分析某一时期内一定阶级、阶层或社会群体关于社会政治、经济、文化、生态、生活或学术问题的价值观念、思想观点和利益诉求。这种划分有利于明确社会思潮的思想领域，有利于采取相应的学科理论和研究方法加以研究，有利于提高社会思潮研究和引领的针对性、科学性和有效性。

从性质来看，可以将社会思潮划分为消极思潮与积极思潮、落后思潮与进步思潮、反动思潮与革命思潮，等等。这种划分的主要依据，是社会思潮对社会生产力和时代发展所起的倡导、激励、推动、促进作用或消极、误导、反动、阻碍作用。这种划分有利于意识形态建设主管部门和有关方面正确分析判断社会思潮的性质，采取相应的引领原则和方式方法，有利于引导人们明辨是非，确立正确的价值观念和原则立场。

从影响范围来看，可以将社会思潮划分为国内思潮、国际思潮以及行业类思潮、民族类思潮，等等。一般而言，国内思潮大多是由国内问题引发、主要在国内传播和产生影响的思潮。国际思潮则是由国际社会面临的普遍问题而引发、在国际上广泛传播和产生影响的思潮。职业类思潮一般是在一定职业范围内兴起和流传，代表性和影响力不大，如公共知识分子思潮等。这种划分有利于意识形态建设主管部门和有关方面正确分析判断社会思潮的影响力和波及面，以便采取相应的引领策略和方式途径。

从发展阶段来看，可以将社会思潮划分为兴盛期思潮和衰落期思潮。兴盛期社会思潮，其思想体系一定程度上契合当时某种比较强烈的社会心理预期和社会实际需要，深受社会关注，得到广泛传播，具有旺盛的生命力，处于上升时期。衰落期社会思潮，其思想体系已经不适应某种社会需要，或其关注的社会问题得以基本解决，社会对其心理预期大大减弱，关注度明显下降，其社会影响力日趋减弱，逐步走向衰落。

这种划分有利于对社会思潮的发展趋势作出科学判断，有利于针对不同时期或不同阶段的社会思潮采取相应的策略和措施。

从与主流意识形态的关系来看，可以把社会思潮划分为同质类思潮和异质类思潮。一般来说，在一定时期内，与居于统治地位的主流意识形态相对应，社会思潮通常代表某一阶级、阶层或社会群体的社会理想、价值取向或利益诉求，居于非主流地位。从与主流意识形态关系的性质来看，非主流社会思潮可以分为对抗性与非对抗性两种质态，即同质类思潮和异质类思潮。① 这种划分是以居于统治地位的主流意识形态为标准，不涉及社会思潮的具体特征、传播方式、影响范围等，有利于从加强主流意识形态建设、巩固其统治地位出发更好地对社会思潮进行研究，进而加以科学引领。

上述关于社会思潮类型划分的方法，都是一般性的、相对的。就具体方法而言还有很多，比如以时间或时代先后为标准，还可以将社会思潮划分为近代思潮、现代思潮、当代思潮，或者划分为新思潮、旧思潮等；以社会性质为标准，又可以将社会思潮划分为资本主义思潮、社会主义思潮，等等。这些都对深入研究和引领社会思潮具有重要作用。由于社会思潮具有明显的社会性、时代性、复杂性等特点，这就决定了我们对其类型的划分和研究也不能简单化。实际上，有些社会思潮就介于两类甚至三类之间；还有的思潮在其传播发展过程中发生流变，其性质在不同时期也在发生变化；等等。对此，应当根据具体情况加以分析研究。

2. 社会思潮的基本特征

社会思潮作为一种社会意识现象，应当具有意识的基本性质与特征。但作为一种特殊的社会意识现象，它又必然具有自身的个性特征，即从它与社会存在的关系来看，具有社会性、群体性、时代性等特征；从其社会意识的特性来看，它又具有政治性、理论性、实践性、动态性等特征。

第一，社会性。社会思潮从其形成、传播到产生社会影响，无不与

① 参见王秀阁《论社会主义核心价值体系引领机制的建构》，载《马克思主义研究》2010 年第 1 期。

一定的社会存在及其变迁密切相关。从其形成来看，任何一种社会思潮都是由特定的社会历史条件直接孕育而成的。一定历史条件下的社会思潮，往往都是社会历史发展状况在意识领域的折射和反映。特别是当社会矛盾发展到一定程度，超出一定的社会集团或群体的社会心理承受范围，就会形成某种共同的、比较强烈的心理趋向，而这种社会心理一旦与相应的思想体系相结合，一种社会思潮便会应运而生。而就社会思潮的内涵与本质来看，它往往就是一定历史时期和一定社会领域内社情民意的升华和集中表达，是对一定社会发展阶段的政治、经济、文化状况的综合反映，或者说是一定历史条件下某一社会领域的人们对社会生活和社会发展的一种愿望和价值追求。就其功能和作用而言，社会思潮对一定时期的社会发展具有不可小视的能动作用。社会历史已经充分表明，那些具有革命、先进或积极性的思潮，总是会对人类社会的发展进步产生或强或弱、或长或短的推动与促进作用；而那些反动或者落后、消极的思潮，又总是会对人类社会的发展进步形成一定的阻碍或破坏作用；那些政治性不强的社会思潮，即使其思想动机上不涉及社会发展愿望或利益要求，但在传播或流变过程中，也会对社会产生或强或弱、或隐或显的影响。

第二，群体性。这是社会思潮的一个显著特征。之所以如此，一是社会思潮的形成与传播有着一定的群众基础。一种思想体系之所以能够发展成为“思潮”并得以广泛传播，就是因其符合一定历史时期某些阶级或阶层、社会群体的共同心理态势，并在传播过程中与之产生了强烈的心理共鸣，被某一阶级、阶层或群体的人们普遍认同或接受，这是社会思潮比一般思想理论更具有影响力的关键所在。二是社会思潮都以一定的社会群体为载体。如果没有一定社会群体的广泛参与和传播，任何社会思潮都不可能形成为“潮”，更不可能流传开来并发展下去。三是社会思潮往往以动态方式反映某一历史时期一定范围的群体意志。一种思想体系一旦被某种社会群体普遍接受并形成“社会思潮”，那么，这一思想体系就不再只是一种静态的意识形式，这一思潮也就不再只是一种简单的群体活动，而是以动态的和相当规模的社会意识方式反映这一群体共同的思想愿望和利益诉求。四是社会思潮的运行和发展具有群体流动性。社会思潮的群体性特点还体现在其传播发展过程中，不断寻求适宜它滋生蔓延的条件，以自由流动和群体扩散的方式从某一群体涌向另一群体，并向其他社会思潮渗透，不断在各社会群体间涌动、传播或扩散。

第三，时代性。这主要是指社会思潮都是特定时代的产物，无不打着时代的烙印。在不同的时代，由于生产方式不同，社会条件各异，这就必然导致与之相适应的社会意识形式的差异。马克思曾明确指出："在不同的占有形式上，在社会生存条件上，耸立着由各种不同的、表现独特的情感、幻想、思想方式和人生观构成的整个上层建筑。"① 社会思潮之所以具有时代性，首先是因为它在一定程度上反映着由特定时代的生产方式所决定的时代要求，折射着特定时代复杂的社会矛盾、社会焦点、社会心理和时代变迁。其次表现为社会思潮的消长、流变和更替都是由其所处时代社会条件的变化发展所决定的。历史唯物主义认为，一方面，作为时代的产物，社会思潮无不在一定程度上反映着时代的变迁和要求；另一方面，社会条件的变化发展、时代的变迁和要求又决定了社会思潮的消长、流变和更替。随着时代的发展变化，社会思潮赖以形成和发展的社会条件也在发生变化，原来尖锐的社会矛盾可能得以缓解，突出的社会问题也会逐步解决，加之人们认识水平的不断提高和思想观念的不断更新，此时的社会思潮，或完全失去存在的条件和价值，被历史淘汰；或逐步更新其内容，调整存在与传播形式，发生流变；或长期流行，经久不衰；或经过一个阶段的销声匿迹后，在新的社会条件下再度兴起和流行起来。最后表现为各种思潮都不同程度地体现着时代性。虽然社会思潮的内涵和性质各不相同，其社会影响力和存在周期有着较大差异，但其时代性不一定表现为每一社会思潮的存在周期都能贯串整个时代的始终，而是表现为在其存在周期内一定程度地反映了所处时代的内涵。

第四，思想性。这是社会思潮的本质体现，往往以一定的理论形态反映其鲜明的思想倾向。首先，这一特点是与社会心理特点相对应的。社会心理处于意识形态的基础层面，是在特定的社会条件下产生的反映一定社会群体的情绪、舆论或愿望，具有明显的直观性、自发性、感染

① 《马克思恩格斯选集》第1卷，人民出版社1995年版，第611页。

性和不稳定性等特点，是社会思潮形成的必要社会条件。而作为社会思潮核心的思想体系，则往往以某种思想观点及观察视角对社会现实加以分析批判，或对社会发展阐明自己的认识及价值取向，进而形成比较系统、深刻的思想理论，从而为社会思潮的形成和传播提供重要的思想指导。从其形成过程来看，它具有鲜明的思想性。大多数社会思潮都十分关注并直接反映社会现实特别是社会热点，能够在一定程度上满足一定的社会心理愿望，代表着某一阶级、阶层或社会群体的思想观点、价值取向或利益诉求，一定程度上反映着时代的变迁与要求，因而才在一定范围内引起社会反响。有关问卷调查也显示，人们接受某一思潮不只是出于纯粹的思想认同，而是一定程度上掺杂了自身利益因素。从其内涵与本质来看，充分反映出它具有鲜明的思想性。社会思潮往往在揭露社会矛盾或针砭社会时弊的同时，总是积极回应社会关切，力图回答时代课题，旗帜鲜明地向社会表明自己赞成什么、反对什么，号召民众共同实现什么、努力防止什么，态度一般比较明确而坚决，甚至不惜采取过激的方式方法。正是由于鲜明的思想性，才使社会思潮具有了巨大的号召力和潮水般的社会冲击力。

第五，动态性。动态是社会思潮的存在和发展状态，也是其存在和发展的方式。社会思潮从形成到衰退，始终处于动态发展之中。离开了动态状态和动态方式，社会思潮就无法存在和发展，也就不成其为思潮了。因此，动态性是社会思潮有别于一般社会心理和思想理论的一个显著特点。具体表现在：其一，社会意识是由社会的物质运动所决定的。对此，马克思和恩格斯早有科学表述，认为社会意识的形成和发展是由人的物质活动所决定的。作为一种特殊社会意识现象，社会思潮的活动性必然是由社会的物质活动所决定的。其二，作为社会思潮内在构成要素的社会心理和社会意识始终处于不断的互动之中。一般来说，社会心理是社会意识产生的动机或直接动力来源。而特定的社会心理则是特定社会意识形成的直接动机和动力来源；在此基础上形成的社会意识反过来又积极地影响社会心理，使其形成更具理性色彩和更大动力的社会心理因素。正是由于这两者的积极互动，社会思潮才得以形成并不断发展壮大。其三，社会思潮运行和存在的基本状态就是传播。它既需要通过传播才能逐步形成和发展起来，更需要通过传播不断地积聚能量，以推动其实现持续或更快发展，不断增强社会影响力。如果停止传播，社会思潮也就无法存在和发展下去。

第六，消长性。所谓消长性，是指社会思潮形成以后，在时代变迁或外力作用下，经广泛传播后逐渐销声匿迹，之后一旦出现与之相适宜的社会条件，又会在社会上重新浮出，再度流传，从而出现时隐时现、此消彼长的现象。这一特征是社会思潮作为一种特殊社会意识现象所具有的相对独立性的表现。社会思潮的这一消长现象，在社会历史上曾多次出现。如自由主义思潮在我国的流传，在长达一个世纪里就反复过多次；新儒家学者在我国业已历经四代：在新中国成立前，有以梁漱溟、熊十力等为代表的第一代，主要在内地活动；在新中国建立后，有以牟宗三、唐君毅等为代表的第二代，主要在港台活动；之后，有以杜维明、刘述先等为代表的第三代，主要活动于港台，在海外亦有较大影响；20 世纪 80 年代中后期，新儒学在中国内地又逐渐出现，并逐渐成长为第四代。①

第七，复杂性。从上述可知，社会思潮的群体性、社会性、时代性、思想性、消长性等特点，决定了它必然具有复杂性特征。具体来看，一是体现为内容的复杂性。作为一个复杂的思想综合体，社会思潮往往涵盖着社会生活多方面的内容。不仅社会矛盾和社会热点问题，而且社会心理、思想潮流及时代变迁等，都可能汇集到社会思潮之中，从而使社会思潮在某些方面和一定程度上反映着纷繁复杂的社会现实，成为时代变迁的缩影。二是体现为性质的复杂多样性。在各种社会思潮中，既有代表先进生产力要求和社会发展方向的积极、革命的思潮，也有对生产力和社会发展进步产生阻碍甚至破坏作用的消极或反动思潮。各种社会思潮的不同性质也决定了其不同的作用及发展命运。三是社会思潮的规模和社会影响是复杂多样的。有些社会思潮波及人数众多、社会影响面较大，而有些则影响人群较小；有的大思潮包含着一些小流派，有的思潮则波及许多社会阶层或群体，而一些思潮以及流派之间又交叉重叠；如此等等。四是社会思潮的演进过程也具有复杂性。一方面表现为一些社会思潮在传播和发展过程中，随着社会条件和社会形势的

① 参见梅荣政《用马克思主义引领社会思潮》，武汉大学出版社 2008 年版，第64 页。

发展变化而发生流变，形成一些小的流派，社会影响力逐步消减；另一方面表现为新社会思潮在成长壮大和传播发展的过程中，既要与旧思潮的残余力量作斗争，努力消除其不良影响，又要战胜传统势力和人们的心理定式，清除自身思想传播和发展的阻力。因此，在不同阶级、阶层和社会群体基础上产生、又在社会变革和时代变迁中广泛流传的社会思潮，就显得错综复杂，尤其是社会思潮的演变过程更是纷繁多样。对此，对社会思潮的复杂性应有清醒认识，对如何进行引导要作科学分析。

（三）社会思潮的形成、传播及其作用

1. 社会思潮的形成

根据历史唯物主义基本观点，任何社会意识无不取决于一定的社会存在。可见，任何社会思潮的形成无不取决于一定的社会历史条件。概括地说，社会思潮是以时代为背景、以社会为场所、以群体为主体、以思想理论为核心、以代表人物为推手、以历史事件为导火索酝酿而成的。具体而言，构成一定社会形态的经济、政治、文化、社会等条件，就成为社会思潮形成的现实或历史基础。

第一，从社会经济条件来看。社会思潮的形成有赖于社会经济领域里那些对自身能够产生保障或促进作用的因素，主要包括一定社会条件下的生产力水平和生产关系，特别是社会经济制度和人们的物质生活状况。其中，最根本的决定性因素是生产力水平，它不仅直接影响和制约着整个社会的经济生活，而且从根本上决定着社会政治生活和精神生活。其次，由生产力水平决定的生产关系及其经济制度是影响和制约社会思潮形成的根本经济因素。一定社会的生产关系以及与之相适应的经济制度直接规定了这一社会各阶级、阶层及社会群体的地位，并从根本上决定其经济利益。尤其是为了适应生产力发展的要求，生产关系在进行动态调整的过程中往往会触及各阶层及社会群体的利益关系，对社会思潮的形成具有根本影响作用，因此，这一时期也是社会思潮最为活跃的时期。再次，人们的物质生活状况与社会思潮的形成具有直接关系。人们的物质生活状况是生产关系最直接、最明显的体现。在实际生活中，人们往往根据自身物质生活状况去感知其物质利益实现程度、社会

地位以及社会现实，并由此形成某种社会心理愿望，进而产生相应的价值观念和社会理想。这就为社会思潮的形成提供了直接的社会心理基础特别是社会主体条件。

第二，从社会政治条件看。在社会历史发展过程中，社会的政权组织形式、社会制度及其法律法规、价值观念等是否适应生产力发展以及与之相对应的新生产关系的要求，往往成为社会变革或社会革命的根本政治因素。在社会变革和社会转型时期，腐朽的统治力量往往对新生产关系不予认可，对新生的政治力量及其利益诉求和价值追求采取各种制约措施甚至镇压手段；新生的阶级、阶层以及新政治团体、政治组织的出现，特别是他们强烈的政治态度和鲜明的利益诉求及价值追求等，往往又成为推动社会变革和社会转型的主要政治动力，往往也为社会思潮特别是政治类思潮的形成与传播提供相应的社会政治条件。春秋战国时期的“百家争鸣”、20 世纪早期的新文化运动和五四时期的思想解放运动、18 世纪法国的启蒙运动等，都充分说明了在剧烈的社会变革和社会转型时期，旧政治势力对社会思潮形成所起的负面激发作用和新政治力量对社会思潮形成所起的巨大推动作用。

第三，从社会思想文化条件看。正如其离不开一定的经济、政治条件一样，社会思潮的形成也离不开一定的思想文化条件。首先，社会思潮的特殊性决定了它必须以一定的思想理论为核心。社会思潮的一个重要特点就是思想性，而作为其内核的思想理论体系的形成离不开一定的思想文化条件。具体而言，这些思想文化条件既有当前的，也有历史的；既有国内的，也有外来的。其次，社会思潮的传播与发展必然受到人们的思想文化素质和科技文化条件的制约。随着社会生产力的发展和科学技术的进步，不论是载体的选择、手段的运用还是人们之间的沟通联系方式，社会思潮的传播对文化和科技的依赖程度都会越来越高。同时，人们的思想和文化素质往往对社会思潮的形成及传播具有重要影响。一般来说，人们的思想素质和文化水平越高，对社会思潮的识别能力就越强，抵制不良思潮的态度就会越坚决，支持积极、进步和革命思潮的态度也会更坚决。可见，人们的思想文化素质和科技文化条件也是思潮形成的必然因素。最后，思想家是一个重要的前提条件。对任何一种社会思潮来说，一旦没有思想家对社会心理和时代脉搏的把握，离开思想家的思想理论创造，其形成和传播都将无从谈起。因此，思想家的作用应当是社会思潮形成和传播的一个重要条件。

2. 社会思潮的传播

一般而言，社会思潮只有得到一定的社会传播，才可能被社会了解和接受，进而成为社会思潮。换言之，传播是社会思潮形成和存在的基本方式，也是社会思潮生命力的体现，社会思潮只有在传播中才能形成和发展；离开了传播，就意味着社会思潮的衰退。

第一，社会思潮传播的内涵及外在表现。概括地说，社会思潮的传播是以其思想理论体系为主要内容，由传播主体直接或借助于一定的媒介向传播客体（传播对象）传递相关信息，并于主客体之间不断交流和传递相关信息的活动过程，是社会思潮的内在运动方式。具体而言，社会思潮的传播首先是传播主体有目的有计划的社会传播活动；其次，社会思潮在传播过程中逐步形成一个动态、复杂的传播网络系统；再次，是社会思潮存在和发展的基本方式；最后，社会思潮的传播是一种特殊的精神文化活动。

第二，社会思潮的传播具有直接传播和间接传播两种基本方式。直接传播是指传播主体以一定的方式方法将思潮信息直接传递给传播客体的活动过程。主要包括主客体之间面对面的传播（如交谈、授课、演讲等），主体通过特定手段直接向客体进行的传播（如书信、电话、电报以及短信、微信、电子邮件等新媒体）。这一传播方式具有传播活动的直接性、传播对象的确定性、主客体之间的交互性等特点。其主要优点是：针对性强；便于互动；传播效果好。主要缺点是：受众面小；传播效率低；社会影响小。

间接传播是指传播主体突破传播场所等条件的限制，借助第三方或一定的传播媒介将思潮信息间接传递给传播客体的活动过程。主要包括传播主体通过开办培训班，举办经验交流会、研讨会、论坛，拍摄电影、电视、广告节目，创办报纸、杂志、网站，等等，面向社会大众开展的传播活动。这种传播方式大大突破了直接传播手段单一、受众面小的局限性，具有传播形式多样、方法灵活、内容丰富、跨越时空、互动性强、规模大、速度快、效率高等显著特点。

第三，社会思潮的传播是一个复杂的循环互动过程。从社会思潮的传播方式可以看出，社会思潮的传播过程就是传播主体采取一定的方式方法，直接或间接地将思潮信息传递给社会受众的过程。社会思潮传播过程的实现，需要传播主体、传播客体、思潮内容、传播载体、传播方法等基本要素的职能发挥和有效配合，否则，传播过程和传播活动都将无法完成。

就社会思潮传播的基本过程，学术界存在着不同的认识。但是在构成传播过程的基本传播要素（传播主体、传播客体、思潮内容、传播载体、传播方法等）的认识上，已经达成了共识。从直接传播过程来看，比较简单，也很明确。从间接传播过程来看，就比较复杂。人们一般认为，社会思潮的间接传播可以分为两个基本过程——信息传播过程和信息反馈过程。其中，信息传播过程可以细化为“传播主体、传播载体、传播客体、次级客体（传播客体的传播对象）”四个环节，其传播方向是矢向的；信息反馈过程也可以细化为四个环节，其传播方向是逆向的，与信息传播过程正好相反。

从对社会思潮间接传播基本过程的模式分析可以看出，在一个相对封闭的系统内，信息传播过程和信息反馈过程共同构成了社会思潮传播的完整过程。但在社会生活中，社会思潮的间接传播不可能在封闭的系统内进行，实际传播过程要复杂得多。这是因为，实际传播过程往往会受到多种因素的影响和制约，传播客体也不只是单纯的信息接收者，而是会对信息进行一定的分析判断、自主选择和信息反馈，并且传播过程也不是始于传播主体、止于传播客体的单向传播过程，而是一个动态的双向互动传播甚至是多次循环互动传播过程。

3. 社会思潮对社会发展的作用

根据历史唯物主义的基本观点，社会思潮对社会存在必然具有一定的能动作用。由于各种社会思潮的性质、类型、发展趋势以及对社会存在的反应程度等各不相同，因而它们对社会生活和社会发展所起的作用也就不同。一般而言，社会思潮对一定的社会形态及其发展主要有以下三方面的作用：

第一，能动反映作用。这种作用往往表现为社会思潮站在一定阶级、阶层或社会群体的立场上，以一定的认识视角、理论体系和价值标准来观察世界，评价社会和历史，批判现实问题。社会思潮所反映的客体，大多是社会发展中的重大理论或实践问题，既包括现实的和历史的，也包括国内的和国外的。因社会思潮的性质、类型、利益主体等各不相同，它们的思想认识或思想体系不可避免地存在一定的局限性，其中既有积极思想，也有消极思想，既有进步或者革命思想，也有颓废甚至反动思想；有的社会代表面较广，而有的社会代表面则很窄。但是，社会思潮的这种能动反映，能够体现社会有关方面的价值选择或利益诉求，可以折射出错综复杂的社会矛盾，进而可以为主流意识形态建设、为社会改革发展提供思想借鉴和决策参考。

第二，启蒙引导作用。社会思潮的爆发大都具有特定的社会政治、经济或思想文化背景，往往是其思想体系在一定程度上适应了社会发展需要，深度契合了一定阶级、阶层或社会群体的利益诉求和强烈心理愿望。这种思潮一旦形成，往往具有很强的爆发力和社会影响力，是一般思想理论形态和法律制度的影响力所难以达到的。特别是那些积极、进步、革命性的社会思潮，通过在一定社会群体中广泛传播，通过对社会时弊的尖锐批判和对其理想及价值目标的宣传，犹如茫茫大海中的航标，会使人们在迷茫中明确前进的方向，因而对民众的觉醒和思想观念的解放与调整，对社会的变革与发展进步等，都具有积极的启蒙作用或强大的推动促进作用。如 17—18 世纪欧洲资产阶级启蒙运动，20 世纪初我国五四运动前后的新文化运动等。

第三，阻碍破坏作用。每一种社会思潮因它代表的阶级、阶层或社会群体不同，其性质和作用也会有很大差异。特别是那些消极、错误甚至反动的社会思潮，由于其站在剥削阶级或腐朽、反动势力的立场上，代表剥削阶级或反动势力的利益和思想观念，传播的是消极、错误甚至反动的思想理论，批判的是积极、进步、革命的思想和行动，因此，对于积极、进步、科学、革命的意识形态的建设和发展，对社会变革及时代发展进步具有明显的阻碍甚至破坏作用。同时还应当看到，即使是积极、进步的思潮，由于受其思想理论成熟程度、对社会问题和社会发展规律把握程度的局限，加之此类思潮社会影响大、发展运行具有不可控性等因素，也很容易对科学的意识形态和经济社会发展造成一定程度的冲击甚至破坏。对此应当有清醒的认识。

第四，思想整合作用。即社会思潮对其他思想观念的整合吸收和批判消解作用。每种社会思潮在传播自身的思想观念并与其他思想观念和社会思潮交流、碰撞的过程中，往往根据各自的性质及其传播发展需要，对其他思想观念或意识形态进行分析整合，对与自身异质的思想观念及其所代表的政治、经济制度往往会进行尖锐批判，努力将其消解，消除其社会影响；对那些中性和与自身同质的思想观念或社会思潮，会通过思想交流、交锋、分析和改造等方法，将其可资利用的成分吸纳到自身思想理论体系中，使自身的思想理论体系得以不断丰富和完善。社会思潮思想整合作用的发挥，有的需要一个漫长的过程，有的则可以在一个较短的时间内完成。从总体来看，社会思潮的思想观念整合作用，对于人们思想认识水平的提高，对于社会思想的统一和发展，对于科学意识形态的形成和建设，对于促进社会变革和文明进步等，都具有十分重要的意义。

二 社会思潮与主流意识形态的关系

根据历史唯物主义基本观点，一定时期社会存在的复杂性特点，必然表现为社会意识形态的复杂多样性。在千姿百态的社会意识中，五光十色的社会思潮有时会相对集中地出现在一个历史横截面上，与主流意识形态以及整个社会意识形态形成错综复杂的关系，也对社会意识形态建设和社会发展、时代进步产生或正或反、或强或弱、或长或短的影响。

（一）社会思潮在社会意识中的地位

社会意识理论的科学化是由马克思和恩格斯在总结前人思想理论成果的基础上实现的。马克思和恩格斯以科学的唯物史观深刻地揭示了社会存在与社会意识两者间的辩证统一关系。之后，普列汉诺夫在其《论一元论历史观之发展》一文中，将社会意识区分为“社会心理”和“思想体系”两种基本形式，发展了马克思主义社会意识理论。近年来，我国有学者进一步提出，在社会意识结构中存在着社会心理、社会思潮、思想体系三个不同的层次，其中，社会思潮是社会心理与思想体系的中介[①]，“是社会意识发展链条中的一个环节，是社会意识系统中的一个认识层次”[②]。还有学者认为，社会思潮“兼具社会心理和思想体系的成分，有着比社会心理较多的理论意识和比思想体系较多的日常意识”，“在很多情况下，社会思潮与非主流意识形态的边界并不明显，它们的传播和流行都是建立在一定的社会现实基础和心理基础之上的，都是相对于主流意识形态来说的社会意识，因此人们常常把它们作为同一概念加以使用”[③]。归结起来，这些观点的一个共同点，就是在对社会思潮的思想内核与社会思潮整体不作具体界定的情况下，把“社会思潮”这个动态的社会意识活动与其思想内核——“思想体系”（静态的社会意识形式）作为同一概念加以使用，进而又把“社会思潮”这种动态的社会意识活动放在静态的社会意识系统中进行比较，这显然犯了一个逻辑错误。

要科学地定位社会思潮在社会意识结构中的地位，就必须首先把社会意识形式与社会意识活动区分开来，弄清楚两者之间的辩证关系，进而找准它们在其相关领域中应有的地位。

根据辩证唯物主义和历史唯物主义的基本观点，在社会意识领域存在着社会心理和思想体系（或称社会意识形式）两种基本形态。其中，前者是人们在一定社会生活中形成的以感性因素为主要内容的社会意识现象，主要包括人们在一定时期的社会感觉、情绪、心理愿望等；后者是建立在社会心理基础上的自觉的、抽象的、系统化了的社会意识，是社会意识的高级形态，主要表现为哲学、政治思想、法制思想、道德、宗教、艺术、科学等。它又可以划分为两个层次（或类型）：主流意识形式（主导性意识形态）与非主流意识形式（非主导性意识形态）。其中，主流意识形式主要是反映并维护统治阶级的利益，服务于占统治地位的政治制度和经济制度的社会意识形态；在主流意识形式之外的，则为非主流意识形态，既包括已经被消灭或正在被消灭的旧社会意识形

① 参见何梓焜《社会思潮在社会意识结构中的地位和作用》，载《探求》1991 年第 6 期。

② 肖锦全：《论社会思潮作为社会意识一个层次的构想》，载《现代哲学》1997 年第 1 期。

③ 邓卓明主编：《社会思潮专题研究》，中国社会科学出版社 2012 年版，第 63 页。

态，又包括反映并维护现存社会中正在成长着的新生力量或新社会因素的新社会意识形态。

与上述两个层次（或类型）的社会意识形式相对应，在社会意识领域一定存在着主流意识活动与非主流意识活动两类动态的社会意识活动。因为，社会意识活动与社会意识形式是紧密相关的，前者既是后者的来源，又是后者建构的目的；后者既对前者具有指导作用，同时又必须接受前者的检验，并由此使自身得以不断完善和升华。应当说，社会意识形式与社会意识活动两者是相互依存、相辅相成、有机统一的，它们共同推动社会意识形态的建设和发展。但二者决不能混为一谈，更不能相互取代。

社会思潮的动态性、消长性、复杂性等特征都表明，任何一种社会思潮都绝不只是纯粹静态的社会意识（思想体系），而是以一定的社会心理为基础、以某种社会意识形式为核心的社会意识活动。在其内在构成要素中，社会心理因素是社会意识形式构建和社会思潮形成的基础条件，社会意识因素是社会思潮的核心和根本标志，传播活动是思想体系（社会意识形式）的外化及动态表现，三者的有机统一才能推动社会思潮的传播、发展与流行。基于上述分析，我们认为：一定时期的社会思潮，在该时期的社会意识领域里与主流意识活动相对应，属于非主流意识活动；其意识形态（思想体系）与主流意识形态相对应，则属于非主流意识形态。

（二）社会思潮与主流意识活动的区别

第一，二者代表的社会主体及反映的思想内容不同。作为一种特殊社会意识活动，社会思潮所代表的大都是一定社会群体或阶级、阶层的思想愿望或价值诉求，为特定的社会群体或阶级、阶层服务；而社会主流意识活动代表的是居于执政地位的阶级和社会集团的意识形态，为统治阶级的阶级统治服务。社会思潮所反映和评价的内容，是引起一定范围内的民众广泛关注的社会事件、社会问题以及社会基本矛盾运动、时代发展课题等；而社会主流意识形态所反映的内容，则是整个社会存在，重点是关于社会的政治制度、经济制度、法律制度等。以主流意识形态为依据，执政主体又通过社会主流意识活动对整个社会存在和社会发展进行评价。

第二，思想理论的完善程度和影响不同。鉴于社会思潮的群体性、动态性以及发展的阶段性等特点，一般而言，其思想理论的完善和成熟度相对较低，尤其是在思潮形成和发展早期，或从境外传入之初。同时，由于受思潮代表和服务主体的局限，其思想理论体系往往具有明显的局限性，对社会缺乏普遍指导价值，所以其思想理论难以得到社会的广泛认同。鉴于社会思潮的复杂多样性，加之其思想体系的完善和成熟程度还受到自身性质和类型的影响，因而其社会影响也存在很大差异，不能一概而论。比如，那些代表先进生产力、代表革命阶级和时代发展要求的社会思潮，其思想理论的先进性、革命性会很强，会有很强的爆发力、号召力和社会影响力。而对于主流意识活动来说，它所传播的主流意识形态能够成为社会观念的上层建筑，就说明主流意识形态具有明显的先进性或科学性；它能够在社会意识领域有效地发挥引领功能，说明了其引领机制的系统性、科学性和可操作性。一般来说，主流意识形态由于居于社会意识的主导地位，往往先进性强，具有广泛的代表性，并且都是经过思想理论界自觉的理论创造而形成的。同时，为了满足长期执政和时代发展的需要，主流意识主体往往注重与时俱进，积极推进主流意识形态创新发展，因而会使其科学性、系统性和代表性越来越高。

第三，社会地位和作用不同。社会思潮作为非主流社会意识活动，不具有支配整个社会生活和社会管理的功能。虽然社会思潮在其形成和发展过程中会不断完善其思想理论体系，并把发展目标指向主流意识形态，但是并非所有的思潮都能够发展成为主流意识形态。即使有的思潮最终能够成为社会的观念上层建筑，但在此之前仍不可能发挥支配整个社会生活和社会管理的功能。并且，社会思潮作为特定条件下的社会意识活动，在一些社会基本问题或具有一定影响的事件评价上，往往会随着特定环境的改变而发生变化或转移。而就社会主流意识活动而言，它在社会意识领域居于统治和主导地位，宣传和推行的是居于统治地位的意识形态或制度化的思想体系，旨在促进全体社会成员认同现行社会制度及其思想体系，并且拥有强大的思想资源、政治资源和有力的物质条件，因而具有强大的意识整合能力、理论创新能力、精神传播和引领能力。

第四，形成及产生社会影响的时间周期各异。社会思潮大多形成于一定时期的社会变革或社会转型的前夜，又往往伴随着社会阶段性矛盾的解决或转移而走向衰退，其生命周期相对较短。而社会主流意识活动则不同，在其代表的利益和价值主体执政前及执政期间，会始终致力于自身建设，并在其作为社会主流意识活动期间，努力使主流意识形态对社会的物质和精神生活发挥着主导作用。

（三）社会思潮与主流意识活动的联系

第一，社会思潮与主流意识活动之间相互作用、相互制约。社会思潮是由其代表的阶级、阶层和社会群体对具有普遍性的社会事件、社会问题以及社会基本矛盾运动、时代发展课题等做出的认识反应、进行的评价活动；而社会主流意识活动则是执政主体对整个社会存在特别是社会的政治制度、经济制度、法律制度等的意识反映、进行的权威评价活动。通过社会群体的民众评价与执政主体的权威评价，可以看出社会思潮与主流意识活动之间具有相互作用、相互促进、相互制约的关系。

第二，社会思潮对主流意识活动造成挑战和冲击。社会思潮对主流意识活动既有互促共进的一面，同时又有相互冲击、彼此对立的一面。尤其是在社会变革和转型发展时期，社会思潮往往呈多样化发展态势，它们在社会意识领域里相互激荡，其批判性思维和强大的思想冲击力，除了从不同的方面和一定程度上影响着一定的社会群体外，往往会对主流意识形态的权威和主导地位提出质疑或挑战，对主流意识形态主导作用的发挥带来一定的冲击和影响，进而影响社会思想的稳定。特别是那些积极、进步、革命性的思潮，其先进思想的号召力和对主流意识形态的冲击力都是非常强大的。

第三，社会思潮对主流意识形态建设具有积极的促进作用。一是社会思潮对社会问题以及对执政主体的评价和批评，对主流意识形态权威和地位的质疑和挑战，与中外思想文化的互动和交锋等，有利于促使执政主体增强对推进主流意识形态建设的紧迫感和责任感。二是有利于促使执政主体针对各种社会思潮采取行之有效的引领原则和方式方法，同时着力解决社会生活中实际存在的重大问题和人们普遍关注的理论热点或难点问题，从而不断增强社会成员对主流价值观念及价值体系的认同意识，进而增强引领效果。三是有利于促使执政主体大力推进思想理论创新。尤其是根据社会发展和社会稳定的迫切需要，通过制定和坚持正确的指导方针或政策措施，着力推动核心价值观念或思想理论体系创新，以增强其代表性、先进性和说服力，进而增强广大社会成员的思想认同和社会凝聚力。

第四，社会思潮可以为主流意识形态建设提供思想营养。多种社会思想的传播与发展，有利于执政主体在意识形态建设中解放思想、开阔视野，更好地了解和把握中外思想文化发展的状况和要求，进而形成主流意识形态建设的正确指导方针。同时，处于同一时期意识形态领域的社会思潮，可以从不同的方面和层次上为主流意识形态输送有益的思想文化元素。正如其他思想文化不可能凭空产生一样，主流意识形态也必须根据社会发展和时代要求，在批判和抵制消极、落后思想文化的同时，积极借鉴和吸收来自各方面的有益思想文化因素，从而不断实现创新发展。

三　以社会主义核心价值体系引领和整合社会思潮的必要性

在我国进一步深化改革、扩大开放以及经济全球化迅猛发展的新形势下，面对国内多种社会思潮同时并存和国际多元文化的相互激荡，特别是资本主义思想文化仍具有较强影响力和渗透力的当下，要确保中国特色社会主义正确发展方向不动摇，确保转型时期实现经济社会稳步健康发展，就必须立足中国改革开放的伟大实践和社会现实，大力推进中国特色社会主义意识形态创新，真正建立起既符合社会主义建设规律及人类社会发展规律，又有我国自身特色的核心价值观念及价值体系，以其科学的说服力和强大的理论魅力有效整合、引领社会思潮，进而实现价值认同，凝聚社会共识，汇聚建设中国特色社会主义的强大思想合力。

（一）是社会主义意识形态建设的本质要求

第一，是社会主义主流意识形态主导地位和全社会共同思想基础得以不断巩固的必然要求。自阶级社会以来，在任何一个稳定发展的社会，虽然可能会有多种社会意识形态同时存在，但居于主导或支配地位的只能是主流意识形态。当代中国，马克思主义作为主流意识形态的灵魂，不仅是作为执政党的中国共产党的根本指导思想，更是社会主义制度及其意识形态有别于其他社会制度及意识形态的根本性的标志。始终坚持以马克思主义为指导，是中国共产党团结带领全国人民走自己开创的社会主义道路，建设符合本国国情并具有本国特色的社会主义，实现中华民族伟大复兴目标的根本思想保证。然而自20世纪中期之后，国际社会出现的一系列新情况新变化，既给人们的思想认识带来了诸多困惑及干扰，也给马克思主义带来新的挑战及考验。比如，当“冷战”结束、和平与发展成为时代主题之后，马克思主义“过时论”、“无用论”就随之出现；老牌社会主义国家苏联解体和东欧剧变，导致一些人对社会主义道路信心不足，对社会主义的前途命运感到迷茫；由于新技术革命的迅猛发展和对生产力发展的有力促进，资本主义世界出现了相对稳定发展的新形势，形成了社会主义和资本主义两种社会制度及意识形态长期并存的局面，这对“社会主义必然胜利、资本主义必然灭亡”的论断形成严峻挑战。而今，一方面，伴随着中国改革开放战略的稳步实施和中国特色社会主义事业的健康发展，马克思主义在中国化、时代化、大众化进程中成效卓著，形成了一系列重大理论成果；另一方面，一些非马克思主义甚至反马克思主义思潮也在一定范围内得以传播和蔓延。在多种社会思潮中，既存在反对党的领导、否定社会主义制度的思想，也存在否定改革开放、否定党的理论和路线方针政策的言论。此外，享乐主义、拜金主义以及极端个人主义思想也相当严重，一些错误、消极、颓废的思想意识亦有所滋长。对此，如果不以科学的价值观和价值体系加以引领，任凭多元思想文化或价值理论传播泛滥，势必造成严重的思想混乱，甚至导致天下大乱，葬送社会主义现代化建设事业。因此，不论国际形势如何变化，社会意识怎样多样，以马克思主义为灵魂的社会主义核心价值体系建设决不可以放松，尤其是主导地位丝毫不可动摇。

第二，是社会主义核心价值体系实现与时俱进、不断创新发展的内在要求。鉴于这一价值体系的本质属性和特殊地位，不论是从确保其自身在社会主义意识形态领域主导地位的根本要求来说，还是从代表我国的社会性质及引领我国社会正确发展方向的客观需要来看，它都必然要在各种社会思潮中发挥引领和主导作用。然而，能否或在多大程度上实现“引领”和“主导”，这主要取决于社会主义核心价值体系自身的科学性和说服力。一方面，要看它能否代表、包容并有效整合各阶层和各社会群体科学、合理的思想愿望和价值追求。多样化是人类社会发展进步的动力之一，也是社会发展的必然趋势。只有肯定并尊重广大群众在合理经济利益、价值观念上的多样性和差异性，才可能包容他们合理的思想、愿望及价值追求，才可能在核心价值体系构建及价值引领中更好地代表他们的价值观念和实际利益。另一方面，要看它能否在意识形态领域真正发挥主导作用。在社会生活中要切实发挥其主导作用，社会主义核心价值体系就必须能够着眼于改革发展稳定大局，密切关注、准确把握社会实际和社会思想的新变化，按照鼓励先进、照顾多数的原则，通过对话交流、批判吸收等多种形式的互动，在充分肯定和汲取各阶层各社会群体合理利益关切和价值诉求的基础上，以其自身的科学性、合理性和广泛的代表性实现对各种社会思潮的有效引领，在尊重包容中实现价值整合与基本思想上的统一。

第三，是维护我国意识形态安全的迫切需要。当代中国正处于社会大变革、大发展时期，社会主义意识形态建设也不可避免地面临着空前复杂的国内外形势。尤其是以美国为首的西方发达国家，为维护其自身利益和全球霸权地位，把对社会主义国家意识形态的渗透作为其和平演变战略的首要措施，并把实施重点放在对中国的渗透上，因而长期不遗余力地向我国推销其政治思想及价值观念。对此，我们必须着眼于增强国家文化软实力，首先牢牢抓住社会主义核心价值体系建设这个根本和关键，着力实施社会主义文化强国战略。要立足我国全面深化改革、继续扩大开放和中国特色社会主义事业发展实际，始终坚持以马克思主义为思想理论指导，把社会主义核心价值观和价值体系建设作为一项系统工程，在大力推进社会主义先进文化建设的实践中，不断增强全民族文化创造活力和中华文化的国际影响力，为世界文化发展和人类文明进步做出我们应有的贡献。其次，要把社会主义核心价值体系引领机制的构建作为一项系统工程，采取有效措施切实加以推进。要进一步总结实践经验，同时积极借鉴吸收古今中外意识形态建设的有益做法，增强引领机制的科学性和可操作性，更好地发挥其在扩大价值共识、实现思想认同中的作用。最后，要创新对外文化交流机制，牢牢把握我国社会主义意识形态的话语权和主导权。要根据形势发展需要，通过多种途径和行之有效的方法，大力实施中华文化走出去战略，积极展示涵盖中华文化和时代精神的社会主义核心价值体系的文化魅力，努力扩大其国际影响，有力抵御资产阶级思想和价值观念的侵蚀与影响。

（二）是构建社会主义和谐社会的现实需要

第一，社会主义核心价值体系科学地体现了我国社会各阶级、阶层和各利益群体的根本利益。经过三十多年的改革开放，我国社会主义市场经济和民主法制建设深入发展，人民生活水平大幅提升，国家综合实力显著增强。但同时还必须看到，我国改革、发展、稳定也面临前所未有的新情况和新问题，特别是出现了社会利益多元、文化形态多样以及多种思潮兴起与传播等现象，统筹兼顾各方面利益的任务十分繁重。从推动改革发展和实现最广大人民群众的根本利益出发，在科学总结我国社会主义文化建设与发展经验的基础上，中国共产党适时地把建设社会主义核心价值观和核心价值体系作为当今中国意识形态建设的一项战略任务创造性地提了出来，并把中国特色社会主义确立为全党全社会的共同理想，这不仅为全党并且为全国各族人民指明了共同奋斗目标及根本利益所在，指明了当代中国发展进步的根本方向，也必将有助于人们在实践中逐步统一思想认识，体认和践行核心价值目标。

第二，社会主义核心价值体系凝聚了中华民族和社会各界的基本价值取向。社会主义核心价值体系既是全民族及社会整体利益的根本体现，又符合社会各阶层、群体和个体的基本利益和价值追求；既是对中华民族优秀传统文化的继承和发展，又体现了鲜明的时代精神，集中反映了我国社会发展的本质要求与根本价值导向，具有很强的民族性、时代性、广泛性和实践性，是普遍性和特殊性的有机统一，因而必将得到社会各界和广大人民群众的普遍认同，必将成为联系和团结海内外中华儿女的精神纽带，进而也必将成为激励全民族为实现共同价值理想而奋斗的强大精神动力。

第三，社会主义核心价值体系体现了对多元文化及不同价值观的包容。作为社会主义先进文化的核心，社会主义核心价值观及价值体系除了坚决摒弃和排斥中外消极、错误、腐朽的价值观念及价值理论之外，对我国社会的其他价值观念或价值思想都持尊重和包容态度，能够最大限度地促进社会和谐、维护国家统一和巩固社会主义制度。当前，基于我国社会主义初级阶段的社会现实，我国意识形态领域客观地存在着“一元主导、多元并存”的格局。在这一背景下，社会主义核心价值体系正是在体认和包容社会各方面及不同层次价值观念的基础上，站在实现中华民族根本利益的战略高度，通过总结我国社会各方面的价值实践、整合价值观念，实现了对全社会共同价值目标及价值体系的构建，因而必将有效地发挥统一人们思想、凝聚各方面力量的重大作用。

第四，社会主义核心价值体系引领功能的发挥是化解人民内部矛盾、实现和谐社会建设目标的内在要求。一如任何社会都不可能没有矛盾一样，我国的社会主义社会也不可能避免矛盾，同样会存在这样或那样的利益冲突。尤其是我国当前正处于体制转换、社会转型时期，人们的思想观念和利益关系也就更加复杂，多元思想观念引发的观念冲突和多种利益诉求引发的利益冲突，都对和谐社会建设形成挑战，加之社会思潮的传播与蔓延，更使社会矛盾更加复杂多样。而要正确处理人民内部矛盾，不仅需要相应的制度和体制机制，更需要在全社会凝聚共同价值目标、树立共同理想信念。而社会主义核心价值体系以其内容的科学性、思想的代表性和奋斗目标的一致性，为新的时代条件下形成思想共识、化解多种社会矛盾提供了基本的价值准则、价值目标和思想保证。

（三）是增强国家文化软实力的重要保障措施

当今世界，从一个国家的综合国力和竞争力来看，文化的作用和地位日益突出。越来越多的国家把提高文化软实力作为发展战略的重要内容。从一定意义上说，无论社会主义还是资本主义，要想在激烈的国际竞争中占据优势，真正掌握发展的主动权，就必须抢占文化发展的制高点，形成并保持足够的文化软实力。而在社会主义核心价值体系主导下实现对社会思潮的有效引领，既是新的时代条件下繁荣发展社会主义文化、不断提升国家文化软实力的题中应有之义，也是行之有效的重要措施之一。具体而言，主要体现在以下几点：

第一，有利于保证我国文化建设及社会发展的正确方向。繁荣中国特色社会主义文化、建设文化强国，是实现中国特色社会主义奋斗目标、实现中华民族伟大复兴的重要内容和必然要求。而推进社会主义文化强国建设，就必须坚持社会主义文化发展的正确方向，这也是我国的社会性质和社会主义事业发展的必然要求。但在我国改革开放和社会转型发展的时代条件下，社会思潮的存在和发展难以避免。而要坚持社会主义文化建设和发展的正确方向，就必须坚持以社会主义核心价值体系引领社会思潮，特别是必须牢固坚持马克思主义的指导地位，在全社会形成中国特色社会主义共同理想，树立起被广大社会成员普遍遵循的社会主义荣辱观。否则，如果放松正确的思想引领和价值主导，任凭各种思潮林立和传播蔓延，就很容易造成社会思想混乱和价值失序，最后也难以保证社会主义文化发展的正确方向。

第二，有利于保持并不断增强我国社会主义文化建设的先进性。要实现这一点，首先，必须坚持以科学的理论为指导。就是要始终保证马克思主义及其中国化理论成果的指导地位，自觉运用正确的立场、观点和方法研究解决新时期我国文化建设和文化改革中的新情况、新问题，进而不断推进社会主义文化的繁荣发展；就是要始终保持指导思想上的一贯性、正确性和先进性，坚决反对指导思想的多元化，从根本上避免文化建设思想上的混乱。其次，坚持在马克思主义指导下充分借鉴吸收古今中外的优秀文明成果。这就要求我们必须按照“既尊重差异、包容多样，又有力抵制各种错误和腐朽思想的影响”① 的指导思想，深入贯彻落实“二为”方向和“双百”方针，既积极弘扬中华优秀传统文化，不断增强社会主义文化的民族性和亲和力，又充分借鉴吸收世界各民族优秀文明成果，不断增强社会主义文化的广泛性和先进性。最后，坚持立足新实践和新探索，不断实现社会主义文化建设的新发展。在新

① 《中国共产党第十七次全国代表大会文件汇编》，人民出版社 2007 年版，第 33 页。

的时代条件下，只有坚持以发展的眼光和创新的思维，“推动文化内容形式、体制机制、传播手段创新，解放和发展文化生产力”①，才能实现文化的不断创新和繁荣发展，进而建构“和而不同”的中国特色社会主义先进文化。

第三，有利于抵御资本主义文化渗透、争取世界文化发展话语权。毫不夸张地说，处于大发展、大变革、大调整时期的当今世界，其思想文化领域的交流、交融、交锋比历史上任何时期都更加激烈，可以说是交流广泛，暗流涌动。而此时的中国，市场经济深入发展，对外开放不断扩大，在此背景下，社会主义思想文化与资本主义等非社会主义思想文化相互激荡、相互交融、相互渗透也就不可避免。换言之，这一新的形势使社会主义主流意识形态不得不长期面对世界多种思想文化的激烈竞争和强大冲击。特别是自“冷战”时期以来，以美国为首的西方资本主义国家对社会主义国家实施的“和平演变”战略从未停止过，在意识形态领域始终与我们进行着一场“没有硝烟的战争”，他们凭借强大的经济实力、传播技术优势及资本主义思想文化体系，不断加强对包括我国在内的社会主义国家进行意识形态渗透，企图以他们所标榜的所谓“普世价值”等资产阶级价值观来挑战和取代社会主义核心价值体系，实现其“不战而胜”的目的。对此，我们必须保持清醒的认识和高度的警惕。在世界现当代史上，因意识形态问题导致政权丢失或国家战乱分裂的例子已屡见不鲜。因此，无论国际风云如何变幻，中西文化交流怎样不可避免，我们必须正视核心价值观的冲突和激烈竞争，并在社会主义先进文化建设上保持高度的自觉和自信，以强大的思想定力和行之有效、坚忍不拔的行动力，牢固坚持社会主义核心价值体系的主导地位不动摇，充分发挥其主导作用，切实增强中国特色社会主义文化建设的自主能力、创新能力和抵御外来不良文化侵蚀的能力，真正掌握世界先进文化发展的话语权和主动权，努力使中华民族先进精神文化始终处于时代前列，真正在世界先进文化发展中掌握话语权和主动权。

---

① 《中国共产党第十七次全国代表大会文件汇编》，人民出版社2007年版，第35页。

（四）是中国共产党提高执政能力的必然选择

首先，这是中国共产党加强和改进意识形态领导工作的必然要求。在改革日益深化、对外开放进一步扩大、中外思想文化交流更加深入频繁、价值观念日趋多元多样的时代条件下，能否不断增强社会主义意识形态的时代性和科学性，增强其理论魅力和说服力，能否用不断发展着的科学理论有效地引领社会思潮、统一人们的思想认识，从根本上说来，这既是事关中国共产党能否把中国特色社会主义文化建设提高到一个新的水平的重大问题，又是事关能否提高党对意识形态工作领导力的问题。纵观当今世界，科技创新日新月异，信息技术飞速发展，不仅思想文化、价值观念多元多样，而且包括各种思想文化在内的信息传播渠道和传播方式也与日俱增，人们获取信息的方式方法多种多样，并且即时性和互动性越来越强，这对传统的思想传播和价值引领的方式方法，对传统的意识形态领域的管理方法等都形成了严峻挑战。对此，中国共产党必须从实现中华民族伟大复兴的战略高度，切实提高意识形态工作的领导水平和执政能力。特别是在加强党的自身建设和社会主义先进文化建设的实践中，必须立足新的时代特点和时代要求，积极改进意识形态工作的领导方式和工作方式，在坚持和巩固已有成功经验的同时，主动适应全球化和信息化条件下信息流动与传播方法的新变化，坚持继承优良传统和与时俱进相结合、规范管理与开放引领相统一，从战略高度、以灵活有效的策略实现与各种思想文化的交流与互动，特别应在具体实践中坚持区别对待、积极疏导、加强管理、科学引领，着力扩大思想共识，切实掌握引领工作的主导权和主动权。

其次，是中国共产党提高执政能力和执政水平的必然要求。如前所述，在机遇与挑战并存、希望与风险同在的国际国内条件下，作为“中国工人阶级的先锋队、中国人民和中华民族的先锋队、中国特色社会主义事业的领导核心”，中国共产党要能经受住发展社会主义市场经济、扩大对外开放、长期执政和引领多元利益及价值诉求的考验，团结带领全国各族人民实现民族复兴和促进世界和平发展的伟大历史任务，就必须切实加强包括提高意识形态方面领导水平在内的执政能力的建设。“这是关系中国社会主义事业兴衰成败、关系中华民族前途命运、关系党的生死存亡和国家长治久安的重大战略课题。”① 而要实现党的执政能力及水平的提高，最根本的是提高中国共产党团结带领广大人民群众为实现民族振兴的共同理想而积极地凝聚共识并不懈奋斗的能力。社会主义核心价值观及价值体系建设的提出，正是中国共产党为全社会凝聚思想共识和奋斗力量而提供的一个科学而有力的精神纽带。

四　本课题研究的基本思路和主要内容

以社会主义核心价值体系引领社会思潮，是中国共产党立足当代、面向世界、着眼未来对我国意识形态建设提出的一项重大战略任务。在新的时代条件下深入开展这一问题研究，对于我国社会主义意识形态的不断巩固和建设水平的不断提升，对于有效推进社会主义文化的繁荣发展特别是建设社会主义先进文化，对于提升中华文化软实力进而增强我国的综合国力，都具有重大的理论和实践意义。本课题研究坚持以马克思主义及其中国化的理论成果为指导，深入贯彻中国共产党十六大、十七大、十八大精神，坚持立足当代中国深化改革、扩大开放和中国特色社会主义建设实际，从当代中国意识形态建设的新形势、新使命和新要求出发，综合运用辩证唯物主义和历史唯物主义、理论联系实际、具体问题具体分析、历史与现实相统一等科学方法，以及政治学、社会学、传播学、教育学、心理学等相关学科知识，对社会思潮的有关基本问题作了深入研究，从总体上对中国共产党近百年来应对和引领社会思潮的历程作了简要梳理，认真总结了我们党引领社会思潮的基本经验，深入论证了以社会主义核心价值体系引领社会思潮的客观必然性和现实可行性等基本问题，在此基础上，着重对引领社会思潮的基本要求、基本原则和基本方法，对以“工程化”方式构建引领机制，对优化引领各类思潮的社会条件等进行了深入系统的研究。

本课题研究共分八个部分进行，主要内容如下：

导论：深入分析并揭示了社会思潮的形成和基本内涵，提出了社会

① 《十六大以来重要文献选编》（中），中央文献出版社 2006 年版，第 272 页。

思潮一般由社会心理、思想理论、传播活动等三个层次的要素构成，在此基础上提出了“社会思潮一般起源于社会心理，诱导于思想理论，形成于思想传播”的观点。这也是目前关于社会思潮内在结构和思潮形成的最新观点。基于上述分析，依据内容和学科类别、基本性质、影响范围、发展阶段、与主流意识形式的关系等，划分了社会思潮的基本类型，概括并系统阐述了社会思潮的基本特征。运用马克思主义基本观点以及社会学、系统论等学科方法，研究了社会思潮形成的社会条件、传播发展过程及其在社会发展中的主要作用。在对社会思潮在社会意识结构中的地位及其与主流意识活动的区别和联系进行深入分析界定的基础上，揭示了社会思潮与主流意识形态特殊而复杂的关系。其中，通过对社会意识形式与社会意识活动的区分，提出了“一定时期的社会思潮与主流意识活动相对应，属于非主流意识活动；其意识形式与主流意识形态相对应，属于非主流意识形态”的观点，也是学术界目前关于这一问题的最新表述。最后，着重从社会主义意识形态建设的本质要求、中国共产党加强执政能力建设的必然选择等方面入手，论述了引领社会思潮的社会必然性和现实必要性。

第一章：中国共产党应对和引领社会思潮的理论与实践。本章分五个阶段比较全面地回顾了从以毛泽东为代表的第一代中央领导集体到以习近平为核心的党中央，历代中央领导集体积极应对和引领社会思潮的实践历程。通过翔实的资料和科学归纳，提出中国共产党在每一历史阶段，一方面坚持和发展马克思主义，另一方面坚持与各种消极、错误和反动思潮进行不懈斗争，着力从理论和实践两个方面应对和引领各种社会思潮及思想观念，为取得中国革命、建设与改革的不断胜利，为实现马克思主义中国化扫清了思想障碍，排除了各种干扰。其中，党的第一代中央领导集体坚持大力传播马克思主义，使之成为主流社会思潮，同时通过用马克思主义武装全党和开展思想斗争等途径，消除各种错误思潮存在的思想基础和物质基础，最终将社会主义由理想变为现实；党的第二代中央领导集体在领导改革开放的历史进程中进一步丰富和发展了马克思主义，旗帜鲜明地反对资产阶级自由化，并提出了一系列思想斗争原则和策略，为抵制西方社会思潮侵蚀提供了科学的方法论；面对复杂的国内外形势，党的第三代中央领导集体坚定地高举邓小平理论这面旗帜，坚持走中国特色社会主义道路，提出了“三个代表”重要思想，着力打造坚强的领导核心，同时坚持开展意识形态领域的斗争，有效地控制了各种社会思潮的传播和蔓延；中共十六大之后，在以胡锦涛为总书记的党中央领导下，着眼于实现中国共产党的执政使命及时代要求，立足于社会主义和谐社会和小康社会建设的生动实践，特别是从推进社会主义先进文化建设、提高我国文化软实力的战略需要出发，先后提出了建设社会主义核心价值体系和社会主义核心价值观的重大战略任务，强调在新的时代条件下积极探索引领社会思潮的新途径，在社会主义文化强国建设中迈出新步伐。中共十八大以来，以习近平为核心的党中央着眼于提高国家文化软实力、实现中华民族伟大复兴的中国梦，对新时期新阶段培育和弘扬社会主义核心价值观作出新的战略部署，明确提出“用共同理想信念凝聚民族意志，用中国精神激发中国力量，动员全体中华儿女共同创造中华民族新的伟业”①。在上述研究的基础上，归纳和总结出了中国共产党应对和引领社会思潮的基本经验和主要教训。

第二章：当代中国社会思潮的现状及其社会影响。提出自新时期以来，伴随着改革开放的深入发展，社会思潮在我国得以广泛传播，中国意识形态领域逐步形成“一元主导、多元并存，相互激荡、纷繁复杂”的局面。在系统介绍当代中国意识形态领域现状、深入分析其形成原因的基础上，总结概括出了当代中国社会思潮“多元并存、主流积极向上、差异性特征明显、关注现实、反思批判、积极作为、广泛传播、相互促进、复杂多变、消极腐朽思潮有所发展”等基本特点。通过对新自由主义、民主社会主义等主要社会思潮的深入解读，比较全面地介绍了当代中国影响较大的社会思潮。通过对社会思潮积极作用和消极影响的分析，比较系统地阐述了当代中国社会思潮的主要影响。

第三章：社会主义意识形态建设的新使命和新要求。主要从经济全球化使和平发展与合作共赢成为意识形态建构的重要内容、改革开放带

---

① 习近平：《在庆祝中华人民共和国成立65周年招待会上的讲话》，载《人民日报》2014年10月1日。

动中国社会由传统社会向现代社会转型、思想文化多元化使主流意识形态建设面临严峻挑战、信息网络化给新时期的先进文化建设提出了新要求等方面，分析了新时期我国意识形态建设面临的新形势。从“中国特色”成为意识形态建构的基本价值取向、尊重差异和包容多样成为意识形态建构的现实需要、意识形态感性化和生活化趋势日趋明显等方面，概括了改革开放条件下当代中国意识形态建设的新特点。在此基础上论述了新时期我国社会主义意识形态建设的新使命：巩固马克思主义指导地位，牢牢掌握意识形态领域的指导权、主动权、话语权；加强社会主义核心价值体系建设，巩固全党全国各族人民团结奋斗的共同思想基础；推动社会主义文化大发展大繁荣，建设社会主义文化强国。根据新形势、新使命和新实践，对我国新时期的社会主义意识形态建设进一步提出了一些新的要求。

第四章：以社会主义核心价值体系引领和整合社会思潮的内在必然性。以社会主义核心价值体系引领和整合社会思潮，是社会主义意识形态建设和先进文化建设必要性与必然性的有机统一。本章在对社会主义核心价值体系的地位和使命进行分析论述的基础上，分别从引领、凝聚、规范、整合等四个方面对这一价值体系的基本功能加以概括并逐一进行了论述。在此基础上，着重从三个方面论述了社会主义核心价值体系引领和整合社会思潮的根本优势：这一价值体系在引领和整合社会思潮中具有明显的先进性特质；这一价值体系代表最广大人民群众的基本价值追求，对于多样化社会思潮具有共同的价值目标和价值标准，因而具有普遍的适用性，为最大限度地发挥引领作用提供了价值条件和可能；这一价值体系从最广大人民群众的根本利益出发，指明了全社会的共同理想、精神动力及基本道德标准，不仅在理论上具有先进性，而且在实践上具有很强的可操作性。

第五章：以社会主义核心价值体系引领和整合社会思潮的基本原则与方法。强调引领和整合社会思潮是一项复杂的系统工程，要科学有效地推进这一工作，必须坚持以马克思主义及其中国化理论成果为指导，立足当前实际，明确指导思想、基本原则和基本要求，积极探索科学有效的方式方法。本章着重从引领和整合社会思潮要与社会主义市场经济及多元利益要求相适应、要与社会主义民主政治建设和政策法规建设相一致、要与中华民族优秀传统文化相承接、要与当今时代精神相契合、要有利于形成广泛社会共识和共同价值追求、要遵循意识形态建设和发展规律等六个方面，论述了引领和整合工作应当满足的基本要求。进而又从六个方面阐明了引领和整合工作应当坚持的基本原则：坚持一元主导、主动引领，确保社会主义意识形态建设的正确方向；坚持尊重差异、包容多样，最大限度地形成社会共识；坚持正确预测、科学疏导，着力提高引领工作的主动性；坚持科学分析、区别对待，着力提高引领工作的针对性；坚持加强互动、扩大共识，着力提高引领工作的有效性；坚持解决思想问题与解决实际问题相结合，努力扩大引领工作的群众基础。基于引领社会思潮面临的新形势、新使命、新要求和应当坚持的基本原则，提出并论证了引领和整合社会思潮必须坚持并积极探索行之有效的方法与途径。

第六章：“工程化”构建社会主义核心价值体系引领机制。从新时期引领社会思潮的具体实践来看，不论是引领水平的提升，还是引领效果的增强，既需要正确的指导思想和引领原则，更需要立足实际构建长效机制，以实现引领和整合工作的规范化、科学化和常态化，增强引领和整合工作的稳定性、可操作性和长效性。本章从对引领机制的界定入手，从传播教育、整合引领、增强主流意识形态、弘扬新风正气、自我调节等方面提出并论证了这一机制的基本功能；从实现社会主义核心价值体系的历史使命、实现引领工作规范化和科学化、提高我国意识形态建设水平等三个方面的必然要求出发，论述了“工程化”构建引领机制的必要性；从构筑实施系统、整合动力系统、完善保障系统等三个方面进行科学论证，提出了“工程化”构建引领机制的总体构想、基本内涵和基本要求。其中，在社会主义核心价值体系引领机制的基本内涵上，提出把构建引领机制作为社会主义意识形态建设的系统工程之一，着重抓住优化体制机制、突出机构设置、强化制度设计、加强队伍和载体建设等关键环节进行科学设计、精心组织实施的设想；在机制的构建上，提出实施系统、动力系统和保障系统三个方面既相对独立、自成体系，又相互支持、相辅相成，彼此有机统一、协调高效运行的设想。为保证引领机制构建的科学性和运行的有效性，本章进一步提出构建引领机制必须坚持科学性原则、可行性原则、创新性原则和权威性原则。

第七章：优化引领社会思潮的社会条件。为增强引领和整合社会思潮工作的科学性、实效性和可持续性，既需要在思想文化领域以正确的指导思想、科学的体制机制、具体的方法途径切实加强引领，同时又必须通过深化改革全面提高社会主义经济、政治、文化、社会和生态文明建设水平，为引领工作创造优良的社会条件，从而实现先进的思想文化引领与优良的社会条件支撑的有机结合。本章根据历史唯物主义关于社会存在与社会意识辩证关系的基本原理，提出社会存在是引领社会思潮的客观物质基础的基本观点，进而阐述了一定的社会条件是社会思潮赖以形成和传播的客观物质基础、引领社会思潮必须建立在现有社会条件基础上、应切实加强通过优化社会条件引领社会思潮问题的研究等具体思想。在此基础上，着重从五个方面论述了着力优化引领各类社会思潮的社会条件问题：进一步解放和发展生产力，提高经济建设水平和国家综合实力，为引领社会思潮创造坚实的物质条件；发展社会主义民主政治，推进法治中国建设，在促进和实现社会公平正义中优化引领社会思潮的政治条件；坚持正确的指导方针，着力深化文化管理体制及具体制度改革，有效提高社会主义先进文化建设水平，繁荣和发展社会主义文化，为引领社会思潮创造良好的社会文化条件；加快社会事业改革，提高社会治理水平，为引领社会思潮奠定良好的社会基础；牢固树立生态文明观念，以高度的历史责任感和改革创新魄力与举措切实推进生态文明建设，为引领社会思潮提供良好的生态条件。本章的研究一定程度上弥补了学术界关于通过优化社会条件引领和整合社会思潮研究上的不足。

第一章　中国共产党应对和引领社会思潮的理论与实践

近代以来，随着国门的打开和西学东渐的到来，国外社会思潮蜂拥而至。自此，形形色色的社会思潮对国人的精神世界以及现实的革命、建设和改革都产生了或强或弱的影响，其中，有些思潮促进了中国的发展进步，有些思潮则误导国人的思想和行为，阻碍了中国社会的发展进程。从五四运动起，中国先进知识阶层选择了马克思主义，并以此为中国革命的指导思想。从以毛泽东为代表的第一代中央领导集体开始，在历代和历届中央领导集体正确领导下，中国共产党坚持从中国革命、建设和改革的实际出发，先后围绕着“建设一个什么样的党，怎样建设党”“什么是社会主义，怎样建设社会主义”等根本性问题，一方面在马克思主义及其中国化理论成果的正确指导下，坚定不移地走有本国特色的革命道路、社会主义建设和改革之路；另一方面坚持以马克思主义应对和引领社会思潮，积极开展意识形态领域的斗争，为科学社会主义理想的实现奠定了坚实的思想理论基础，提供了不竭的精神动力。

一　党的第一代中央领导集体应对和引领社会思潮的理论与实践

经过第一和第二次国内革命战争滚滚洪流的锻造，中国共产党内逐步形成了以毛泽东为核心的第一代中央领导集体。这一领导集体始终坚持用马克思主义分析和批判各种社会思潮及非马克思主义思想，正确指导中国革命和建设的伟大实践，最终将社会主义由理想变为现实。

（一）始终以马克思主义教育全党，提供认识和批判各种错误思想的理论武器

1. 广泛传播马克思主义，使其成为人们认识和改造世界的科学思想武器

在急剧动荡的近代中国社会，与民族危机和救亡图存相适应，先后涌现出了民族解放思潮、民主共和思潮、君主立宪思潮、地方自治思潮、无政府主义思潮、国粹主义思潮、教育救国思潮、实业救国思潮、资产阶级改良主义思潮、资产阶级民主主义思潮等。但是，这些思潮最终由于不能代表广大人民群众的根本利益，或者不符合近代中国社会的发展方向而难以成为社会共识。直到俄国“十月革命一声炮响，给我们送来了马克思列宁主义”①。于是，中国的先进分子在对各种社会思想和社会变革进行科学比较的基础上，选择了马克思主义，并以此为指导建立了中国共产党。

“没有革命的理论，就不会有革命的运动。”对于中国共产党来说，要领导中国革命必须首先解决两个层面的问题：一是将马克思主义与中国实际相结合，建设中国的无产阶级政党，用以领导和推动中国的革命运动；二是以马克思主义引领社会思潮及各种非马克思主义思想，凝聚各种社会力量进行无产阶级革命和社会主义建设，去实现社会主义。而这两者都需要马克思主义的广泛传播，同时不断巩固壮大马克思主义者队伍。因此，中国共产党自成立之日起，传播马克思主义就成为其首要政治任务。

传播马克思主义既是实现救亡图存和民族振兴的客观要求，更是把马克思主义变为现实的重要前提。还在建党初期，中国共产党就十分注重马克思主义宣传，新文化运动的先驱和党的早期领导人，如李大钊、陈独秀、毛泽东等，通过翻译马克思主义著作、创办进步报刊、发表理论文章等途径，广泛宣传马克思主义，积极介绍俄国十月革命，引导人们用无产阶级革命和人民民主的思想来分析和解决中国社会发展问题。同时，积极参与各种社会问题的大讨论，如参与“问题与主义”的争论，与以胡适为代表的改良派进行论战；批判张东荪、梁启超等人反对

① 《毛泽东选集》第4卷，人民出版社1991年版，第1471页。

社会主义的言论，进行社会主义是否适合中国的争论；反对西方工人运动中的错误思想，对修正主义和无政府主义进行批判。这些活动都扩大了马克思主义的影响。与此同时，他们还积极开展各种政治活动，深入工人农民，用马克思主义分析他们的社会地位和历史使命，从而引导中国工人阶级登上了政治舞台，并有力地推动了中国革命形势的迅猛发展。

2. 用马克思主义教育全党，提高全党的思想理论水平

马克思、恩格斯和列宁早就指出，无产阶级政党要能够真正忠实地代表本阶级以及广大人民群众的整体利益，并领导他们有效地开展革命斗争，就必须以辩证唯物主义和历史唯物主义作为自己的指导思想，始终掌握观察社会和改造社会的有力思想武器，以保持党的无产阶级先锋队性质。党的第一代领导集体不仅接受了这一科学理论，而且在党的建设和领导中国革命的实践中始终把思想理论建设作为党的建设的前提和保障，并特别注重从思想上清除主观主义尤其是教条主义的影响。历史已经充分表明，中国革命、建设和改革所取得的每一次重大胜利，无一不是我们党自觉地把马列主义与我国革命、建设或改革的具体实践有机结合的结果；所遭遇的每一次重大挫折或失败，无一不是党在指导思想上发生重大失误，特别是犯主观主义或教条主义错误的结果。因此，中国共产党从实践中深刻地认识到开展马克思列宁主义教育的重大意义，并特别注重对全党尤其是党的领导干部进行马克思主义教育，其中，延安整风就是最成功也是最具有代表性的马克思主义教育运动。正是基于这次整风的成功经验，在此后党的历次代表大会上，中国共产党都把思想建设摆在党的建设的首要地位。

（二）坚持开展积极的思想斗争，排除“左”右倾思想及社会思潮的干扰

1. 大力宣传马克思主义，深刻批判教条主义和经验主义

早在第二次国内革命战争时期，我们党在发动和领导人民群众开展武装斗争和革命根据地建设的斗争中，主观主义特别是“左”的教条主义错误就给党的建设和中国革命事业造成惨重损失，将中央根据地断送殆尽，将工农红军几乎带至绝境。直到遵义会议召开，王明“左”

倾教条主义在中央的领导才得以终结，中国革命才转危为安。长征结束以后，以毛泽东为代表的新一届中央领导集体对中国共产党领导两次革命战争胜利及失败的经验教训进行了全面系统地总结，从根本上批判和清算了“左”右倾机会主义特别是“左”倾教条主义的错误思想，并使得马克思主义中国化的进程大大地向前推进了一步。

1935 年 12 月和 1936 年底，毛泽东先后发表《论反对日本帝国主义的策略》和《中国革命战争的战略问题》两个报告。在报告中，他从政治策略和军事路线两个方面对新的历史条件下的教条主义特别是“左”倾“关门主义”和冒险主义进行了深刻的批判。1937 年，毛泽东在《实践论》和《矛盾论》中又以辩证唯物主义和历史唯物主义的思想和方法，对“左”倾和右倾机会主义特别是“左”倾教条主义开展了集中批判。其中，《实践论》深刻地揭示了辩证唯物主义的认识路线，提出“我们的结论是主观和客观、理论和实践、知和行的具体的历史的统一”①。明确指出，“左”右倾机会主义虽然表现形式不同，但在认识论上却有共同之处，即“都是以主观和客观相分裂，以认识和实践相脱离为特征的”②；《矛盾论》不仅集中阐述了矛盾的普遍性，还着重阐述了矛盾的特殊性以及矛盾的普遍性与特殊性之间的辩证关系。其目的就是要让全党懂得，解决不同的矛盾必须做到具体问题具体分析。对于教条主义者而言，这正是解决他们对具体事物不作艰苦细致的调查研究、不懂得中国革命的特殊性、只会生搬硬套马列主义基本原理的一剂良药。这两篇文章既深刻剖析了教条主义错误的思想认识根源，又丰富和发展了辩证唯物主义认识论，从而为中国共产党在新的历史阶段制定正确的路线方针政策，领导中国人民取得抗日战争、解放战争以及社会主义革命和社会主义建设的胜利提供了科学的思想方法和认识论基础。

为了彻底清除教条主义和经验主义错误思想的影响，更好地在全党统一思想认识，自 1941 年 5 月开始，以毛泽东为代表的第一代中央领导集体组织开展了著名的延安整风。这次整风发端于毛泽东在延安高级

① 《毛泽东选集》第 1 卷，人民出版社 1991 年版，第 296 页。

② 同上书，第 295 页。

干部会议上作《改造我们的学习》的报告。他在这篇著名的报告中系统地阐述了“把马克思列宁主义普遍原理同中国革命具体实践相结合”的原则，对主观主义和教条主义作了深刻批判，同时号召全党大兴调查研究之风，坚持实事求是的思想路线，树立“理论和实际统一的马克思列宁主义的作风”，从而为全党整风指明了正确方向。1941 年 9 月到 1942 年 2 月，毛泽东又先后作了《反对主观主义和宗派主义》《整顿党的作风》《反对党八股》等主题报告，深刻阐明了这次整风的任务和基本方针，进一步分析了主观主义、宗派主义、党八股的表现、危害及思想根源，提出了克服上述不正之风的根本方法。在同年 5 月，毛泽东又发表著名的《在延安文艺座谈会上的讲话》，文艺界的整风学习活动也随之展开。

这次全党整风，既是一次正本清源的马克思主义教育运动，更是一次清除主观主义、宗派主义和党八股等不良风气的思想解放运动，特别是对于全党从根本上确立和贯彻一切从实际出发、实事求是、理论联系实际的思想路线，不仅有着重要的理论意义，而且更具有重大的实践意义；是中国共产党思想建设史上的一次成功实践和伟大创举，具有重大的政治意义和深远的历史意义。

2. 提出新民主主义理论，抛弃民粹主义思想

民粹主义主要是 19 世纪 60 年代俄国的一些革命民主主义者，如赫尔岑、车尔尼雪夫斯基、奥尔洛夫等人提出的一种社会主义观。民粹主义的基本特征，就是把落后的以公有制为基础的村社制度和农民的思想理想化；维护自给自足的自然经济状况，提倡绝对平均主义；反对与现代工业相适应的资本主义生产关系。主张在自给自足的小农经济的基础上直接建设社会主义制度。从表面上看，民粹主义主要是反对资本主义的生产关系，希望克服现实社会中的不公平现象，建立民主而平等的社会主义。然而，他们的主张实际上是行不通的。到了 19 世纪末 20 世纪初，民粹派和自由派相结合，之后便发生了演变，走向了反动。列宁、普列汉诺夫曾花很大的力气批评这一思潮。

民粹主义思潮形成于中国近代半殖民地半封建社会。在民族尊严无从维护、民主要求难以实现的历史条件下，这一思潮便悄然产生。这一思潮的突出特点是排斥现代知识及城市知识分子，将目光投向远离现代

知识的广大农村居民。在他们看来，在半封建的中国社会里，解放这一人口众多的广大农民阶层要比满足小部分知识分子的要求更有意义，在实现中国的民主革命中也更具有彻底性。从表面看来，这一思潮既超越民族主义，又超越民主主义，在推动中国向近代化目标迈进时不失为独辟蹊径。但在半殖民地半封建的中国社会，这种理想只能是一种空想，但对那些富有献身精神的先进知识分子来说却具有极大的吸引力。对此，毛泽东曾明确指出，民粹主义在中国是具有一定影响的。

面对新民主主义革命的新形势，毛泽东立足于半殖民地半封建的中国社会实际，于1939年到1940年初，先后撰写、发表了《〈共产党人〉发刊词》《中国革命和中国共产党》《新民主主义论》等著作，创造性地提出并系统地阐述了新民主主义理论，指明了中国革命的发展规律和历史进程，科学地回答了中国向何处去的重大问题，阐明了解决中国农民问题和资本主义问题的根本出路。毛泽东指出，抗日战争胜利后，中国既不可能成为资本主义国家，也不可能立即进入社会主义社会，“而是要建立以中国无产阶级为首领的中国各个革命阶级联合专政的新民主主义的社会”①。这就把新民主主义理论与民粹主义思想严格地区别开来。

3. 批判修正主义，坚持社会主义

作为执政党，中国共产党在领导中国人民进行社会主义革命和社会主义建设的过程中，仍然必须面对怎样用马克思主义理论来指导中国社会主义革命和建设的实际问题。即一方面要坚持以马克思主义为思想指导，坚定地走社会主义发展道路；另一方面要反对教条主义、经验主义和修正主义，对一切反马克思主义的思潮进行彻底的批判。对此，党的第一代领导集体进行了长期地探索和不懈地斗争。在《关于正确处理人民内部矛盾的问题》一文中，毛泽东就明确地指出：“修正主义，或者右倾机会主义，是一种资产阶级思潮，它比教条主义有更大的危险性。”② 指出这一思潮从根本上抹杀了社会主义与资本主义之间的界限，否定了无产阶级专政与资产阶级专政之间的本质区别。

---

① 《毛泽东选集》第2卷，人民出版社1991年版，第668页。

② 《毛泽东文集》第7卷，人民出版社1999年版，第233页。

在当时的国内外历史条件下，坚持社会主义、警惕和批判修正主义是非常必要的，但由于党的主要领导人在对马克思主义和修正主义的理解上出现偏差，最终在防止和批判修正主义的过程中越走越远。1962年，联系对苏联“现代修正主义”的批判，毛泽东在党的八届十中全会上明确提出中国已经出现了修正主义，进而提出如何坚持马克思主义、反对修正主义的命题。由于一系列复杂的政治、思想和社会原因，在20世纪60年代的中国，国际“反修”与国内“批修”被紧密地结合起来，并进而发展成一种互动关系。对修正主义认识的偏差和“左”倾错误，最终导致阶级斗争扩大化，并为后来“文化大革命”的发生埋下了思想隐患。但第一代领导集体对于反对西方敌对势力“和平演变”的政治图谋、防止和克服修正主义的尝试和努力却是难能可贵的，也为我们党之后在对“社会主义”的理解以及探索推进社会主义建设问题上提供了经验借鉴。

二　党的第二代中央领导集体应对和引领社会思潮的理论与实践

中共十一届三中全会之后，党的第二代中央领导集体在意识形态领域面临着两个不得不认真思考和解决的重大理论问题：一是怎样正确理解“社会主义”和怎样建设“社会主义”这一基本问题；二是改革开放后如何抵制蜂拥而至的各种社会思潮侵蚀的问题。前者关系到社会主义的前途命运；后者关系到能否拒腐防变和始终保持共产主义理想信念。为此，以邓小平为代表的党的第二代中央领导集体做了大量艰苦卓绝的理论和实践探索，排除各种思想干扰，最终领导我国的社会主义建设事业走上了有中国特色的健康发展之路。

（一）不断丰富和发展马克思主义，坚持社会主义正确发展方向

1. 提出社会主义本质论

在马克思主义发展史上，对于什么是社会主义的争论由来已久。在中国，这一争论最早发端于20世纪60年代三年困难时期。“文化大革命”期间，“四人帮”更是曲解社会主义，提出宁要“穷的社会主义”

的错误观点。1975 年，邓小平主持中央工作，即对“四人帮”的错误认识进行了尖锐批判，提出全党讲大局，把国民经济搞上去的要求。在随后领导中国改革开放和社会主义现代化建设的历程中，党的第二代领导集体一直在探索和思考这个问题。邓小平曾多次强调，过去我们对这个问题的认识“并没有完全搞清楚”，过去我们主要从生产关系的角度去解读“社会主义”的内涵，忽视了具有决定意义的生产力要素。于是错误地把一些不利于现实生产力发展的观点视为社会主义原则进行固守，把那些适应生产力发展的观点当作资本主义思想加以反对。比如把计划经济理解为社会主义的基本经济形式，而把市场经济定性为资本主义经济并加以排斥；把平均主义当作社会主义来固守，把冒尖致富一概当作资本主义来反对；也曾经把闭关自守当作社会主义来固守，把对外开放、引进外资当作背信弃义来反对。特别在“文革”期间，“四人帮”鼓吹“宁要穷的社会主义，不要富的资本主义”。这些事实说明，我国过去有很多人对“什么是社会主义”的问题确实没有完全搞清楚，在认识中夹杂着不科学、不正确的成分。

邓小平在马克思、恩格斯、列宁、斯大林、毛泽东等经典作家和革命导师对社会主义认识的基础上，通过总结新中国成立几十年来的社会主义建设正反两方面的经验，特别是总结改革开放以来的实践经验，首次明确地提出“社会主义本质”这一概念，并作出了完整的论述。20 世纪 80 年代中期，邓小平首次提出把“发展生产”和“共同致富”作为社会主义的基本原则。在 1992 年视察南方的谈话中，他对社会主义的本质作出了进一步的表述，即“解放生产力，发展生产力，消灭剥削，消除两极分化，最终达到共同富裕”①。在他看来，解放和发展生产力是社会主义的根本任务；消灭剥削、消除两极分化，是对社会主义生产关系的性质、构成及发展目标的规定，也是社会主义与资本主义的本质区别；共同富裕是社会主义的根本目的。

邓小平关于社会主义本质的科学概括，以及对社会主义本质与特征的界定，深刻地揭示了社会主义的发展规律，从而也澄清了党内在社会主义问题上的种种模糊观念和错误认识，使我们对社会主义有了更全

① 《邓小平文选》第 3 卷，人民出版社 1993 年版，第 373 页。

面、更深刻、更辩证的认识，为我们党坚持、完善和发展公有制和按劳分配制度指明了方向，因而也实现了马克思主义特别是科学社会主义理论的创新和发展。

2. 提出社会主义道路理论

19 世纪中叶以来，中华民族一直在探寻国家发展道路，并最终选择了社会主义。对于社会主义，也有一个发展道路问题。在我国社会主义改造基本完成之前，中共第一代中央领导集体就开始了对中国特色社会主义道路的艰辛探索，提出了一系列重要思想。但从 1957 年夏季之后，由于对国内形势作了错误的估计，“左”的错误日益严重，直至后来发动“文化大革命”，中断了正确的探索。粉碎“四人帮”之后，随着拨乱反正和在徘徊中前进局面的结束，中共第二代中央领导集体在新的时代条件下开始了对社会主义发展道路问题的新的探索。

在中共第二代中央领导集体看来，从实际出发特别是从本国的基本国情出发，是建设中国特色社会主义的根本出发点。邓小平指出，改革开放之前，中国共产党在领导我国社会主义建设实践中所犯的各种错误以及出现的各种偏差，归根结底是由于脱离了中国社会实际。十一届三中全会之后，邓小平及时提出，必须根据中国的实际和自身特点，开辟中国式的社会主义现代化建设道路。他在党的第十二次全国代表大会上进一步提出：“走自己的路，建设有中国特色的社会主义。”① 邓小平的这一思想是在实践中对马克思主义特别是对历史唯物主义的最好诠释，也是对资产阶级自由化思潮、民主社会主义思潮的有力回击。

中共第二代中央领导集体强调，社会主义的发展不可能脱离而且必须紧跟时代步伐，体现时代特征。社会主义不应该也不可能脱离人类文明的大道，在封闭的状态下发展。恰恰相反，社会主义应当积极吸收、改造和消化人类创造的有益文明成果，不断地丰富自己，发展自己。封闭是社会主义传统模式的一个致命弱点，也是对社会主义的一种扭曲。邓小平总结说，“我们最大的经验就是不脱离世界”。中国特色社会主义同世界主题紧紧相扣，应重视综合国力较量这个时代特征，抓住机遇，发展自己，坚定不移地实行对外开放政策。这既有助于社会主义赢

① 《邓小平文选》第 3 卷，人民出版社 1993 年版，第 3 页。

得与资本主义的比较优势，又能够增强社会主义反映时代特征的新质态。

中共第二代中央领导集体还认为，中国特色社会主义应当实现全面发展。迈向共产主义的社会主义社会，应当是人和社会全面发展、全面进步的社会。可是，在传统模式下，社会主义并没有能够很好地实现人和社会全面发展的要求。这首先是由于僵化的体制束缚了生产力的发展，没有提供人和社会全面发展的充分物质基础。同时，也是由于在社会主义建设指导思想上存在偏差，对社会主义全面性的认识不清，没有很好地实现社会以及人的全面协调发展。中共十一届三中全会以后，邓小平在领导拨乱反正、总结历史经验的过程中，进一步阐述了社会主义全面发展的思想，其核心内容主要包括三个方面：一是社会主义初级阶段的根本任务是解放和发展生产力，必须坚持以经济建设为中心；二是发展社会主义民主，健全社会主义法制；三是建设比资本主义更优的精神文明。在这一认识的基础上，中共十三大通过的党的基本路线将“建设富强、民主、文明的社会主义现代化国家”的奋斗目标确定为基本内容。

3. 提出社会主义初级阶段理论

中共十一届三中全会之后，在深刻总结新中国成立以来我国社会主义建设经验教训的基础上，党的第二代中央领导集体重新确立了“解放思想、实事求是”的思想路线，特别是通过科学分析我国基本国情、初步总结改革开放的基本经验，作出了我国正处于并将长期处于社会主义初级阶段的科学论断。这一论断逐步成为中国共产党制定路线、方针、政策的前提和重要依据。

根据中共十三大报告的论述，社会主义初级阶段理论主要包括两层含义：“第一，我国社会已经是社会主义社会。我们必须坚持而不能离开社会主义。第二，我国的社会主义社会还处在初级阶段。我们必须从这个实际出发，而不能超越这个阶段。”① 这一重要论断两个层面的含义是相辅相成、不能割裂的。前者明确了我国的社会性质，是对我国社会制度基本性质的总概括；后者集中反映在“初级阶段”上，揭示了

① 《十三大以来重要文献选编》（上），人民出版社 1991 年版，第 9 页。

我国社会主义的发展程度及其所处的发展阶段，指明了我们党今后制定路线方针政策必须坚持的根本立足点。社会主义初级阶段理论为我们进一步统一思想、正确认识本国国情、反对“左”的和右的错误倾向提供了有力的思想武器。

关于社会主义发展阶段问题，马克思、恩格斯、列宁、斯大林等都提出过自己的设想，毛泽东也作过初步探索。1958 年 11 月，毛泽东在郑州会议上谈到人民公社运动的教训时，首次使用了“社会主义初级阶段”的概念。20 世纪 60 年代初，毛泽东提出，在中国建设强大的社会主义经济，五十年不行，会要一百年，或要更多的时间。毛泽东关于社会主义发展阶段的思想主要包括：一是建设社会主义必须有一个过渡期，即从新民主主义时期过渡到社会主义阶段；二是应将社会主义区分为“进入”阶段和“完成”阶段，“建立”并不等于“建成”，两者存在着严格的区别；三是社会主义社会可能分为不发达的社会主义与发达的社会主义两个阶段。可惜，他没有对此展开说明，更没有把它作为一个指导思想来贯彻并用以纠正当时存在的某种超越社会主义初级阶段的“左”的错误。真正从理论上科学全面地回答中国社会主义发展阶段问题，并逐步形成社会主义初级阶段理论的，则是中共十一届三中全会之后党的第二代中央领导集体。

4. 提出社会主义市场经济理论

如何推进经济体制改革，确立怎样的改革目标，这是关系我国社会主义建设全局的重大战略问题。其核心是能否正确认识和处理计划与市场两者之间的关系，能否选择正确的资源配置方式。自改革开放以来，党的第二代中央领导集体通过对社会主义建设正反两方面经验的总结和实践探索，创造性地提出了社会主义市场经济理论，这一理论为我国的经济体制改革指明了方向、描绘了蓝图。

对于未来社会主义经济发展方式，马克思主义经典作家在不同的社会历史条件下作出过不同的设想。马克思和恩格斯曾提出过实行计划经济的设想。列宁继承和发展了马恩的这一观点，并于十月革命胜利后把计划经济思想付诸实施，创建了人类社会史无前例的社会主义计划经济体制。此后，斯大林逐步形成了自己的计划经济理论并在苏联建立起高度集中的计划经济模式。新中国成立后，中国接受了斯大林社会主义计划经济理论，并逐步建立起高度集中的计划经济体制。但随着实践的发展，毛泽东敏锐地发现这一体制存在的诸多弊端，特别是反思“大跃进”的沉痛教训后，毛泽东认识到，商品关系不能取消，价值规律是一个客观法则，于是对社会主义条件下发展商品经济提出了许多重要的意见。

粉碎“四人帮”之后，党的第二代领导集体对市场经济的性质、对社会主义制度下能否发展市场经济以及市场与计划的关系等重大问题，进行了长期的思考和探索。在具有划时代意义的十一届三中全会上，在确定把经济建设作为全党的中心工作的同时，决定对经济体制进行改革。1981 年，中共十一届六中全会肯定了邓小平关于“在计划经济指导下发挥市场调节的辅助作用”的思想。1982 年 9 月，中共十二大报告提出“计划经济为主、市场调节为辅”的方针，把市场机制正式引入我国经济体制。为适应整个经济体制改革的需要，1984 年 10 月，中共十二届三中全会一致表决通过了《中共中央关于经济体制改革的决定》，并将“公有制基础上的有计划的商品经济”作为我国社会主义基本经济体制。这对过去把计划经济与商品经济截然对立起来的一贯认识，实现了根本性地突破。邓小平强调，社会主义制度与市场经济之间没有根本性的矛盾，把计划经济与市场经济有机地结合起来，可以更好地解放生产力、发展经济。他在 1992 年视察南方的谈话中对计划与市场的关系做了更充分的论述，强调“计划和市场都是经济手段”，不是区分社会主义与资本主义的根本标准。邓小平的重要谈话和论述从根本上解除了传统观念对人们思想上的束缚，使人们彻底走出了认识误区，从而在思想理论上为中共十四大确立社会主义市场经济体制的改革日标奠定了基础。

（二）有针对性地提出思想斗争策略，为抵制西方社会思潮侵蚀提供方法论

1. 充分认识“一窝蜂地盲目推崇”西方社会思潮的严重性，改变思想战线的软弱涣散状况

1983 年 10 月，邓小平在党的十二届二中全会上发表《党在组织战线和思想战线上的迫切任务》的讲话，深刻阐述了思想战线不能搞精

神污染的问题。他尖锐地指出："一窝蜂地盲目推崇"西方的社会思潮，必然使马克思主义在哲学社会科学领域的指导地位受到严重挑战，甚至受到动摇，被边缘化。面对这一问题，他要求各级党委的主要负责人首先必须认识到问题的严重性，要切实改变思想战线上领导工作的软弱涣散状态。

2. 发展对外文化交流，不能让资本主义文化中对我们有害的东西畅行无阻

邓小平指出，实行对外开放，开展对外文化交流，都要长期坚持下去，但必须对资本主义腐朽的思想观念及其影响进行坚决抵制和斗争。他针对有些同志盲目推崇西方社会思潮所造成的危害，进行了严肃批评。指出，如果"任其自由泛滥，就会影响更多的人走上邪路，后果就可能非常严重"①。他强调必须坚持四项基本原则，用马克思主义的立场、观点和方法对各种错误的思想和思潮加以分析批判。

3. 采取坚决措施制止西方思潮自由泛滥

邓小平提出，要加强对错误倾向批评的力度，在思想战线上要真正使马克思主义和科学社会主义的正确思想观点发挥指导作用。邓小平的一系列重要论述对于我们正确认识思想领域的形势，正确分析和辨别各种社会思潮，自觉抵制各种错误思想的影响，都具有极为重要的现实意义，尤其是有针对性地提出了新形势下进行思想斗争的策略，为抵制国外各种社会思潮的侵蚀提供了正确的方法论。

（三）从理论与实践两方面旗帜鲜明地反对资产阶级自由化

粉碎"四人帮"之后，伴随着对"左"的思想的批判和国民经济发展出现的徘徊局面，在我国逐渐兴起一股资产阶级自由化思潮。这种社会思潮盲目崇拜西方资本主义的"自由""民主"，反对马克思主义的指导地位；主张实行经济私有化，要求取消公有制经济的主体地位；要求实行西方资本主义多党政治和两院制，反对四项基本原则，鼓吹全盘西化。对此，党的第二代中央领导集体旗帜鲜明地进行了批判。

在 1980 年 12 月召开的中央工作会议上，邓小平旗帜鲜明地提出要

---

① 《邓小平文选》第 3 卷，人民出版社 1993 年版，第 45 页。

反对资产阶级自由化。1985 年 5 月，他在《搞资本主义自由化就是走资本主义道路》一文中进一步指出，中国要搞现代化，绝不能搞自由化，绝不能走西方资本主义道路。中国要坚持社会主义经济、实现四个现代化，没有理想是不行的，没有纪律也是不行的。没有一个稳定的环境，政治动乱，不安定，就不可能从事社会主义建设。他还指出，实行开放政策，也要刹住自由化的风，不然，就不能实行开放政策。自由化的思想，不仅在社会上存在，在共产党内部也同样存在。这种思潮一旦传播或泛滥开来，我们的社会主义现代化建设事业就会被搅乱。因此，要实现开放政策，就不能搞资产阶级自由化。

1986 年 12 月，邓小平在同几位中央负责同志的谈话中进一步强调，必须旗帜鲜明地反对资产阶级自由化。他深刻地指出："中国没有共产党的领导、不搞社会主义是没有前途的。"① 他强调，民主只能逐步地发展，不能搬用西方的那一套。否则，非乱不可；反对资产阶级自由化必须旗帜鲜明、态度坚决。他进一步指出，反对资产阶级自由化思想的斗争主要靠教育，必要时采取一些行政手段和法律手段。在开展教育和斗争时，必须立足于社会主义初级阶段的实际，始终坚持党的基本路线及各项方针政策，牢牢抓住经济建设这个中心不动摇，既要坚持四项基本原则，又要坚持改革开放，并把此二者有机地统一起来。我国改革开放的历史和西方国家的历次经济危机都证明，邓小平的忠告、中共十三大以及之后历次党代会报告中关于反对资产阶级自由化的论述，都是十分正确的。

三　党的第三代中央领导集体应对和引领社会思潮的理论与实践

20 世纪 90 年代以后的十余年间，中国社会思潮出现分化并呈现多样化特征，主要有三个方面的原因：一是 20 世纪 90 年代，国际共产主义运动遭受挫折，社会主义面临严峻挑战，各种社会思潮纷纷涌现，试图回答社会主义的前途问题；二是随着改革开放的深入和文化多元化的

---

① 《邓小平文选》第 3 卷，人民出版社 1993 年版，第 195 页。

发展，国外各种文化思潮蜂拥而至，引发了意识形态领域的纷争和对主流价值观的挑战；三是世界上一些大党老党纷纷落马，为党的建设敲响了警钟，也引发了新一轮关于社会主义发展前途及命运问题的思考。基于当时复杂而严峻的国际形势，以江泽民为核心的党的第三代中央领导集体审时度势，对社会主义在新的历史条件下的理论和实践问题开展了卓有成效的探索，实现了对社会思潮的有效引领。

（一）高举邓小平理论伟大旗帜，坚定地走中国特色社会主义道路

1. 确立邓小平理论在我国意识形态领域的指导地位

在中国共产党建立七十周年之际，江泽民强调指出，建设有中国特色社会主义理论是邓小平立足当代中国实际和时代特征，对马克思主义做出的一个重大贡献。1992 年，他在总结我国改革开放和社会主义现代化建设的经验时进一步指出：建设有中国特色社会主义的理论，“第一次比较系统地初步回答了中国这样的经济文化比较落后的国家如何建设社会主义、如何巩固和发展社会主义的一系列基本问题，用新的思想、观点，继承和发展了马克思主义”①。强调这一理论是马克思主义与当代中国实际和时代特征相结合的产物，是毛泽东思想的继承和发展，是当代中国的马克思主义。1997 年 9 月，江泽民在中共十五大报告中首次提出和使用了“邓小平理论”这一概念，并全面系统地阐明了邓小平理论是马克思主义在中国发展的新阶段。中共十五大把邓小平理论正式确定为党的指导思想，并写进党章，从而也确立了邓小平理论在我国社会主义意识形态领域的指导地位。

自中共十三届四中全会以来，经过十五大和十六大，党的第三代中央领导集体始终坚定不移地高举邓小平理论伟大旗帜，始终坚持用邓小平理论武装全党。邓小平理论在党和国家意识形态领域的指导地位得以牢固确立，这在改革开放的新时期为消除各种社会思潮的不良影响，为在全党形成统一意志、在全社会形成走中国特色社会主义道路的思想共识，提供了正确的理论指导和有力的思想保证。

---

① 《十四大以来重要文献选编》（上），人民出版社 1996 年版，第 10 页。

2. 强调坚定不移地走中国特色社会主义道路

中共十四大报告在对中国特色社会主义理论进行科学概括和系统阐述的基础上，提出“在社会主义的发展道路问题上，强调走自己的路”，“建设有中国特色的社会主义”①。在党的十五大报告中，江泽民要求“全党要毫不动摇地坚持党在社会主义初级阶段的基本路线，把以经济建设为中心同四项基本原则、改革开放这两个基本点统一于建设有中国特色社会主义的伟大实践”②。1998 年 7 月，江泽民在会见日本共产党代表团时进一步指出：“我们坚持把马克思主义基本原理同中国具体实际相结合，逐步形成了一套建设有中国特色社会主义理论，也就是邓小平理论。我们在实践中走出了一条建设有中国特色社会主义道路，国家面貌发生了很大变化。”③这些重要论述和思想观点，都是以江泽民为核心的党的第三代中央领导集体坚定地走中国特色社会主义道路信心和决心的真实写照。

3. 全面建设小康社会

在深入研判国际国内形势的基础上，中共十六大提出，21 世纪头二十年将是我国走向现代化过程中实现第三步战略目标的关键时期，不论是从社会主义市场经济体制的进一步完善以及改革的全面深化来看，还是从对外开放的进一步扩大来看，这都是一个十分关键的历史阶段，因此，要聚精会神、集中力量，“全面建设惠及十几亿人口的更高水平的小康社会”④。党的第三代中央领导集体还在十六大报告中对中国社会发展前景做出了“国家更加繁荣富强、人民生活更加幸福美好、中国特色社会主义巨大优越性进一步显现”的描述，让全党和全国人民清晰地看到了中国未来社会发展的美好蓝图，使一些社会思潮关于中国社会发展的错误观点显得更加苍白无力。

（二）坚持开展意识形态领域的斗争，坚决反对各种错误思潮

面对风云变幻的国际形势和改革发展稳定的艰巨任务，中共第三代

---

① 《江泽民文选》第 1 卷，人民出版社 2006 年版，第 219 页。

② 参见《江泽民文选》第 2 卷，人民出版社 2006 年版，第 16 页。

③ 《江泽民文选》第 2 卷，人民出版社 2006 年版，第 192 页。

④ 《江泽民文选》第 3 卷，人民出版社 2006 年版，第 543 页。

中央领导集体着眼于中国特色社会主义事业发展和实现中华民族振兴，高度重视我国社会主义意识形态建设，始终坚持正确的思想舆论引导工作，一方面坚决抵制来自西方资本主义国家腐朽思想文化的侵蚀和试图西化、分化中国的图谋，以马克思主义中国化的最新成果占领宣传思想阵地；另一方面坚持同各种非马克思主义思想作坚决的斗争，坚持以科学的理论应对和引领社会思潮。

1. 反对新自由主义和资产阶级自由化思潮

进入 20 世纪 90 年代之后，随着改革开放的不断深入，我国社会发展进入到了一个新阶段。国际范围内的斗争日趋复杂，西方新自由主义思潮不断地向发展中国家和社会主义国家蔓延。在这一背景下，资产阶级自由化思潮在我国经历了一个短暂的沉寂之后再次抬头。针对这一时期资产阶级自由化思潮的蔓延态势，党的第三代中央领导集体领导全党和全国人民进行了坚决的斗争，发表了许多重要的讲话，旗帜鲜明地予以批判和反击。针对资产阶级自由化思潮的表现形式，党的第三代中央领导集体广泛开展了一系列思想政治教育工作，特别是通过深入开展“讲学习、讲政治、讲正气”教育活动等，以整风的精神狠抓了党性党风建设，提高了党员干部的思想政治素质特别是政治敏锐性和洞察力，增强了党员干部抵御资产阶级自由化错误思想以及不良作风侵蚀的能力。在意识形态建设实践中，一方面长期坚持反对新自由主义，要求在社会主义现代化建设特别是改革开放的全过程中，都必须防止和批判资产阶级自由化思潮；另一方面要求各级党委必须充分认识到意识形态领域斗争的长期性、复杂性和尖锐性，进一步加强党对意识形态工作的领导。特别提出要认识到这场斗争直接关系到党的执政地位的巩固、社会主义事业的发展，必须积极地、主动地、正确地加强领导，牢牢掌握意识形态领域斗争的领导权和主动权。

2. 正确对待资产阶级民族主义

在当代国际社会中，民族意识和国家意识在民族主义浪潮中已充分凸显。20 世纪八九十年代，在中国人民特别是知识分子的思想意识中，民族意识、国家意识占有重要的位置。由 20 世纪 80 年代的勃兴到 90 年代，民族国家意识成为当代中国意识形态领域比较突出的社会思潮之一。对此，党的第三代中央领导集体坚持以马克思主义民族观加以科学分析，从根本上划清了马克思主义民族观与资产阶级民族观的界限，同时结合当代中国实际，形成了一系列民族理论与政策。归纳起来，党的第三代中央领导集体的民族思想主要体现在：民族是在漫长的历史过程中形成和发展起来的，民族问题在当今及今后相当长的历史时期仍将继续存在；在社会主义历史阶段，虽然各民族共同繁荣发展、根本利益一致，但民族传统、民族文化和民族差异仍将继续存在；作为社会问题的组成部分之一，民族问题也只有在推进社会问题的解决中而逐步地加以解决，并最终通过中国特色社会主义共同理想的实现而得以根本解决；我国各民族都是中华民族大家庭的一部分，应当一律平等、团结和睦，共同维护祖国的和平统一；深化改革开放，着力发展生产力，以提高人民群众经济文化生活水平为根本，努力实现各民族共同繁荣发展；全面落实我国各项民族政策，认真坚持并进一步完善民族区域自治制度，实现各民族协调发展；全面贯彻党的宗教政策，维护社会团结。正是在正确的民族理论与民族政策的指导下，形成了具有中国特色的和谐民族关系。

3. 反对民主社会主义

我国进入改革开放和社会主义现代化建设新时期以来，面对各种社会思潮的传播与发展，江泽民明确提出“要注意分清一些基本界限”。这一时期，在他要求分清的七个基本界限中，居于第一位的就是必须弄清楚“马克思主义同反马克思主义”的关系问题。而弄清楚民主社会主义与我国社会主义之间的关系问题，理所当然地属于这一原则问题的题中应有之义。从中国特色社会主义与民主社会主义的区别来看：在思想体系上，前者是将科学社会主义基本原则与中国实际和时代特征有机结合的产物，是马克思主义中国化的理论成果，是科学的理论体系；而后者则是资产阶级社会改良主义思潮。在意识形态中的地位上，前者在我们党和国家意识形态中始终处于指导地位，并坚持根据新的实践和时代特征不断丰富和发展自身，拒绝和反对多元思想对中国改革开放和社会主义建设的干扰与破坏；而后者则是反对马克思主义的，是与马克思主义理论原则背道而驰的，并主张以多元世界观为指导。在政治原则上，前者主张并坚持党的领导、人民民主与依法治国有机统一，同民主社会主义在维护现存资本主义政治制度的基础上达到一种所谓更民主自由社会的主张有着本质的差异。在经济发展上，前者主张在坚持社会主义基本经济制度的基础上发展市场经济，进而不断解放和发展生产力，最终实现共同富裕和人的全面发展，这同后者竭力维护资本主义雇佣劳动制度及其自由市场经济的立场是截然不同的。

4. 反对极端个人主义

随着经济全球化进程的不断加快、我国社会主义市场经济的深入发展以及西方社会思潮的日益活跃和广泛传播，自20世纪90年代之后，极端个人主义思潮在我国社会也悄然出现。一些人打着“为个人主义正名”的旗号，竭力兜售以个人主义为核心的价值观念，极力诋毁集体主义和社会主义的价值原则。对于极端个人主义的危害，党的第三代中央领导集体提出了尖锐的批评，认为这些年来腐败现象之所以得以不断蔓延，尽管原因有多个方面，但与极端个人主义的滋长不无关系，因此要大力弘扬社会主义集体主义，自觉抵制资产阶级腐朽思想及其生活方式的侵蚀，自觉克服资产阶级个人主义的消极影响。党的十五大报告特别强调要把社会主义道德教育作为社会主义意识形态建设的重要内容，特别是要通过深入开展社会主义民主、法制、纪律方面的教育，为正确世界观、人生观和价值观的树立打牢思想道德基础。

四　以胡锦涛为总书记的党中央应对和引领社会思潮的理论与实践

中共十六大之后，国际国内形势纷繁复杂，旧思潮的影响尚未完全消除，各种新思潮又不断涌现。以胡锦涛为总书记的党中央在团结带领全国各族人民大力推进小康社会和社会主义和谐社会建设的同时，坚持以马克思主义及其中国化的最新理论成果为指导，提出并大力推进了社会主义核心价值体系建设，并用以有效应对和正确引领各种社会思潮，较好地统一了全党和全社会的思想，凝聚了价值共识。

（一）高举中国特色社会主义伟大旗帜，指明我国社会发展进步的正确方向和根本道路

1. 坚持并不断丰富和发展中国特色社会主义理论体系

社会思潮大都与社会发展问题密切相关。在新的时代条件下，我国

到底要建设什么样的社会主义，应当怎样实现社会主义的又好又快发展？这就要求我们必须从根本上搞清楚中国社会主义的发展方位及发展方式问题。这一问题不仅是执政的中国共产党及其思想理论界必须思考和解决的重大问题，同样也成为当今中国各种社会思潮关注的热点。特别是在我国进入全面建设小康社会新阶段，摆在全党面前一个十分突出的问题，就是“实现什么样的发展、怎样发展”的问题。对此，胡锦涛于2003年12月在纪念毛泽东诞辰110周年座谈会上，首次提出“科学发展”的思想。在党的十七大报告中，他对科学发展观首次作了全面而系统的阐述。他明确指出：“科学发展观，第一要义是发展，核心是以人为本，基本要求是全面协调可持续，根本方法是统筹兼顾。”① 他进一步强调：“科学发展观，是对党的三代中央领导集体关于发展的重要思想的继承和发展，是马克思主义关于发展的世界观和方法论的集中体现，是同马克思列宁主义、毛泽东思想、邓小平理论和‘三个代表’重要思想既一脉相承又与时俱进的科学理论，是我国经济社会发展的重要指导方针，是发展中国特色社会主义必须坚持和贯彻的重大战略思想。”② 报告在回顾我国改革开放以来伟大历史进程和辉煌成就的基础上，将科学发展观与邓小平理论、“三个代表”重要思想等马克思主义中国化的理论成果一起，统称为中国特色社会主义理论体系。这次代表大会还把科学发展观确立为党的指导思想，并写进了党章，使之成为推动中国社会发展进步和实现中华民族伟大复兴的强大思想武器。

2. 坚持并不断拓展中国特色社会主义道路

从第一代中央领导集体以来，中国共产党始终坚持立足本国实际，广泛借鉴世界无产阶级革命及社会主义建设经验，在社会主义建设中积极探索走符合本国实际的发展道路，并取得了令世人瞩目的伟大成就，使国际社会主义运动在遭受严重挫折之后重新焕发出勃勃生机，这对于引领和战胜各种社会思潮具有雄辩的说服力。然而自进入21世纪以来，面对我国繁重的改革发展稳定任务和社会转型发展现实，面对多样化社会思潮的广泛传播，加之国际形势复杂多变、世界文明和发展模式多元

① 《中国共产党第十七次全国代表大会文件汇编》，人民出版社2007年版，第14页。

② 同上书，第12页。

多样，中国共产党必须在坚持以什么样的思想理论为指导、走什么样的发展道路问题上做出科学回答，亮明自己的旗帜，指明中国社会的前进方向和发展道路。对此，胡锦涛在十七大报告中明确指出，实现建设富强民主文明和谐的社会主义现代化国家的目标，必须在中国共产党领导下，立足中国的基本国情，坚定地走中国特色社会主义道路。① 他在庆祝中国共产党成立90周年大会上进一步指出，这一道路是通往我国社会主义现代化和人民幸福生活的必由之路。

（二）积极开展思想领域的斗争，探索以社会主义核心价值体系引领社会思潮的有效途径

1. 高度重视并不断加强对意识形态工作的领导

中共十六大之后，根据国内外形势的新变化，以胡锦涛为总书记的党中央在大力推进改革开放和全面建设小康社会的同时，高度重视社会主义意识形态建设，并对加强意识形态工作提出了一系列新要求，做出了一系列重大部署。胡锦涛指出，“意识形态领域历来是敌对势力同我们激烈争夺的重要阵地，如果这个阵地出了问题，就可能导致社会动乱甚至丧失政权”。强调要坚持原则、弘扬主旋律，对错误的思想政治观点和言论要“理直气壮地予以批驳和抵制”。他要求各级党委和各级领导干部“要从提高党的执政能力、巩固党的执政地位、完成党的执政使命的战略高度来谋划意识形态工作，加强和改进对意识形态工作的领导”②。

进入21世纪以来，伴随着我国社会主义市场经济的深入发展，一些更深层面的社会问题及社会矛盾日益突出，同时受国内外多种因素影响，拜金主义、享乐主义、极端个人主义不断蔓延，加之西方敌对势力的思想文化渗透从未放松，对社会主义国家的指责和批判时有出现。面对新阶段社会改革的新形势和社会意识领域的新局面，中共中央政治局常委李长春在2008年全国宣传思想工作会议上进一步强调，要大力推

① 参见《中国共产党第十七次全国代表大会文件汇编》，人民出版社2007年版，第11页。

② 《十六大以来重要文献选编》（下），中央文献出版社2008年版，第684页。

进社会主义核心价值体系建设，以弘扬社会正气、引领社会思潮；要牢固坚持正确的思想舆论导向，在意识形态领域巩固和加强马克思主义的指导地位，有效抵御西方敌对势力的思想文化渗透，维护国家安全。

2. 批判历史虚无主义和保守主义的“儒化中国”思潮

新世纪新阶段，历史虚无主义在我国思想文化界重新泛起，引起了人们的关注和警惕。一些人借口“重新评价”历史，对波澜壮阔的中国近现代革命史、中共党史、新中国历史等肆意歪曲，甚至抹黑灿烂辉煌的中华文化，形成了不良的社会影响，造成了一定的思想混乱。对此，以胡锦涛为总书记的党中央坚持以历史唯物主义为思想武器，对历史虚无主义进行了深入的批判，并要求人们正确认识和对待历史。胡锦涛指出，要认真学习历史特别是中国革命史和中共党史，坚持以马克思主义为指导，“不断提高对共产党执政规律、社会主义建设规律和人类社会发展规律的认识水平，不断提高自觉运用这三个规律的能力，更好地促进社会主义物质文明、政治文明和精神文明的协调发展”①。

当时另一种社会思潮就是保守主义的“儒化中国”思潮。所谓“儒化中国”，就是把当代中国变成“儒教国”的“儒化”过程。这种思潮的代表人物“魔化”马克思主义，攻击社会主义制度，否定现代教育，要求把儒教重新定为国教，试图建立一个儒教社会。为培养“复兴儒学”的人才，他们极力向青少年传播腐朽落后文化和有害信息，以服务于他们改变当代中国社会性质和发展道路的政治需要。对“儒化中国”思潮，以胡锦涛为总书记的党中央进行了深入批判，要求正确对青少年进行传统文化教育，使一代代青少年继承珍贵的历史文化遗产，同时根据时代要求，推陈出新，发扬光大。对于敌对势力同我们争夺下一代的政治图谋，胡锦涛强调，“一定要保持高度警惕，并切实加以防范”②。对于如何正确对待我国传统文化问题，胡锦涛在中共十七大报告中明确提出：“要全面认识祖国传统文化，取其精华，去其糟粕，使之与当代社会相适应、与现代文明相协调，保持民族

① 胡锦涛：《进一步认识把握社会历史发展规律　增强推进改革发展的自觉性主动性》，载《人民日报》2003 年 11 月 26 日。

② 《十六大以来重要文献选编》（中），中央文献出版社 2006 年版，第 77 页。

性，体现时代性。”① 同时重申要繁荣发展当代中国社会主义文化，要坚持“二为”方向和“双百”方针，坚持贴近实际、贴近生活、贴近群众，坚持把社会效益放在首位，进而实现经济效益与社会效益的有机统一。这就为批判“儒化中国”的思潮指明了方向，提供了正确的指导原则。

3. 推进社会主义核心价值体系及核心价值观建设，巩固全党和全国人民的共同思想道德基础

进入21世纪以来，中国的改革发展也进入了一个前所未有的关键时期，面临着前所未有的机遇和挑战，社会发展也出现了一些新的阶段性特征。一方面，市场经济稳步发展，人民生活显著改善，综合国力大幅提升，社会长期繁荣稳定；另一方面，经济体制的深刻变革也带来了利益格局上的深刻调整、社会结构的巨大变动以及人们思想观念的巨大变化。空前的社会变革在有效地激发了社会发展活力的同时，也不可避免地带来了一系列的矛盾和问题。为了更好地解决社会各界群众最关心、最直接、最现实的利益问题，扩大共同利益和价值共识，保持和促进社会长期和谐稳定，中共十六届六中全会从增强民族向心力、凝聚力和创造力出发，首次提出了“建设社会主义核心价值体系”这一重大命题。

在新的时代条件下，在多种价值观念中确立并倡导核心价值观，构建符合社会主义发展需要和发展规律的核心价值体系，这是中国共产党实现长期执政、以先进文化引领中国特色社会主义事业发展必须回答的时代课题。而明确地将“马克思主义指导思想、中国特色社会主义共同理想、以爱国主义为核心的民族精神和以改革创新为核心的时代精神、社会主义荣辱观”② 确定为社会主义核心价值体系的内涵，并在中央全会上讨论通过，正是中国共产党对这一课题作出的科学回答。这个回答从我国社会主义初级阶段的国情出发，科学总结了改革开放以来中国人民的价值实践与价值创新，使社会主义核心价值体系成为建立在现实合理基础上的重要理论成果；体现了全国各族人民的根本利益和社会

① 《中国共产党第十七次全国代表大会文件汇编》，人民出版社2007年版，第34页。

② 《十六大以来重要文献选编》（下），中央文献出版社2008年版，第661页。

主义的本质要求，使这一核心价值体系建设紧紧围绕中国特色社会主义发展目标及其实现过程来展开；指明了社会主义先进文化建设的出发点和落脚点，抓住了我国意识形态建设的根本与核心，强调了社会主义核心价值体系在全社会各种价值体系中的核心地位及主导作用。2007 年 10 月，作为社会主义意识形态本质体现的社会主义核心价值体系，被正式写进中共十七大报告，从而成为社会主义文化建设的根本和推动社会主义文化大发展大繁荣的重要思想保证。

4. 努力探索以社会主义核心价值体系引领社会思潮的有效途径

针对新时期新阶段社会主义意识形态建设的新形势和新任务，胡锦涛明确提出："积极探索用社会主义核心价值体系引领社会思潮的有效途径，主动做好意识形态工作，既尊重差异、包容多样，又有力抵制各种错误和腐朽思想的影响。"① 中共十六大至十八大期间，历次全国宣传思想工作会议都对社会主义意识形态建设特别是以社会主义核心价值体系引领社会思潮问题作出安排部署。回顾这一时期中国共产党以社会主义核心价值体系引领社会思潮的根本路径，主要有以下几个方向：一是广泛深入地开展社会主义核心价值体系宣传，为引领社会思潮奠定科学的思想道德基础。二是大力推进马克思主义理论研究和建设工程，深入回答中国特色社会主义建设中的实际问题和时代课题，在与社会思潮的交流和交锋中增强理论说服力。三是在国民教育和精神文明建设实践中融入这一价值体系的科学内容，使这一价值体系更加贴近实际、贴近群众、贴近生活。四是坚持"尊重差异、包容多样"，并投入更多精力实施人文关怀和心理疏导，最大限度地扩大价值认同、凝聚社会共识，引导和激励社会各方面为实现中国特色社会主义共同目标和中华民族伟大复兴而奋斗。

五　以习近平为核心的党中央应对和引领社会思潮的理论与实践

中共十八大以来，世界范围内各种思想文化交流交融交锋成为新常

① 《中国共产党第十七次全国代表大会文件汇编》，人民出版社 2007 年版，第 33 页。

态，社会思想观念和价值取向日趋活跃，主流和非主流同时并存，社会思潮纷纭激荡。以习近平为核心的党中央团结带领全党和全国各族人民，紧紧围绕实现“两个一百年”奋斗目标和中华民族伟大复兴的中国梦，举旗定向、谋篇布局、攻坚克难、强基固本，开辟了治国理政的新境界，开创了加强社会主义意识形态建设的新局面。党中央积极应对和引领社会思潮，先后召开全国宣传思想工作会议、文艺工作座谈会、新闻舆论工作座谈会、网络安全和信息化工作座谈会、哲学社会科学工作座谈会等会议，分析形势、沟通思想、凝聚共识、谋划未来，为全党和全国各族人民不断前进提供了坚强的思想保证、强大的精神力量和丰润的道德滋养。

（一）坚持和发展中国特色社会主义，用中华民族伟大复兴的中国梦指引中国走向未来

1. 丰富和发展中国特色社会主义，续写马克思主义中国化新篇章

道路问题是关系党的事业兴衰成败第一位的问题，道路就是党的生命。坚持和发展中国特色社会主义，是实现中华民族伟大复兴的必由之路。习近平在十八届中央政治局第一次集体学习时指出：“中国特色社会主义特就特在其道路、理论体系、制度上，特就特在其实现途径、行动指南、根本保障的内在联系上，特就特在这三者统一于中国特色社会主义伟大实践上。”① 中国特色社会主义是实践、理论、制度的紧密结合，既把实践上升为理论，又以正确的理论指导新的实践，并把实践中已见成效的方针政策及时上升为国家的制度。其中，中国特色社会主义道路是实现途径，中国特色社会主义理论体系是行动指南，中国特色社会主义制度是根本保障，三者统一于中国特色社会主义伟大实践。这是中国特色社会主义最鲜明的特色。中共十八大以来，面对新的时代特点和实践要求，围绕“什么是改革、进行什么样的改革、怎样改革”这一时代课题，以习近平为核心的党中央科学布局，以全面深化改革的战略重点、主攻方向、工作机制、推进方式和时间表、路线图，深刻反映

---

① 《习近平总书记重要讲话文章选编》，中央文献出版社、党建读物出版社 2016 年版，第 9 页。

了社会发展的新诉求和人民群众的新期盼，为中国特色社会主义理论体系注入了新的时代内容和鲜活元素，成为中国特色社会主义理论体系一个新的有机组成部分，开辟了马克思主义中国化的新境界。

2. 用中国梦表达共同愿景，激励中华儿女团结奋进、开辟未来

只有创造过辉煌的民族，才懂得复兴的意义；只有经历过苦难的民族，才对复兴有如此深切的渴望。2012 年 11 月 29 日，习近平在参观《复兴之路》展览时指出："现在，大家都在讨论中国梦，我以为，实现中华民族伟大复兴，就是中华民族近代以来最伟大的梦想。"① 此后，他又在国内外很多重要场合，对中国梦进行了深刻阐述。我们认为，在中国共产党成立一百年时全面建成小康社会，在新中国成立一百年时建成富强民主文明和谐的社会主义现代化国家，在 21 世纪末实现中华民族伟大复兴，是实现中国梦的"三部曲"。中国梦产生了强大的号召力和感染力。干部群众畅想中国梦，社会舆论聚焦中国梦，港澳台同胞心系中国梦，海外华人述说中国梦，国际社会关注中国梦，中国梦成为中国走向未来的鲜明指引，成为激励中华儿女团结奋进、开辟未来的一面精神旗帜。在第十二届全国人民代表大会第一次会议上，习近平强调，实现中国梦必须走中国道路、弘扬中国精神、凝聚中国力量。中国道路就是中国特色社会主义道路，中国精神就是以爱国主义为核心的民族精神和以改革创新为核心的时代精神，中国力量就是中国各族人民大团结的力量。中国梦作为新的意识形态，已经成为绽放在中国大地上的最美精神花朵，为中国共产党团结带领全国各族人民继续把中国特色社会主义事业推向前进指明了方向。

（二）勾画关于加强意识形态工作的逻辑框架，用社会主义核心价值观凝心聚力

1. 着眼于"进行具有许多新的历史特点的伟大斗争"，确立新时期新阶段意识形态建设的战略策略

中共十八大以来，意识形态领域正在"进行具有许多新的历史特

---

① 《习近平总书记重要讲话文章选编》，中央文献出版社、党建读物出版社 2016 年版，第 19 页。

点的伟大斗争”。中国和平崛起带来了世界格局的大变动，“向世界说明中国”成为迫切需要；网络信息化的迅猛发展使互联网日益成为舆论斗争的主战场。以习近平为核心的党中央站在牢牢掌握意识形态工作领导权、管理权、话语权的战略高度，紧紧围绕新形势新需求新挑战，对“意识形态工作是什么、为什么和怎么办”这一重大时代课题作出了全面的理论回答。一是强调“意识形态工作是党的一项极端重要的工作”，深刻阐明意识形态工作的地位和作用；二是强调“巩固马克思主义在意识形态领域的指导地位，巩固全党全国人民团结奋斗的共同思想基础”，明确了意识形态工作的根本任务；三是把“坚持团结稳定鼓劲，正面宣传为主”确立为意识形态工作的重要方针，把“党性和人民性相统一”作为意识形态工作的鲜明立场；四是把网上舆论工作视为意识形态工作的重中之重，提出“讲好中国故事、传播好中国声音”的对外传播策略；五是进一步明确了坚持全党动手，宣传思想部门守土有责、守土负责、守土尽责的主体责任；六是在意识形态工作方式方法上强调理念创新、手段创新、基层工作创新，扎实做好抓基层、打基础的工作。这些为当代中国意识形态建设指明了方向，提供了科学的方法论。

2. 加强社会主义核心价值观建设，夯实全党全社会共同思想道德基础

中共十八大报告在推进社会主义文化强国建设上提出，“倡导富强、民主、文明、和谐，倡导自由、平等、公正、法治，倡导爱国、敬业、诚信、友善，积极培育和践行社会主义核心价值观。牢牢掌握意识形态工作领导权和主导权，坚持正确导向，提高引导能力，壮大主流思想舆论”①。这一论断从国家、社会、公民三个层面确立了当代中国的观念体系，科学地回答了建设什么样的国家、构建什么样的社会、塑造什么样的公民的重大问题。随后，习近平发表系列讲话，系统阐明了社会主义核心价值观的重要意义和地位、思想渊源和培育途径。一是着眼于加强文化软实力建设，把培育和弘扬社会主义核心价值观视为凝魂聚气、强基固本的基础工程，看作国家治理体系和治理能力的重要方面。

① 《中国共产党第十八次全国代表大会文件汇编》，人民出版社2012年版，第29页。

二是强调增强文化自信和价值观自信，坚持不忘本来和开辟未来相统一，使中华优秀传统文化成为涵养社会主义核心价值观的重要源泉。三是突出重点群体，要求广大党员干部特别是领导干部以身作则、率先垂范，以自己的模范行动和人格力量去感召群众、引领风尚；强调“青年的价值取向决定了未来整个社会的价值取向”。要求把社会主义核心价值观纳入国民教育总体规划，形成家庭、社会与学校携手育人的强大合力。四是综合运用理论宣讲、新闻宣传、文艺熏陶、制度规范等措施，设计载体，创新方式方法，创设良好社会氛围，使核心价值观的影响像空气一样无所不在、无时不有，让人们在日常生活和社会实践中时时处处都能够感知它、领悟它，进而夯实凝聚全党全国人民团结奋斗的共同思想道德基础。

（三）坚决开展积极的思想斗争，旗帜鲜明地巩固和壮大主流思想舆论

1. 反对封闭僵化的思潮和全盘西化的思潮

毋庸讳言，中国特色社会主义在发展过程中仍然存在一些不容忽视的问题，比如贫富差距问题、腐败问题等。针对这些发展中的问题，由于出发点不同，不同社会思潮以及持不同思想观点者给出的分析和答案自然也就存在差异。既有人希望走过去计划经济的老路，也有人希望走资本主义的邪路。这两种主张，就其实质而言，一种是受封闭僵化思潮的支配；一种是受全盘西化思潮的支配。这两种思潮很容易迷惑人，少数人要么相信，要么在某种程度上受其影响，进而对中国特色社会主义道路产生疑虑。在封闭僵化者看来，毛泽东时代或“文革”之前就没有这些问题，主张回到过去“一大二公”的计划经济体制；全盘西化者则认为，在发达资本主义国家，这些问题不大，因此主张全盘西化。面对社会思想观念和价值取向日趋活跃、主流和非主流同时并存、社会思潮纷纭激荡的新形势，习近平在庆祝中国共产党成立95周年大会上明确宣示：改革必须坚持正确方向，既不走封闭僵化的老路，也不走改旗易帜的邪路。我们要把完善和发展中国特色社会主义制度、推进国家治理体系和治理能力现代化作为全面深化改革的总目标，勇于推进理论创新、实践创新、制度创新以及其他各方面创新，让制度更加成熟定

型，让发展更有质量，让治理更有水平，让人民更有获得感。[①] 这一论断既科学回应了改革发展面临的现实问题，又旗帜鲜明地反对两种错误思潮，对于巩固和壮大中国特色社会主义主流思想起到了“定盘星”的作用。

2. 加强意识形态管控，防止民粹主义等错误思潮蔓延

当前，西方发达国家加紧向全世界推销其意识形态、社会制度和发展模式，已经并仍在策动着形形色色的“颜色革命”。在各种文化相互激荡、多种思潮风起云涌的时代背景下，民粹主义、民主社会主义、新自由主义、历史虚无主义、普世价值论等错误思潮接连登场，在社会上显得异常活跃，不仅污染着各类受众的心灵，而且袭扰主流思想文化阵地，侵蚀着党领导人民实现中国梦的共同思想基础。[②] 面对极少数人想通过香港进而在内地搞“颜色革命”的企图，以习近平为核心的党中央站在促进人民群众安居乐业，保持社会繁荣稳定，维护国家主权、安全和发展利益的战略高度，通过加强意识形态管控，强化意识形态领域的领导权、管理权与话语权，有效防止了在社会矛盾积累阶段出现街头式的激进政治参与。归纳起来，一是牢牢把握全面依法治国基本方略，以法治的方式处置违法行为，更好地维护法制的尊严，捍卫社会主义民主；二是牢固树立创新、协调、绿色、开放、共享五大发展理念，破解发展难题、增强发展动力、厚植发展优势，为发展中国特色社会主义奠定坚实经济基础；三是坚持党的领导、人民当家作主、依法治国相统一，致力于发展社会主义民主政治，为实现中华民族伟大复兴的中国梦提供了有力的政治保障。

3. 构建安全保障体系，维护网络意识形态安全

互联网的迅猛发展，使网络成为各种社会思潮、各种利益诉求汇聚的平台。当今，互联网已经成为意识形态斗争的主战场。加强意识形态渗透已成为西方“网战”的主要形态之一，对我国的网络安全和国家安全构成严重挑战。美国前国务卿希拉里就曾多次抨击我国的互联网政

① 参见习近平《在庆祝中国共产党成立95周年大会上的讲话》，载《人民日报》2016年7月2日。

② 参见李宗建《党的十八大以来习近平意识形态工作新思想》，载《社会主义研究》2016年第2期。

策，煽风点火，企图拉拢部分互联网企业和新一代网民颠覆我国现行政治制度。基于此，习近平在网络安全和信息化工作座谈会上明确指出，互联网不是法外之地。利用网络鼓吹推翻国家政权，煽动宗教极端主义，宣扬民族分裂思想，教唆暴力恐怖活动，等等，对这样的行为要坚决制止和打击，决不能任其大行其道。① 要正视我国有近7亿网民、很多人大部分信息都从网上获取这一事实，大力实施网络内容建设工程，改进、创新网上宣传，形成网上正面舆论强势。在提倡网络自由的同时，加快网络法制建设，优化网络空间治理，营造网络文明环境，推动形成健康向上、文明和谐的网络生态。在全面加强基础设施管理、网上信息管理、行业管理的基础上，健全网络突发事件处置机制，构建正面引导和依法管理相结合的网络舆论工作格局。尊重网络主权，加强对话合作，共同构建和平、安全、开放、合作的网络空间，建立多边、民主、透明的全球互联网治理体系。

六　中国共产党应对和引领社会思潮的经验教训

中国共产党自成立以来，在意识形态建设实践中坚持从人民解放、国家富强、民族振兴着眼，始终立足我国革命、建设和改革实际，坚持以马克思主义为指导，坚持实践标准和创新原则，不断推进和实现对各种社会思潮的科学引领和有效引领，积累了丰富的理论和实践经验，同时也留下了许多值得深思的教训。

（一）应对和引领社会思潮的基本经验

1. 坚持以马克思主义为指导，确保主流意识形态的正确方向

在多元文化同时并存、多种社会思潮广泛传播的社会背景下，必须有一种占主导地位的理论体系能够加以科学引领，才能保证社会主流意识形态的稳定并沿着既定的方向发展。当今中国，以马克思主义作为先进文化建设和各项事业的指导思想，首先是由中国共产党的自身性质所

① 参见习近平《在网络安全和信息化工作座谈会上的讲话》，载《人民日报》2016年4月26日。

决定的，同时也是由我国的社会主义性质所决定的，是人民的选择、历史的选择。对此，毛泽东早就指出：“马克思列宁主义是从客观实际产生出来又在客观实际中获得了证明的最正确最科学最革命的真理”，“是领导无产阶级革命事业走向胜利的科学”①。邓小平也多次强调：“中国革命的成功，是毛泽东同志把马克思列宁主义同中国的实际相结合，走自己的路。现在中国搞建设，也要把马克思列宁主义同中国的实际相结合，走自己的路。”② 并把马列主义、毛泽东思想确立为全党全国必须坚持的四项基本原则之一。进入改革开放和中国特色社会主义建设新时期之后，江泽民进一步强调：“必须坚定不移地巩固和加强马克思主义的指导地位，绝不允许搞指导思想的多元化。”③ 同时结合不同时期的形势和任务作出了一系列重大决策和部署，并在全党深入开展了“讲学习、讲政治、讲正气”专题教育。在全面建设小康社会的新阶段，胡锦涛指出：“要加强理论武装，教育引导广大党员、干部认真学习和实践中国特色社会主义理论体系，做到真学真懂真信真用，自觉划清马克思主义同反马克思主义等重大是非界限，旗帜鲜明抵制各种错误思想理论影响。”④ 并在全党深入开展了保持共产党员先进性教育、党的群众路线教育等。在全面推进依法治国、全面建成小康社会的现阶段，习近平特别强调：“马克思主义是我们立党立国的根本指导思想。背离或放弃马克思主义，我们党就会失去灵魂、迷失方向。在坚持马克思主义指导地位这一根本问题上，我们必须坚定不移，任何时候任何情况下都不能有丝毫动摇。”⑤

实践也充分表明，中国特色社会主义事业之所以能够始终沿着正确的方向健康发展，有着十三亿人口的中国之所以能够始终保持繁荣稳定，中国的综合国力和核心竞争力之所以能够实现大幅度跃升，正是由于中国共产党在指导思想上一以贯之地坚持马克思主义，并在改革开放

---

① 《毛泽东选集》第3卷，人民出版社1991年版，第817、820页。

② 《邓小平文选》第3卷，人民出版社1993年版，第95页。

③ 江泽民：《论“三个代表”》，中央文献出版社2001年版，第126页。

④ 《十七大以来重要文献选编》（下），中央文献出版社2013年版，第806页。

⑤ 习近平：《在庆祝中国共产党成立95周年大会上的讲话》，人民出版社2016年版，第9页。

的实践中形成并始终坚持了正确的思想路线，才在多元文化交汇交融、多种思潮并存争鸣、资产阶级价值观侵蚀渗透的历史条件下，才在改革发展稳定等大是大非问题上做到了立场坚定、旗帜鲜明，才能够以坚定的信念、积极的态度和有力的措施，有效地应对各种社会思潮的挑战，并用以教育和引导广大党员干部群众明辨是非，从而实现了广大党员干部群众思想上的统一，进而领导中国革命、建设和改革不断地克服重重困难，不断地走向新的胜利。

2. 坚持不懈地推进马克思主义中国化，牢牢掌握引领社会思潮的主动权

马克思主义思想发展史表明，科学的理论只有坚持解放思想、实事求是、与时俱进，才能不断增强其理论品质和时代精神，才具有先进性和说服力，才能成为无产阶级革命政党的行动指南。中国共产党自成立以来，正是始终坚持把马克思主义与中国实际和时代要求相结合，才使马克思主义焕发出强大的生机与活力，有效地发挥了科学的指导作用，使中国的革命、建设和改革不断地从胜利走向胜利，同时也实现了马克思主义的中国化、时代化和发展创新，并先后形成了毛泽东思想、邓小平理论、“三个代表”重要思想、科学发展观等一系列重大理论成果。中国共产党在用发展着的马克思主义指导我国革命、建设和改革的同时，也有效地用其实现了对各种社会思潮的正确引领。可见，要不断推进马克思主义中国化，在新的历史条件下实现马克思主义的创新和科学发展，首先，必须把马克思主义基本原理与中国共产党领导的革命、建设和改革的具体实际相结合。邓小平曾明确指出：“马克思主义理论从来不是教条，而是行动的指南。它要求人们根据它的基本原则和基本方法，不断结合变化着的实际，探索解决新问题的答案，从而也发展马克思主义本身。”① 其次，要“用发展着的马克思主义指导新的实践”。在全面建成小康社会、实现中华民族伟大复兴的新时期，胡锦涛进一步指出：“在新的历史条件下坚持马克思主义，关键是要及时回答实践提出的新课题，为实践提供科学指导。”② 面对时代的变化和中国特色社会

① 《邓小平文选》第3卷，人民出版社1993年版，第146页。

② 《十七大以来重要文献选编》（下），中央文献出版社2013年版，第439页。

主义事业发展的新形势新任务新要求，习近平进一步强调："时代是思想之母，实践是理论之源。实践发展永无止境，我们认识真理、进行理论创新就永无止境。""我们要以更加宽阔的眼界审视马克思主义在当代发展的现实基础和实践需要，坚持问题导向，坚持以我们正在做的事情为中心，聆听时代声音，更加深入地推动马克思主义同当代中国发展的具体实际相结合，不断开辟21世纪马克思主义发展新境界，让当代中国马克思主义放射出更加灿烂的真理光芒。"① 可见，只有把马克思主义及其中国化的最新成果与我们新的改革和建设实践有机地结合起来，才能有效地回答和解决我国社会及时代发展提出的新问题、新要求，进而实现对各种社会思潮的有效引领，并从中实现马克思主义的新发展。

3. 切实加强思想政治工作，打牢全国人民的思想道德基础

中国共产党是一个十分重视思想建设的党。自诞生之日起，党就特别重视并积极开展思想政治工作。纵观中国共产党的全部历史，它既是一部中国共产党人坚持以马克思主义指导本国的革命、建设和改革的历史，同时也是一部用发展着的马克思主义武装广大党员干部和群众，团结带领广大党员干部群众为实现党在各个历史时期的总任务而奋斗的历史。正是有了高度重视和有效开展思想政治工作的优良传统，中国共产党才能够在长期革命、建设和改革的实践中团结带领广大人民群众不断地从胜利走向新的胜利。对于思想政治工作的重要地位和作用，毛泽东曾精辟地指出："政治工作是一切经济工作的生命线。在社会经济制度发生根本变革的时期，尤其是这样。"②"掌握思想领导是掌握一切领导的第一位。"③ 邓小平进一步指出："我们说改善党的领导，其中最主要的，就是加强思想政治工作。"④ 进入改革开放新时期以来，江泽民、胡锦涛、习近平等历届中央领导人都对加强和改进思想政治工作作出了精辟的论述，提出了明确的要求。归纳中国共产党加强和改进思想政治

---

① 习近平：《在庆祝中国共产党成立95周年大会上的讲话》，人民出版社2016年版，第9—10页。

② 《毛泽东文集》第6卷，人民出版社1993年版，第449页。

③ 《毛泽东文集》第2卷，人民出版社1993年版，第435页。

④ 《邓小平文选》第2卷，人民出版社1994年版，第365页。

工作的基本经验，一是紧紧围绕党在各个历史时期的中心任务开展思想政治工作，增强思想政治工作的针对性。二是重视加强教育机构和思想政治工作队伍建设，在各个历史时期都注重建设一支“政治强、业务精、纪律严、作风正”的宣传思想和理论工作队伍。三是坚持正确的工作原则，如坚持用马克思主义及其中国化成果武装党员干部群众；坚持既解决思想问题又解决实际问题等。四是根据不同的时代特点不断改进和创新思想政治工作的方式方法和手段，增强思想政治工作的实际效果。在大力推进中国特色社会主义事业、实现中华民族伟大复兴的新时期，保持和发扬党的思想政治工作的优良传统和政治优势，对更好地凝聚全党和全国各族人民的思想、科学引领和整合各种社会思潮，都具有十分重要的现实意义。

4. 加强社会主义核心价值体系建设，牢牢把握思想文化领域的正确导向

社会思潮总是与价值实践和价值创新相伴随行的。在当代中国，要在深化改革、扩大开放、发展社会主义市场经济的新形势下，确保社会主义现代化建设的正确方向，把中国特色社会主义事业不断推向前进，就必须牢固坚持马克思主义在思想文化领域的指导地位，坚持弘扬社会主义核心价值体系这个主旋律不动摇。进入改革开放新时期以来，伴随着中国特色社会主义事业的大踏步推进和马克思主义中国化成果日益深入人心，广大社会成员对中国特色社会主义的道路自信、理论自信、制度自信、文化自信进一步增强，爱国主义和改革创新已经成为我国社会强大的主流思想。但同时还必须清醒地认识到，在多元文化同时并存、东西方思想观念相互激荡的新形势下，要能够有效地引领各种社会思潮，统一人们的思想认识，就必须精心培育并大力倡导具有时代精神、代表广大人民群众根本价值追求、符合中国特色社会主义事业发展要求的价值观念。作为社会主义制度的灵魂所在，社会主义核心价值观及核心价值体系是在当代中国建设社会主义和谐社会、全面建成小康社会、实现中华民族伟大复兴的时代背景下，科学总结我国社会主义革命、建设和改革经验，特别是社会主义文化建设经验的基础上概括而成的，具有广泛代表性、时代先进性和相对稳定性，能够长期发挥主导作用。但它又不可能一成不变、一劳永逸，必须随着社会实践探索、时代条件变

化和中国特色社会主义事业发展而不断地丰富完善和发展创新。换言之，这一价值体系必须保持与时俱进的理论品质，在与世界文明的交流借鉴中，以其自身的开放性积极吸收人类创造的一切优秀文明成果，不断地丰富和发展自己。在具体实践中，中国共产党正是着眼于实现中国特色社会主义建设目标，在马克思主义及其中国化理论成果指导下，既继承中国优秀传统文化，又借鉴吸收西方有益文化和多种社会思潮中的合理因素，并在发展市场经济、公有制实现形式、科学发展、全面深化改革等若干重大问题上，坚持实事求是和实践标准，突破“左”的思想束缚，加快思想解放进程，形成了一系列科学的价值理念，在此基础上为社会主义核心价值观及核心价值体系建设提供了丰厚的文化滋养，进而实现了对社会思潮的科学引领。

5. 从解决现实问题入手，消除各种社会思潮产生和发展的物质和思想基础

社会思潮大都关乎社会发展的设想或主张问题，而这些设想或主张不可能凭空产生，大都建立在一定的社会存在或社会问题基础上，同时这些设想或主张合理、正确与否，还都需要经过社会实践去检验。近百年来，中国共产党始终着眼于中国革命、建设和改革问题的有效解决，坚持将马克思主义与中国的革命、建设和改革实践相结合，坚持解放思想、实事求是、与时俱进，并同“左”右倾机会主义特别是教条主义、主观主义等进行不懈的斗争，最终实现了各个历史阶段的奋斗目标。特别是改革开放新时期以来，我们党坚持从社会主义初级阶段的实际和时代发展要求出发，紧紧围绕社会主义的本质及建设和发展道路等根本问题，大胆实践，积极探索，开创了符合本国实际和时代要求的具有中国特色的社会主义发展道路，不仅使我国的社会主义事业在世界社会主义运动遭受重大挫折的国际背景下取得骄人的成就，并且实现了马克思主义在中国的创新与发展，形成了一系列重大理论成果。这不仅为全国各族人民指明了我国社会发展的正确方向，而且让广大人民群众从中分享到了中国改革发展所带来的实实在在的成果，进而在改革开放和中国特色社会主义建设的实践中充分认识到“只有共产党才能救中国”“只有社会主义才能发展中国”。过去困扰中国人民的最大问题——道路问题，我们解决了；后来困扰中国人民的最大问题——发展问题，我们也

解决了；当代困扰人们的价值观念和社会文化问题，我们正在有效解决，并已基本解决。这就从物质和精神层面，为引领社会思潮、建设社会主义文化强国创造了良好的社会条件。这是中国共产党应对和引领社会思潮的一条重要经验。随着社会的不断发展，新的矛盾和问题还会不断出现，新的社会思潮还会不断产生，有些旧的社会思潮可能还会以新的形式出现，但只要我们坚持理论联系实际的原则，坚持在解决思想问题的同时有效抓好社会实际问题的解决，就一定能够实现对社会思潮的有效引领。

（二）应对和引领社会思潮的主要教训

中国共产党应对和引领社会思潮也有十分深刻的教训值得我们牢牢记取，主要发生在两个阶段：

第一个阶段：20 世纪 60 年代到改革开放前。

在这一阶段，由于党在指导思想上出现“左”的失误，导致阶级斗争扩大化，形成了“以阶级斗争为纲”的错误理论。20 世纪 60 年代初，由于中美冷战、蒋介石集团叫嚣反攻大陆、中苏对抗以及中印边界军事冲突、新疆部分地区发生边民外逃和暴力事件等，导致国际关系紧张和我国周边形势恶化。与此同时，国内在发展社会主义经济过程中，一些地方出现了包产到户、分田到户的做法和党内一些人对这两种做法的支持。基于上述国内外形势，1962 年 9 月，在党的八届十中全会以及此前的北戴河准备会议上，毛泽东在他的两次讲话和八届十中全会前后的有关谈话、批示以及会议公报中，都对当时的国际形势特别是国内阶级斗争形势作出严重估计，认为分田到户“最根本的问题是究竟搞资本主义还是搞社会主义”的问题；提出无产阶级与资产阶级两个阶级间的斗争、社会主义制度与资本主义制度两者之间的斗争，将存在于“由资本主义过渡到共产主义的整个历史时期”。这一时期，“被推翻的反动统治阶级不甘心于灭亡，他们总是企图复辟。同时，社会上还存在着资产阶级的影响和旧社会的习惯势力，存在着一部分小生产者的自发的资本主义倾向，因此，在人民中还有一些没有受到社会主义改造的人，他们人数不多……但一有机会，就企图离开社会主义道路，走资本主义道路。在这种情况下，阶级斗争是不可避免的。这是马克思列宁主义早就阐明了的一条历史规律，我们千万不要忘记”①。强调阶级斗争必须“年年讲，月月讲”。这就把社会主义一定范围内的阶级斗争扩大化和绝对化，也使党关于阶级斗争的“左”的观点系统化，并最终导致党在中心工作上的转向。北戴河会议和八届十中全会，在认识上还引出了一个重要结果，就是提出中国出修正主义的问题。联系到国际上的所谓“现代修正主义”，中央对当时国内外阶级斗争形势的估计越来越严重，于是在全国城乡发动了一次普遍的社会主义教育运动。毛泽东提出：只有抓好社会主义教育，才可以防止出修正主义；“阶级斗争，一抓就灵”。1963 年 5 月，毛泽东认为严重并且尖锐的阶级斗争已经在我国出现，如果不抓，“反革命复辟”必将在全国出现，甚至出现“党变修”“国变色”的危险。同年 9 月，中央进一步提出农村社会主义教育运动要“以阶级斗争为纲”。至此，“左”倾指导思想和阶级斗争扩大化的认识得到进一步发展。1965 年 1 月，由毛泽东主持制定的《农村社会主义教育运动中目前提出的一些问题》（简称“二十三条”），不仅在指导思想上发展了“左”倾错误理论，并明确规定运动的重点“是整党内那些走资本主义道路的当权派”。这为之后“文化大革命”的发动提供了理论依据。“以阶级斗争为纲”理论，既脱离我国的实际情况，混淆了社会主义条件下敌我矛盾与人民内部矛盾之间的界限，又严重背离我国社会主义建设的正确方向，影响了党和国家发展战略的制定和执行，使安定团结的政治局面和正常社会秩序遭到破坏，严重挫伤了广大干部群众的社会主义建设积极性，严重阻碍了社会主义建设进程。指导思想的错误致使社会生产力遭受巨大破坏，社会主义建设事业遇到前所未有的重大挫折，思想的困惑与迷茫成为多样化社会思潮产生和存在的直接原因。②

第二个阶段：20 世纪 80 年代。

改革开放初期，随着全党实现“拨乱反正”，中国共产党把工作重心转移到经济建设上来。当时，恢复国民经济的任务十分繁重，百废待

① 《建国以来重要文献选编》第 15 册，中央文献出版社 1997 年版，第 653 页。

② 参见中共中央党史研究室《中国共产党历史》第 2 卷（下册），中共党史出版社 2011 年版，第 743—747 页。

兴，加之各种社会问题增多，某种程度上忽视、放松了对意识形态领域的引导，这为西方各种社会思潮的传播和国内一些旧社会思潮死灰复燃创造了条件，最终在社会上引起了一定程度的思想混乱，导致了 1989 年那场政治风波的发生。这一深刻的教训启示我们，社会主义意识形态建设以及对错误思潮的斗争一刻也不能放松，特别是在社会改革和转型时期。正如中共十八大报告所指出的那样，对于意识形态领域的领导权和主导权必须牢牢加以掌握，要始终坚持正确的思想舆论导向，着力提高思想文化和社会舆论的引导力。只有这样，才能始终坚持社会主义意识形态建设的正确方向，才能把思想理论和价值引领工作做细做实做久，实现广大社会成员思想认识的统一，进而有效抑制错误思潮的产生和蔓延。

第二章　当代中国社会思潮的现状及其社会影响

新时期新阶段，我国进入改革发展的关键阶段。社会的急剧变化特别是社会结构的深刻变动和利益格局的深刻调整，导致社会思潮层出不穷，并且复杂多变、异常活跃。在多样化社会思潮中，既有积极、进步的社会思潮，也有消极、错误的社会思潮；对我国社会主义意识形态建设以及经济、政治、文化、社会建设等既产生了积极作用，也造成了消极影响。这就要求我们既要加强社会思潮基本问题的研究，又要加强对具体思潮的分析和判断，以便我们正确地认识和把握各种社会思潮，正确认识改革开放条件下社会主义意识形态建设面临的新形势、新特点、新使命和新要求，从而有效地探索以社会主义核心价值体系引领社会思潮的新途径、新方法以及新的体制机制。

一　当代中国社会思潮的基本状况

（一）当代中国意识形态领域的基本状况及成因

改革开放以来，伴随着我国进入改革发展的新时期，社会思潮在我国得到广泛传播，在中国社会意识领域逐步形成了一元主导、多元并存、相互激荡、纷繁复杂的局面。在多种社会思潮中，既有民主社会主义、新自由主义、西方马克思主义等传统社会思潮，又有历史虚无主义、公共知识分子、后现代主义等新兴社会思潮；既有爱国主义、集体主义、社会主义等主流思潮，也存在极端民族主义、拜金主义、享乐主义、极端个人主义等非主流思潮；既有经济类思潮，也有政治类、文化类思潮；既有马克思主义思潮，又有非马克思主义思潮；既有与历史前进方向相一致的进步思潮，又有与历史发展方向相背离的落后、错误甚至反动思潮，当然，还有中性思潮。

根据历史唯物主义的基本观点，社会思潮的兴起与传播无不与当时的社会存在与社会发展密切相关。当今中国正处于改革开放的新阶段，随着社会主义市场经济体制的建立和各方面改革的逐步深化、对外开放的进一步扩大，计划经济时期的社会形态已经发生了根本转变。与之相适应，人们不仅在就业方式、工作方式、生活方式上发生了巨大变化，而且在思想认知、价值观念、利益诉求等方面也都出现了多样化，人们的思想观念和实际生活逐步形成了多样多层的状态，从而也为社会思潮的形成和传播创造了相应的社会环境，而各种社会思潮又以不同的内容和各自的形态自发地反映着社会的变革与转型。从一定程度上说，当代中国社会思潮的形成和传播也与我国改革开放和社会转型发展相契合。

分析当代中国社会思潮形成的原因，主要有以下几个方面：

第一，社会主义市场经济体制的建立和完善，为各种社会思潮的形成与传播提供了相应的社会主体条件和市场环境。从历史唯物论出发，包括思想观念在内的上层建筑取决于社会的经济基础，特别是经济结构、生产关系以及经济发展水平。经过三十多年的改革开放，我国计划经济体制的终结和社会主义市场经济体制的建立与完善，引起了经济主体、资源配置方式、利益分配方式、经济和社会管理方式等的彻底转变，特别是市场主体地位的确立和主体利益的多样化。与之相适应，社会主义法制观念、市场主体观念、自由竞争观念、合法权益保护观念等也得到逐步确立。在社会主义市场经济体制下，社会思想领域随之发生深刻变化，人们的主体意识和法制观念日益增强，随之而来的民主参与、权益维护、有序竞争等的要求更加强烈，自主、公平、创新、趋利、合作性价值取向等逐步形成，人们的主体作用得到了更加充分的发挥，从而为多样化社会思潮的形成与传播奠定了相应的社会主体条件和市场条件。

第二，中国社会结构发生深刻变动，为各种社会思潮的形成和传播提供了相应的社会条件。随着经济体制、政治体制、文化体制、社会体制等方面改革的深入推进，包括就业结构、社会组织、阶级阶层以及城乡结构、区域结构等在内的我国社会结构也逐步发生了深刻变动。上述社会调整和变动，不可避免地会给社会的运行和管理带来一系列连锁反应，特别是在一些体制机制尚不完善、政策措施尚不配套的情况下，自然就会带来一些社会问题甚至矛盾冲突，比如资源配置滞后、社会财富分配不公、贫富分化加剧问题，职工大量下岗和就业难问题，城乡差距扩大和东中西部地区发展悬殊问题等。社会结构的深刻变动和这些具有尖锐性、复杂性和普遍性的问题，又不可避免地涉及每个社会群体和个人的实际生活、切身利益甚至前途命运，同时也势必会对他们的思想观念和社会心理造成极大影响，促使他们在社会转型的过程中重新认识自己和社会，重新思考自身的利益和社会地位。他们也必然会从自身的利益和发展需要出发表达自己的态度、意见和愿望，提出或期望提出解决这些带有普遍性、复杂性社会问题的方案或设想。这就为代表不同社会群体利益和要求的各种社会思潮的形成和传播提供了相应的社会条件。

第三，对外开放的扩大和国际化程度的提高，为国外社会思潮的传播和西方思想文化的渗透提供了便利条件。从世界范围来看，社会主义与资本主义在意识形态领域的斗争是长期的复杂的，有时甚至会非常尖锐。各种敌对势力从来没有放弃对我国进行西化、分化的战略图谋，没有停止过搞乱人们的思想、搞垮我们国家的破坏活动。特别是随着我国对外开放政策的深入推进，他们往往通过各种人员往来、经济文化交流以及媒体传播等渠道，借助广播、电影、书刊、音像制品、国际互联网等多种文化形式，以及学术研讨、文化交流、主题论坛等活动方式对我国进行资本主义思想文化特别是价值观念渗透，这同时也为西方社会思潮在我国传播和渗透、挑战社会主义主流意识形态提供了机遇和条件。

第四，社会思想和价值观念多样化，为各种社会思潮的形成和传播提供了直接的社会思想基础。正如马克思恩格斯所言："随着每一次社会秩序的巨大历史变革，人们的观点和观念也会发生变革。"① 伴随着我国各方面改革的深入推进，必然会带来各社会阶层和利益群体在社会地位和利益关系上的深刻变动与重构，形成多种具体利益关系，这在一定程度上必然导致人们思想认识或价值观念的深刻变化，进而促使多种价值观念甚至思想理论的形成。在这一历史时期，中国共产党着眼于国

① 《马克思恩格斯全集》第10卷，人民出版社1998年版，第253页。

家富强和民族振兴，通过推进中国特色社会主义理论体系和社会主义核心价值体系建设，以最大限度地凝聚思想共识、统一价值目标，更好地汇聚建设中国特色社会主义的强大力量。但社会主义核心价值体系建设及主导作用的发挥，不可能直接取代、也不可能简单地排斥或禁止其他合理价值观念，而只能加以整合和引领。

（二）当代中国社会思潮的主要特点

当下，在某种程度上作为对改革和转型时期中国社会的能动反映，社会思潮也具有一些鲜明的特征：

1. 多元并存

改革开放的深入推进和社会主义市场经济的蓬勃发觉，使人们的思想获得了空前的解放，多种社会主体和社会阶层大都有自己特殊的物质利益和精神诉求，进而形成不同的价值取向和价值诉求。因此，人们的心理需求和价值观念也逐步呈现出多样化趋势。一方面，随着我国改革开放的深入推进和中国特色社会主义事业的巨大发展，社会主义核心价值体系建设得到加强，社会主义主流价值观日益深入人心，感召力和凝聚力也随之增强。[①] 另一方面，社会思潮日益多样化，并且仍在不断产生中，正确思潮与错误思潮相互交织，积极思潮与消极思潮相互激荡，呈现出多元并存的格局。它们共同构成了新时期以马克思主义为指导、以社会主义核心价值体系为主体、多种社会思潮共同存在的社会主义意识形态格局。

2. 主流积极向上

马克思主义及其中国化的一系列重大理论成果，成为当代中国改革开放和中国特色社会主义事业发展的科学指导思想，建设富强、民主、文明、和谐的社会主义现代化国家得到了广大人民群众的普遍认同。以爱国主义为核心的民族精神成为中华民族的共同信仰，爱国主义成为影响最强烈、作用最大的社会精神力量。建设中国特色社会主义、实现中华民族的伟大复兴，已经成为全民族的共同理想。一句话，中国化的马

---

① 参见刘同舫《在应对当代各种社会思潮的挑战中发挥马克思主义的威力》，载《马克思主义研究》2010 年第 3 期。

克思主义是当代中国意识形态的主体，并决定了中国社会意识形态的正确发展方向，同时对社会思潮的引领也是比较成功的。

3. 差异性特征明显

作为对不同阶级、阶层或社会群体具体利益和价值诉求的能动反映，社会思潮在社会生活中也充分体现出了多样性以及复杂性、多变性特点。这不仅表现为每一种社会思潮存在着质的不同，而且它们往往涉及经济、政治、文化、社会等不同的领域，并且其传播方式、流行范围、对社会的作用方式及影响程度等都会表现出各自的特殊性。当前，由于社会的变动不居，种种非主流的思想意识和价值观念都存在一定的生存空间，同时，由于人们各自社会地位、立场的不同，这又为社会思潮的存在与发展提供了一定的社会及主体条件。

4. 关注现实

无论是社会思潮的形成，还是社会思潮的传播，都有着深刻的经济和社会根源。人们思想观点的形成总是与其所处的社会地位、切身利益或所感知的社会现状密切相关。[①] 改革开放以来，社会经济成分、就业方式、分配方式以及人们生活状态的多样化，必然引起社会利益关系、利益格局的变化，因此会使人们对原有的利益归属、价值取向等作出相应的调整。一部分人的价值取向、理想信念、政治认同甚至会呈现多样化趋势，进而形成多种社会思想。大多数社会思潮都十分关注并直接反映社会现实特别是社会热点，十分关注经济、社会、民生及政治问题。有关问卷调查显示，人们接受某一思潮不只是出于纯粹的思想认同，而是掺杂了更多的自身利益因素。

5. 反思批判

伴随着我国经济结构和社会结构的深刻变动、社会利益格局的深刻调整，社会快速发展进程中出现的新情况、新问题和新思想，短期内难以被主流意识形态迅速解答或引领，这就为一些思潮兴起和国外思潮传入提供了时机和条件。批判性反思是当代中外社会思潮的一个共同特点，其主题主要集中在对现代化进程中出现的新情况、新问题进行分析

---

① 参见朱士群《当代中国社会思潮：回应与引领》，载《安徽师范大学学报》（人文社会科学版）2008 年第 4 期。

批判，如超越与发展传统思潮的新保守主义、新理性主义、新自由主义，延展与挑战现代社会思潮的后现代主义、后殖民主义等。反思批判对解放思想有进步意义，但是走向极端就容易产生消极、破坏作用，对此必须保持高度警惕。

6. 广泛传播

社会思潮之所以能够成为“思潮”，就是因其思想总是在一定时期、一定社会范围内为一定阶级、阶层或群体的人们所认同或掌握，亦具有一定程度的广泛性或群众性，这是社会思潮的一个显著特点，也是社会思潮比一般思想、理论更具有影响力的关键所在。新时期社会思潮的传播更加多样化、立体化和平民化，它们在想方设法地借助书籍报刊、广播电视、大众讲坛等传统渠道进行传播的同时，充分利用互联网、手机短信等现代传媒，不断扩大传播渠道和范围；它们注意抓住民生问题和社会热点问题，更加贴近现实，并注意采取通俗易懂的表达方式，更容易为普通群众所接受。

7. 复杂多变

伴随着我国社会主义市场经济的深入发展，国内经济、政治和思想文化环境更加宽松，社会成员的价值取向更加自由、多元化，思想文化的多样性进一步凸显。同时，随着对外开放的扩大和国际交流合作的日益密切，国外多种社会思潮不断涌入我国，加之西方发达资本主义国家加紧对我进行文化扩张和思想渗透，从而造成国内思想文化和社会思潮的多样性和复杂化。在这一背景下，由于现代信息技术迅猛发展，特别是互联网、手机短信、微信等现代传播方式的普及，信息化、网络化的思想交流方式的形成，打破了传统的时空界限，容易导致国内思潮与国外思潮相互交织、相互影响，进而使多种思潮及思想更加复杂，甚至发生嬗变。

8. 消极、腐朽思潮有所滋长

从社会影响的视角来看，当前对社会主义核心价值体系及核心价值观形成一定挑战的社会思潮，主要有民主社会主义、新自由主义、西方马克思主义、历史虚无主义、公共知识分子思潮等。一般来说，它们不赞成马克思主义及其中国化的理论成果，对中国的改革开放乃至革命历史持歪曲或否定的态度，一部分思潮公然宣传或主张照搬资本主义的政治制度等。若不直面其负面影响，不对其错误思想及其本质进行彻底批判和揭露，马克思主义的科学价值观及社会主义核心价值体系就无法形成，整个社会的凝聚力和向心力势必会被减弱，和谐社会建设和中国特色社会主义事业就难以顺利推进。

二　当代中国影响较大的社会思潮

（一）新自由主义思潮

与古典自由主义经济理论相对而言，新自由主义是20世纪30年代资本主义经济出现大萧条之后，在西方经济学界兴起的为垄断资本主义辩护、抵制和批判凯恩斯主义、与社会主义计划经济理论相对立的经济自由主义思潮。这一思潮的突出特点是自由放任，反对政府干预经济活动，让建立在资本主义私有制基础上的市场机制在资源配置中自发地发挥调节作用。20世纪70年代之后，新自由主义上升为西方主流经济思想，并对世界经济政治产生重大影响。这一思潮传播到我国后，也在一定范围内产生了广泛的影响。

1. *发展历程*

新自由主义是资本主义经济、政治和社会矛盾发展的产物，它的产生和发展大体经历了四个阶段：早期新自由主义创立时期、新自由主义受冷落于自我雕琢时期、新自由主义勃兴时期、新自由主义政治化和向全球蔓延时期。

20世纪30年代，伴随着席卷资本主义世界的一场经济危机的爆发与蔓延，作为一种新的经济理论，凯恩斯主义便应运而生。这一理论主张以扩大政府支出创造需求，通过政府干预推动经济增长，从而有效地适应了国家垄断资本主义的发展要求。罗斯福新政就是这种理论的实践形式，并证明了凯恩斯主义的有效性，使得凯恩斯主义迅速上升为资本主义世界的主流经济学，进而主导国家垄断资本主义的宏观经济运行长达40年之久。新自由主义的许多重要著作就形成于这一时期。

20世纪70年代初期，以两次石油危机为导火线，导致整个资本主义世界陷入了“滞胀”——“高通胀、高失业、低经济增长”的困境。面对“滞胀”，凯恩斯主义束手无策，不过，新自由主义者仅仅把这种情况归结为国际干预过度、政府开支过大的原因。伴随着美国总统里根和英国首相撒切尔的上台，在否定凯恩斯主义的声浪中，新自由主义思潮开始正式登场，并迅速成为西方主流经济学。

20世纪90年代，随着高科技革命的兴起，生产力获得巨大发展，资本主义从国家垄断资本主义向国际垄断资本主义过渡。适应这种需要，新自由主义开始由理论、学术而政治化、国家意识形态化、范式化，成为英美国际垄断资本推行全球一体化理论体系的重要组成部分。其标志性事件是1990年“华盛顿共识”的形成。这一“共识”就是由美国国际经济研究所牵头召开的，由国际货币基金组织、世界银行和美国财政部及拉美国家部分学术机构的代表参加的研讨会，以新自由主义学说为理论依据，达成的针对陷于债务危机的拉美国家亟须进行国内经济改革的政策方案。这个以强调企业私有化、贸易和利率市场化、放松政府管制、调整政府开支重点和财经纪律、鼓励外资流动的“华盛顿共识”，在拉美、俄罗斯和中东欧国家得到了广泛传播和推行。这一“共识”的形成，标志着新自由主义嬗变为以美国为代表的资本主义国家的主流价值观念和国家意识形态。

2. 基本观点

第一，充分肯定市场机制的自发调节作用。根据新自由主义理论，作为联系商品生产者与消费者之间的媒介，市场通过商品流通，能够把社会需求信息传递给商品生产者，再通过生产者之间的竞争，既可以调节商品价格，又能够促使各种生产资源的有效配置，从而促使商品生产、交换、消费趋于合理。总之，只有市场机制才能够有效地促使生产要素的合理配置，并且在资源配置中的作用具有决定性和不可替代性。

第二，充分肯定资本主义私有制的优越性。在新自由主义看来，私有制是市场竞争的先决条件，市场机制发挥调节作用的前提是私人企业制度的建立，只有私有经济才具有内在的稳定性。新自由主义认为，个体对利益的追求形成经济发展的动力，而私有制最符合人的自利本性，可以使个人的积极性得到充分发挥，而不是对个人本性的限制；私有制明晰的产权制度，可以有效地激发每个人的创新精神和责任意识，并主张把国有企业出售给私有投资者；资本主义私有制是有史以来最合理的经济制度，它的最大优点在于保证了个人自由，它不仅保证了有产者的个人自由，而且也保证了无产者的个人自由。总之，只有不断发展私有制，才能实现经济的协调发展和人类的自由幸福。

第三，强烈反对政府干预经济活动。新自由主义认为，由于市场对资源配置具有决定性作用，国家若直接干预市场经济活动，必将导致市场信息紊乱和功能失灵，最终影响私人经济活动及经济发展活力；除了会影响经济效率之外，还会侵犯私人权利和破坏政治民主。因此，应当通过允许的方式为市场作用的发挥和经济的有效运行创造必要的条件，并尽可能降低对经济的干预程度。

第四，主张建立合理的财政政策。这一理论主张建立健全量入为出的财政政策，要尽可能地减少税收、节省开支，在此基础上逐步消除通货膨胀，实现收支的总体平衡。强调社会福利制度容易使人产生不劳而获的心理，助长个人依赖和懒惰思想，不利于增强经济发展的竞争力。因此，必须节省和压缩社会福利开支。通货膨胀破坏正常的经济秩序和经济生活，必须坚决反对并积极采取措施加以控制。

第五，强调制度的重要性和决定作用。提出“制度（或规则）至上论”，认为对一个国家经济发展来说，制度是决定性的因素。好制度可以增进经济活动的有序性、有效性和预见性，新自由主义经济制度就是目前人类社会唯一可行、最有效率的制度。他们所主张的制度是由市场化条件下自发形成的规则和法律规定共同构成的制度体系。对于这一制度体系，不论是政府还是各种企业组织都必须切实遵循，自觉接受其约束。政府不能超越制度对社会成员采取强制措施，不能为了自身目的而危害公民的利益。

3. 思想实质

自由主义思想发展有一个嬗变的过程。17—18 世纪，古典自由主义主要代表反对封建特权的下层市民思想。直至第一次世界大战前夕，自由主义所代表的还是西方主要国家被剥削者的思想体系。到 20 世纪三四十年代，自由主义逐步发展成为中小企业主的代言人。在这一时期，由于雇佣劳动者阶级在人口中占有大多数，他们往往以社会民主主义和社会主义的政党代言人自居，并主要反对资本主义私人企业主。同时，新自由主义仍然反对垄断企业以及垄断寡头。而到了 20 世纪末特别是“华盛顿共识”出笼之后，新自由主义已经成为垄断资本特别是国际垄断资本的思想体系，并开始向全球蔓延，它以其经济自由化、私有化、市场化、全球一体化思想体系，推动着资本主义向国际垄断阶段过渡，从而彻底蜕变为国际垄断资本的代言人。

综上可知，要准确把握新自由主义的实质，需从以下几个方面进行观测：一是鲜明的阶级性。从表面上看，新自由主义是为人类社会乃至全球经济发展服务，而实质上是服务于国际垄断资本主义。二是深刻的时代性。这一思潮的意识形态在每一历史发展阶段无不打上深刻的时代烙印，总是与各个发展新阶段的资本主义发展要求密切相关。三是显著的二重性特征。就其社会作用而言，它在一定程度上促进了资本主义社会的经济发展，甚至在某种程度上缓解了资本主义的基本矛盾；另一方面由于它过分强调市场的自发调节作用，从而又导致了资本主义新的矛盾和更广泛更深刻的经济危机。

（二）民主社会主义思潮

民主社会主义思潮，也称社会民主主义，是继新自由主义思潮之后，在我国出现的又一种思潮。它是世界社会主义运动中的一个改良主义的派别和思潮，产生于19世纪初，在伯恩施坦等人鼓吹下发展为社会民主主义，主张逐步由暴力革命向和平改良过渡的思想理论。20世纪50年代，社会民主党为了张扬其“民主”，将“社会民主主义”修改为“民主社会主义”。随着时代的发展，到20世纪90年代苏联解体、东欧剧变以后，社会民主党人又把其思想体系改为“社会民主主义”，意在表明，它并非是一种民主“社会主义”，而是社会“民主主义”。概括起来，西方国家社会党和工党等社会民主党人的思想体系，总称为民主社会主义。

1. 形成与发展

在不同的历史阶段，民主社会主义的思想内涵也在不断地发生演变和调整。早在19世纪中期，在欧洲工人运动中，在以马克思和恩格斯为代表的无产阶级革命家及其领导的无产阶级政党之外，还有一些反马克思主义和非马克思主义派别，而社会民主主义者即“社会主义民主党”就在其中。19世纪70—90年代中期，随着马克思主义在工人运动和社会主义运动中的广泛传播，社会民主主义这一概念发生演变，逐渐具有了科学社会主义内容。但到19世纪末，由于资本主义的和平稳定发展，右倾机会主义在第二国际内部日益滋长和蔓延起来，出现了反马克思主义派别——伯恩施坦修正主义。1895年恩格斯逝世以后，在第二国际的机会主义者和伯恩施坦修正主义的双重影响下，改良主义大行其道，社会民主主义又发展成社会改良主义。民主社会主义的创始人伯恩施坦，围绕"社会主义问题"发表、出版了一系列著作，极力鼓吹其社会改良主义思想。其中在《社会主义的前提和社会民主党的任务》一书中，进一步深化了其修正主义思想，并试图通过政治和经济改良手段对社会主义政党进行改造。1919年，国际性的共产党组织——共产国际成立，标志着马克思主义与社会民主主义彻底分道扬镳。之后，作为一种资产阶级政治思潮，社会民主主义的命运随着资本主义的兴衰而不断地变化着。1951年，社会党国际成立，并通过了《民主社会主义的目标和任务》（即《法兰克福宣言》），第一次正式把"民主社会主义"作为各国社会民主党的政治纲领，以示从根本上区别于共产党人的"专政"社会主义。[①] 苏联解体、东欧剧变之后，社会民主党人又把其名称改回到"社会民主主义"，意在表明它要与社会主义划清界限。可见，民主社会主义作为典型的资产阶级改良主义思潮，是与真正的马克思主义有本质区别的。对此，我们要有清醒的认识和判断。

2. *在我国传播和发展的原因*

改革开放以来，社会主义经济体制改革的推进和商品经济的深入发展，为民主社会主义在我国的传播与发展创造了一定的经济和社会条件。尤其是苏东剧变之后，由于世界社会主义发展遭遇巨大挫折，民主社会主义思想甚嚣尘上，这一时期在我国的影响也逐渐扩大。民主社会主义思潮在我国的传播大致经历了三个阶段：从改革开放初期到中共十二届二中全会召开；20世纪80年代中期到1989年中共十三届四中全会召开；中共十三届四中全会以来。我国关于"民主社会主义"的争论，到2007年开始剧烈增加。

民主社会主义思想在中国的传播，主要表现为对科学社会主义基本

① 参见单刚《论民主社会主义对苏联意识形态领域的渗透》，载《信阳师范学院学报》（哲学社会科学版）2011年第9期。

原理提出严峻挑战，如宣扬“政治多元化”，主张照搬西方“多党制”，建立“三权分立的共和国”，认为“民主没有东西方之分”，“中国缺少一个中产阶级”，鼓吹马克思主义已经“过时”，共产主义是“渺茫”的，等等，公然反对“社会主义必然代替资本主义”的论断；对无产阶级专政和共产党的领导直接提出挑战；认为社会主义与资本主义两种社会制度应当彼此借鉴、相互交融，未来社会应当是两种社会制度的混合；不赞成共产党应具有无产阶级先锋队性质，要求把中国共产党逐步改造成“全民党”，等等。

原因可以从国际国内两个方面进行分析。从国际上看，社会主义运动暂时遭遇挫折，导致一部分人不加分析地盲目赞同并接受“社会主义失败论”；就国内而言，由于我国社会向市场经济转型，出现了一定程度的就业困难，收入差距有所扩大，社会上形成了一定的弱势群体，腐败现象有所滋生蔓延等，因此，有些人对民主社会主义主张的西式民主以及所谓的“福利国家”甚为艳羡。21 世纪以来，随着社会转型的加快发展，我国社会进入矛盾凸显期，不少人把改革过程中出现的一些新问题、新矛盾，归结为实行改革开放政策的后果，予以批判和否定。可以说，对改革开放政策的反思是当前我国民主社会主义思潮热的直接诱因。

3. 与科学社会主义的主要区别

作为立场和主张截然不同的两个思想体系，科学社会主义与民主社会主义存在着本质的区别。学者刘长龙认为，二者的根本区别主要体现在如下三个方面。第一，在看待马克思主义基本问题上，科学社会主义把马克思主义作为理论基础和行动指南；而民主社会主义在指导思想上则由最初坚持马克思主义的一元指导思想，逐步蜕变为坚持并标榜以多元思想为指导。第二，在社会发展目标问题上，科学社会主义主张实现人的自由、平等和全面发展，为建立人们向往的社会主义和谐社会而努力；民主社会主义只把社会主义作为社会变革的价值追求，并不把它作为奋斗和实现的社会制度。第三，在如何对待资本主义问题上，科学社会主义承认资本主义在人类历史发展中的作用和历史地位，但通过对社会历史发展规律以及资本主义自身矛盾运动的研究，认为社会主义最终必然以革命的方式代替资本主义；民主社会主义则反对以暴力革命推翻资本主义制度，提出消灭私有制应当通过民主监督和调节等方式来实现，主张通过普遍建立社会福利及社会保障制度来逐步缓和资本主义的社会矛盾。

还有学者认为，科学社会主义与民主社会主义至少存在以下不同：一是对资本主义历史使命的认识不同。科学社会主义运用唯物史观和唯物辩证法对资本主义社会的内在矛盾进行了历史与现实的分析，得出了共产主义必然代替资本主义的历史结论，同时提出无产阶级及其政党担负着推翻资本主义统治的历史使命；民主社会主义虽然也对资本主义的生产方式进行了批判，但这种批判更多地停留在理论和语言层面，他们反对用暴力方式推翻资产阶级的统治。二是指导思想的差异。科学社会主义坚持以马克思主义为唯一思想指导；民主社会主义则抛弃了马克思主义的指导地位，主张以多元化的思想为指导。三是追求的目标不同。科学社会主义以唯物史观为理论基础，倡导消灭剥削，消除两极分化，实现共同富裕，最终实现共产主义制度；民主社会主义虽然最初主张建立社会主义制度，但其根本目的是要通过对资本主义政治经济制度的改良，最终完善资本主义制度。四是实现社会变革的方式迥异。科学社会主义强调无产阶级革命的根本问题就是夺取政权。为此，可根据具体情况，既可以以和平方式，也可以通过暴力革命的方式取得政权；民主社会主义则主张在议会中通过取得多数席位的方式取得政权，倡导以改良主义方式实现社会变革，反对利用一切形式的政治和经济斗争推翻资本主义制度。另外还有对待生产资料私有制态度上的差异等。

概括起来，科学社会主义与民主社会主义的根本区别主要体现在：

一是指导思想截然不同。马克思主义是科学社会主义的唯一指导思想。科学社会主义强调自己的世界观和方法论就是辩证唯物主义和历史唯物主义；民主社会主义则主张世界观的多元化，提出其思想来源和理论基础是多元的，是多种思想的综合体。

二是奋斗目标大相径庭。科学社会主义以实现共产主义为最终奋斗目标，以实现社会自由、公正、幸福和人的全面发展为具体目标；民主社会主义则主张建立一个“社会公正、生活美好、自由与世界和平的制度”，认为社会主义是“人道主义、自由、平等、相助等人类理性和伦理原则的实现”。

三是取得政权的方式不同。科学社会主义把政权问题视为无产阶级革命的根本问题，强调阶级斗争和暴力革命是夺取政权的根本方式，革命胜利后实行社会主义制度；民主社会主义则反对暴力革命，主张“通过民主手段建立一个自由的新社会”，即通过普选取得议会多数席位而执政，以渐进的方式实现社会变革。

四是生产资料的实现形式不同。科学社会主义把社会主义的必然要求和根本前提锁定为消灭私有制，在此基础上才能建立生产资料公有制。但社会主义初级阶段的基本经济制度还应当是“以公有制为主体、多种所有制经济共同发展”；民主社会主义认为无须消灭私有制，主张通过国家干预、公共监督和改良分配等手段，建立全民享有福利的社会，实行建立在私有制基础上的“混合经济”。

五是性质和作用不同。科学社会主义是马克思主义理论革命性、科学性、统一性、完整性和彻底性的集中表现，它代表和维护的是无产阶级的利益。民主社会主义属于资产阶级改良主义思潮，既反映工人阶级和广大劳动人民反对资本主义剥削制度、要求变革的某些愿望，但又主张保留私有制，反对暴力革命与阶级斗争，更多地代表和维护资产阶级的利益，具有明显的两面性，因此被一些西方资本主义政党认可并作为向社会主义意识形态渗透的工具。①

（三）历史虚无主义思潮

20 世纪 80 年代末之后，伴随着苏东剧变和国际共产主义运动低潮的出现，历史虚无主义思潮在我国逐渐兴起。这一思潮在对待历史问题上采取虚无主义态度，并假借“重新评价”之名，对中国近现代历史肆意歪曲，对帝国主义和封建主义大肆歌颂，企图达到否定革命、丑化和否定中国共产党的领导、否定社会主义制度的目的。应当说，这一思潮对我国主流意识形态一度形成了直接的挑战和冲击。

1. 思想来源

历史虚无主义思潮主要有四个方面的思想渊源：其一，已被马克思

---

① 参见单刚《论民主社会主义对苏联意识形态领域的渗透》，载《信阳师范学院学报》（哲学社会科学版）2011 年第 9 期。

主义史学家和革命的资产阶级思想家驳倒和抛弃了的旧改良主义学说。众所周知，早在资产阶级革命派同改良派的论战中，就已把改良派借口革命要流血牺牲而鼓吹改良、否定革命的观点批驳得体无完肤。其二，照搬近年来一些西方学者热炒的“告别革命”论。他们往往打着“解放思想”“反对僵化”的旗号，标榜自己“思想解放”，指责他人“思想僵化”。若把这些在西方比较流行的观点同国内学界某些人否定革命的言论相比较，就不难发现两者在思想观点上的惊人相似。其三，受西方历史虚无主义思潮和世界社会主义运动遭受重大挫折的影响。在苏东剧变之前，一些西方学者就公然否定十月革命，将斯大林妖魔化，极力抹黑苏联共产党和社会主义制度，同时竭力美化罗曼诺夫王朝的野蛮统治史。苏联解体后，这种否定革命的思潮影响到我国。作为一种社会思潮，历史虚无主义在我国的传播和蔓延具有一定的现实诱因，理应引起相当的重视和警惕。其四，唯心主义历史观。众所周知，评价任何历史事件或历史人物都应当看其本质、主流和整体，而不能简单、孤立地以其某一现象、局部或枝节下结论。历史虚无主义则完全违背历史唯物主义的科学精神，抛开历史条件，无视历史规律，把某些历史失误、历史人物抽象化，片面地加以放大、歪曲和渲染，旨在达到歪曲历史、否定革命的目的。

2. 主要表现

第一，贬损和否定革命，嘲讽中国人民为争取民族独立和人民解放所进行的反帝反封建斗争，否定我国的社会主义发展取向及其伟大成就。鼓吹“告别革命”论，无视历史事实，否定和奚落中国人民的反帝反封建斗争，把中国人民选择社会主义发展道路视为背离“近代文明的主流”；丑化中国共产党领导的革命和建设历史，并把这些视为一系列错误的延续，把革命和建设中的失误当成错误进行无底线抨击，否定或忽视社会主义建设的主流和本质；诟病革命领袖，丑化革命先烈。“告别革命”论的堂皇怪论，既是历史虚无主义思潮的集中表现，又暴露了它的真实面目和不可告人的动机。一些人拼命渲染革命的弊病，在反对所谓激进主义、推崇保守主义的名义下，否定革命，颂扬改良。在他们看来，革命只起破坏性作用，没有任何建设性意义。他们把近代中国凡是追求变革进步的历史都斥为激进而加以否定，相反，对维护封建专制统治的人物与历史则大加肯定和赞扬。他们抬高洋务运动，贬低戊戌变法，抬高清廷的“新政”，贬抑辛亥革命、五四运动和中国共产党领导的革命运动。可见，所谓的“重新评价”，就是为了否定革命。

第二，以“学术研究”的面目出现。历史虚无主义打着学术的幌子，否定近代中国社会的半殖民地半封建性质，蓄意提出所谓“半封建半资本主义”的观点，为其否定辛亥革命、否定新民主主义革命设置“理论陷阱”，在此基础上进一步提出“重写历史”的歪理邪说。他们在歪曲和践踏历史的同时，还标榜是在进行所谓的“理性思考”，转换“研究范式”，似乎一旦贴上“理性”“研究”的标签，就可以名正言顺地掌握历史评价的话语权了。他们肆意歪曲、否定历史的态度，同真正的理性思考是完全背道而驰的。按照他们的观点，我国近现代史上所有的革命和改革都不是为了革新图强、挽救民族危亡，而是造成社会动荡、民族危亡以致阻碍社会发展进步的渊薮。如此违背基本历史事实的“梦呓”之语，充分反映出历史虚无主义对待历史的不良动机。

第三，大作翻案文章。历史虚无主义为了实现他们的政治诉求，以纠正改革开放前一些历史结论的偏向为由，提出“重新评价”和“重写历史”，大作翻案文章。他们中的一些人任意推测历史、假设历史，肆意改变对近现代史中重要人物、重大事件和重大问题的历史结论，比如，有人把辛亥革命说成是激进主义思潮影响的结果；有的热衷于美化诸如慈禧、曾国藩、李鸿章、袁世凯等此类历史人物，而对林则徐、洪秀全、孙中山等民族英雄、革命先驱加以非难或贬低；有的则以所谓的“人性化”为由，通过捏造历史情节，对历史随意进行剪裁和虚构。如此一来，除了对历史的亵渎便是对历史的歪曲，其目的之一就是为近代以来的历史翻案，“重写历史”。

第四，“戏说”“恶搞”横行。这在影视节目中表现得最为突出。他们往往以艺术的方式对待和剪裁历史人物和历史事件，用主观臆想去“自我塑造”中国近代历史，乃至以颠覆正史为“能事”，在满足肆意戏说和搞笑的同时，不对我国近代以来中华民族志士仁人、革命先贤进行颂扬与追思，只是一味地贬损、调侃与讥讽，其对历史的轻佻态度可见一斑。“戏说”“恶搞”的手法无非是要么取其一点不及其余，要么捕风捉影无中生有，但往往能使真正的历史、值得景仰的先辈在“恶搞”和“戏说”中变得面目全非、真假难辨或被边缘化。

第五，明确的政治诉求。历史虚无主义的一大政治诉求就是反对四项基本原则这一立国之本，并试图扭转我国社会主义现代化建设和改革开放的发展方向，把中国纳入到资本主义体系中去。其最具代表性的简单做法，就是否定近代中国特别是五四以来的爱国、革命传统，把自由主义说成是最好的、当今中国应当继承发扬的传统，要求把它作为一种政治学说、经济思想直至社会政治制度加以实现。

3. 思想本质

正如有学者所说，历史虚无主义“并不是对历史完全虚无，而是有所虚无，有所不虚无”。历史虚无主义在刻意贬损中国近现代史，否定革命、丑化革命先烈和英雄人物时，却对叛徒、汉奸和反动统治者极力美化或抬高。其用意和本质昭然若揭，就是要否定“四项基本原则”。那些在国内散布历史虚无主义的个别人士，无非就是企图通过否定历史、鼓吹“告别革命”，在意识形态领域打开缺口，试图把中国从社会主义引导到资本主义发展道路上。历史虚无主义者尽管声称“理性思考”，要实现所谓“研究范式”的转换，但其歪曲历史真实的“理性思考”，早就让上帝发笑了！他们不以史实为出发点，不以严肃的历史观、相应的时代背景和全面系统的历史材料来考察历史的做法，当然也就不可能揭示历史发展的规律。他们惯用的想当然地、随心所欲地挑选历史枝节，涂抹、删减、歪曲历史事实的伎俩，必将遭到人们的唾弃。从方法论的角度看，评价任何历史人物和历史事件都应当看其主流和本质，不能仅凭现象和枝节简单下结论。应当看到，历史虚无主义罔顾历史主流和发展规律，将某些历史失误抽象化和片面化，用孤立、静止的观点歪曲或贬损历史的做法，也违背了最起码的研究常识。

4. 基本特征

以史实为依据，从实际出发，实事求是，是历史研究的根本原则和根本方法。历史虚无主义对待历史的态度，有哗众取宠之心，无实事求是之意。持历史虚无主义态度的一些人在“学术研究”的名义下，不尊重历史事实，片面引用史料，根据他们的政治诉求，任意打扮历史、假设历史，胡乱改变对近现代史中重大事件、重要人物和重要问题的科学结论，甚至打着“思想解放”、实现“研究范式转换”等名义，以期达到他们贬损以致对历史真相进行歪曲的目的。

背离全面、客观的历史研究方法。只有全面地掌握历史材料，真正从史实出发，按照特定的历史条件进行具体分析，正确评价历史事件和历史人物，这样才能把历史现象个别性的研究与历史总体规律性的研究统一起来，尊重历史发展的辩证法。历史虚无主义者则与此相反，用一些片面的材料，就试图轻易推翻过去的判断，这是非常不负责任的做法。

用抽象的人性论取代阶级分析的方法。阶级分析是马克思主义历史研究的最基本方法。用阶级和阶级斗争的观点观察和分析社会问题，才能透过错综复杂、千变万化的社会现象，认识社会发展的本质，掌握社会历史发展的客观规律。如果离开了这一基本点，就会陷入唯心主义的泥淖中去。历史虚无主义者否认和反对阶级分析的方法，用抽象的人性论取代阶级论，以所谓客观主义的姿态掩盖其资产阶级的立场，这是必须警惕的。

（四）公共知识分子思潮

这是在当代西方国家兴起的一种社会思潮，近年来在我国得到传播，并在特定群体中产生了特定的影响。1987 年，美国哲学家雅各比在《最后的知识分子》一书中，最早提出“公共知识分子”概念①，认为真正的知识分子应当立足专业，放眼天下，用自己的言行和创作参与社会运转，并呼吁富有社会责任感，勇于充当引路人的公共知识分子出现。之后，法国哲学家利奥塔、布迪厄，美国学者萨义德等进一步论述了公共知识分子问题，从而形成了西方公共知识分子理论思潮。

观察可知，西方公共知识分子思潮与西方资本主义新闻观下的“新闻独立、第四权力、社会公器”主张比较接近。公共知识分子问题，从概念到基本观点，都源于西方的知识分子理论。西方知识分子理论始于 20 世纪初。1894 年，法国发生了德雷福斯受人诬陷事件。为伸张正义，法国一批著名知识分子在报上刊登抗议书，要求对这一事件复

---

① 参见［美］拉塞尔·雅各比《最后的知识分子》，洪洁译，江苏人民出版社 2006 年版，第 88 页。

审。这份抗议书被称为“知识分子的宣言”，被认为是现代知识分子作为一种对社会公共事务发挥重要作用的社会力量登上历史舞台的标志。1899 年，美国作家维廉·詹姆斯针对此事件，提出美国知识分子应当保持自身独立性，保持独立于体制之外的品格的观点。后来，德国社会学家马克斯·韦伯把知识分子界定为掌握文化成果并领导某一文化共同体的群体。此后，对知识分子的研究成为西方思想家的一个热门课题。

德国哲学家卡尔·曼海姆系统阐述了知识分子的特征和作用，认为知识分子应是超越本阶级的局限，并以知识为依托，保持对历史和社会清醒的分析和判断的漫漫长夜的守更人。在这些学者眼中，现代知识分子是一个具有普遍性和超越性的社会群体，他们既掌握较丰富的专业知识，又能超越个人专业领域，参与自身之外的社会事务，发挥引领社会的领导性作用。为此，不少学者将公共知识分子定义为超脱于本专业范围、面向社会发言的角色。正如法国哲学家萨特所说，一位原子能科学家在研究原子物理时不是个知识分子，但是当他在反对核武器的抗议信上签名时就是个知识分子。曼海姆认为，知识分子从各种不同的社会地位发表的意见，符合与各层官员有着不同关系的社会各阶层的利益。在曼海姆看来，知识分子超脱阶级观点，利用知识来促使不同利益群体之间达成妥协与谅解。哈佛大学教授杜维明说，在儒家传统中，教育的中心目的，是鼓励、发展人们对政治的关心和对社会的参与，以及对文化事物的敏感。如此等等。

1. *在我国的传播*

20 世纪 90 年代后，一批当代西方思想家的著作在我国翻译出版。公共知识分子思潮在我国产生了一定的影响，一些高校师生以获取和认同这种思想观点为时尚。也有的人并不满足于在理论上介绍和研究“公共知识分子”思潮，而是以这一理论介入现实，就某一社会热点、难点和焦点问题展示自己的立场和看法。他们借助于各自在专业上的成就和影响，获得了话语的权威性，又由于其名气和权威，使其意见和观点得以传播，进而在一定程度上影响社会。

必须看到，流入我国的公共知识分子思潮带有明显的政治倾向，它极力强调要把知识分子视为超阶级的，成为公共事务的介入者和公共利益的守望人。这样的知识分子观，与我们党关于知识分子是工人阶级一部分的重要论断，与知识分子是中国特色社会主义的建设者，与马克思主义知识分子观点明显不符。对于这一思潮的思想观点、政治倾向及其影响，应当保持清醒的认识和应有的警惕。

2. 产生的原因

公共知识分子思潮是新公共管理运动的必然产物。[①] 20 世纪 80 年代以来，西方各国掀起了政府改革运动，即新公共管理运动。改革运动主要涉及政府职能的重新定位，政府公共服务提供方式的转变，重视公民参与管理等。新公共管理运动的开展，一定带来政府职能的缩小和公共领域的扩大，也会激发公民参与社会管理的热情。关注社会，针砭时弊，促进社会改良的公共知识分子声音应运而生。越来越多的事实和经验告诉我们，现代化的不断推进，新公共管理运动的开展，必然会带来公共领域的扩大及公共知识分子的出现。公共知识分子会借助和运用特殊的价值标准来衡量执政党的治国理政实践，进而以批判的方式间接甚至直接地对社会现实施加影响。因为在新公共管理运动中，开放和民主的治理理念，必然会带来公共领域的增多和扩大。这就不可避免地出现公共知识分子思潮。

3. 公共知识分子并非独立的阶层

德国社会学家曼海姆认为，公共知识分子不是一个特殊的阶层，他们的共同特点不在利益，而在他们所受的教育，而教育则使来自不同阶层的人超越了本阶级的利益，也超越了本阶级的局限，成为不依附于任何阶级利益的漂浮群体。但马克思主义认为，知识分子从来不是独立的阶级，而是脑力劳动者构成的社会阶层。公共知识分子是知识分子的一部分，是一个社会阶层。公共知识分子本身就带有很强的政治倾向，他们都自觉或不自觉地从属于一种立场、一个群体和一个目标。这是由公共知识分子经济地位上的依附性所决定的。公共知识分子不可能作为一个独立的阶级而存在，而只能依附于别的阶级。在一定的社会条件下，知识分子必然依附于当时的统治阶级并为其服务。

4. 科学应对公共知识分子思潮

公共知识分子思潮，实际上是对当时西方社会知识文化商品化、人

---

① 参见邓雪琳《“公共知识分子”思潮简论》，载《理论观察》2009 年第 2 期。

文精神失落、传统道德式微，以及知识分子社会责任感丧失等异化现象的一种无形反抗。在公共知识分子思潮下，在美国以及其他西方国家确实产生了一批干预社会生活和历史进程的优秀学术著作和知识产品。但是，传入中国之后的公共知识分子思潮打上了明显的政治烙印，它极力宣扬知识分子的“超阶级性”，认为知识分子应当是“代表社会良知的、理所当然的公共事务的介入者和公共利益的守望人”。

实际上，知识分子的任何个体都不可能是独立超人，而是自觉或不自觉地从属于一种立场、一个群体和一个目标。[①] 任何知识分子，都应当对社会有一个基本的价值判断。就一个有正义感和社会责任感的知识分子来说，是赞成还是反对我们正在进行的改革开放和社会主义现代化事业？其所介入的社会活动是有利于生产力的发展、社会的进步、人民的幸福安康，还是妨碍社会稳定、国家统一、民族振兴？这显然是很明了的答案，也是再多的灰色理论都无法拒绝回答的。对知识分子来说，不应该只用放大镜看社会，而要自觉地进行自我反省、自我批判。坚持凡是有益于广大人民群众的利益，有益于维护国家和谐稳定、健康发展的事情，一定要坚持去做；反之，一定要自觉抵制。

综上所述，公共知识分子思潮具有明显的政治倾向性，对于广大知识分子包括青年学生树立正确的世界观、人生观、价值观以及坚持正确的政治方向，都会造成严重干扰。对此，如果缺乏清醒的认识，不加以正确引导，势必会严重影响广大知识分子和青年学生对马克思主义的信仰，对中国共产党的信任，对中国特色社会主义的信念，这是关系中国特色社会主义事业成败的大问题，绝不能熟视无睹、听之任之。

（五）拜金主义思潮

所谓拜金主义，就是盲目崇拜金钱，把金钱价值当作最高价值，一切价值都要服从于金钱价值的思想观念和行为。拜金主义被看作是造成现代社会物欲横流、道德沦丧的最主要象征。

作为一种金钱至上的价值观念，拜金主义认为金钱是万能的，是衡

---

① 参见广东省邓小平理论和“三个代表”重要思想研究中心《警惕“公共知识分子”思潮》，载《光明日报》2004 年 12 月 14 日。

量人的一切动机和行为的标准。“金钱至上”“没有金钱是万万不能的”是它的典型思想表现。客观地说，拜金主义与人类追求自我利益的思想有关，但拜金主义过分强调金钱的重要性，以至于唯利是图，忘记了精神层面的追求。

1. 主要表现

当下，拜金主义在不同领域、不同人群中都有鲜明的体现。在经济生活中：有的人割裂经济效益与社会效益，片面追求经济效益；一些地区和部门为了部门和单位的利益而牺牲国家和民族的整体利益、长远利益。更有甚者，不择手段地追逐金钱、利益，不仅无视社会公德、践踏市场准则，甚至不惜以戕害他人生命为代价，如金融、证券领域的欺骗诈取、暗箱操作；食品、医药、房地产、建材等领域的假冒伪劣现象等。在政治领域：少数干部把手中的权力作为谋取钱财的手段，出现了不少贪污腐败、行贿受贿、权钱交易、跑官卖官等现象。有的以权谋私、与民争利，把小团体、本部门、本单位的利益置于群众利益之上，乱收费、乱集资、乱摊派，侵害群众利益，甚至中饱私囊；有的贪图享受、大吃大喝、大手大脚、挥霍公共财物等。在文化领域：一些文化、艺术活动被简单地商品化；一些艺术家、明星社会责任感缺失；一些专家著书立说只是为了评职称、捞资本、争名利，直至向金钱唯命是从；等等。

2. 思想根源

拜金主义的产生和蔓延，可以从多方面进行分析，但不外乎思想认识和社会环境、历史因素等。在我国，一般人在义与利的取舍上，以义为先，崇尚舍生取义、杀身成仁。但也有人赤裸裸地宣扬利己主义、享乐主义，如春秋时期的杨朱，就公开宣扬“拔一毛而利天下，不为也”，谚语也有“人为财死，鸟为食亡”，“人不为己、天诛地灭”，“有钱能使鬼推磨”之说。受市场经济法则的影响，这种观念又开始被部分人所接受。

从社会历史的角度看，拜金主义的滋生与市场经济规则不完善有关。我们知道，市场经济有自己的运行规则：一是市场行为主体在经济活动中要遵循等价交换原则；二是市场行为主体在经济活动中要追求利益或利润的最大化。同时，市场经济还是一种“消费经济”，靠消费引导生产，依赖消费拉动经济。结果是：一方面，物质利益和物质财富在推动经济社会发展中的地位和作用突显，这就有可能诱发人的趋利性，刺激人对物或金钱的欲求，从而滋生出对金钱的过分崇拜心理，导致“一切向钱看”。另一方面，“一切向钱看”从经济领域泛化到社会生活的一切领域，一切都要讲等价交换，一切人际关系、社会关系都被看作金钱利益关系。当然，市场经济之所以容易引发拜金主义，与财富和经济活动的符号化也有关系。市场经济离不开商品交换，商品交换离不开货币，作为中介的货币因而成为财富、商品的化身，成为普遍价值的代表，拥有了货币似乎就可以购买一切、占有一切。这就容易使人产生一种错觉，以为货币无所不能，使人产生对货币、金钱的崇拜，从而走向拜金主义。

从拜金主义的产生来说，它表面上是对金钱的崇拜，但这种崇拜的背后实际上是享乐主义、极端个人主义在作祟。一个贪图享乐、极端自私的人在市场经济条件下必然表现为拜金主义。①

3. 主要危害

拜金主义危害严重。从人的发展来看，拜金主义与人的全面发展相背离，剥夺了人的本质的丰富性，把人降低为金钱的奴隶。从社会来看，拜金主义盛行的社会必然是一个物欲横流、人情冷漠、尔虞我诈、人人自危的社会，是一个道德沦丧、信仰缺失的社会。如果任拜金主义泛滥，就会使经济秩序陷入混乱，诚信丧失，就会使诚实劳动得不到回报，使坑蒙拐骗、敲诈勒索大行其道；如果让拜金主义盛行，政府就会失去对自由公正、文明法治等价值理念的主导力，就会失去广大人民群众的信任；如果一切唯金钱至上，整个社会就没有了精神支柱，没有了凝聚力，社会发展就失去意义和价值。

三　当代中国社会思潮的主要影响

（一）对社会主义意识形态建设的积极作用②

在大力推进中国特色社会主义先进文化建设的新时期，由于社会思

① 参见韩庆祥《反对拜金主义》，载《求是》2005 年第 9 期。

② 参见单刚《当前社会思潮的新特点及对我国意识形态建设的影响》，载《洛阳师范学院学报》2011 年第 9 期。

潮的性质、类别和特点不同，它们对我国社会主义意识形态建设的作用和影响也各不相同，其中既有积极作用，也有消极影响，对此必须加以科学分析，正确进行引领。从对社会主义意识形态建设的积极作用来看：

1. 有利于增强我国社会主义意识形态建设的紧迫感和责任感

上述社会思潮的存在和发展充分表明，加强社会主义意识形态建设，特别是用社会主义核心价值体系统一思想认识、凝聚各方力量的任务十分紧迫而繁重。尤其是随着我国改革的日益深入和对外开放的不断扩大，世界多种思想文化和社会思潮与国内思想文化相互交流、相互激荡、相互渗透，这更使我们必将长期面对国际思想文化和思潮的激烈竞争和强大冲击。特别是自“冷战”时期以来，西方资本主义国家对社会主义国家实施的“和平演变”战略就一直没有停止过，在意识形态领域始终与我们进行着一场“没有硝烟的战争”，不断加强对社会主义国家意识形态领域的渗透，企图覆盖或统摄社会主义的思想文化和价值观念。为此，我们必须在大力加强社会主义核心价值体系建设的基础上，加大引领和调适人们价值选择的力度，增强人们对社会主义文化的认同感和国家凝聚力，并力争在世界先进文化发展中取得话语权和主动权。

2. 有利于我们深入贯彻落实尊重差异、包容多样的方针

首先，多种社会思潮的存在，是我国社会多元发展的产物，反映了我国社会发展不均衡的客观现实，这既在一定程度上适应了我国社会不同阶层和不同群体的多元文化需要和价值追求，又给居于主导地位的社会主义核心价值体系的建设和发展提供了思想资源，注入了新的活力。同时，不同社会思潮的争鸣与交流，有利于促进人们的思想解放和观念更新，可以满足人们日益丰富的精神需求，激发创造活力，保持社会发展的蓬勃生机。因此，要充分认识多种社会思潮存在的客观必然性，自觉做到“尊重差异、包容多样”。其次，我国当代社会思潮中积极思潮与消极思潮、进步思潮与落后思潮同时并存、相互渗透、相互作用的特点，要求我们必须认真贯彻落实新时期我国意识形态工作的指导方针，“既尊重差异、包容多样，又有力抵制各种

错误和腐朽思想的影响”①。要坚持以马克思主义为指导，对各种社会思潮进行科学分析，尊重它们存在的合理性及多样性特点，巩固和发展主流思潮，包容与社会主义核心价值体系基本精神不相悖、不抵触的中性思潮，理性批判、坚决抵制消极落后思潮以及其他社会思潮中的有害因素，吸收多种社会思潮中的积极因素，丰富和发展社会主义核心价值体系，着力建设中国特色社会主义先进文化。

3. 有利于促进我们党不断加强和改进对意识形态工作的领导方式和方法

在经济全球化、文化多元化、科技信息化条件下，不仅思想文化、社会思潮多元化，而且其传播、交流和影响社会的方式方法也发生了巨大变化，渠道越来越多，速度越来越快，影响也越来越广，这就使传统的主流意识形态作用于社会的方式方法、信息管理方法受到挑战，特别是主流意识形态的权威性和控制力也会受到影响。要实现社会主义核心价值体系对社会思潮的有效引导和积极整合，一是执政党必须进一步提高对加强意识形态工作重要性的认识，坚持和巩固已被实践证明了的行之有效的领导方式和工作方式，如社会调查、理论培训、集中宣讲、学校教育、专题研讨、媒体宣传，等等。二是积极探索信息化时代党领导意识形态工作的方式，特别要适应新时期信息流动和传播方式的发展变化，坚持规范管理与开放引领相结合，采取与现代信息交流方式特别是现代传媒手段相适应的方式方法，增强管理和引领工作的针对性、科学性，实现对社会思潮的有效引领。三是抓住社会热点和理论界关注的焦点问题，加大研究、宣传和引领力度。如通过组织权威专家编著热点问题解读、开展骨干培训、加强理论宣讲、在主流媒体开辟专题专栏等方式，增强社会主义核心价值观的影响力。四是把解决思想问题与解决社会实际问题紧密结合起来。社会思潮源于社会实践，只有既加强思想理论引领，又切实推进社会现实问题特别是热点问题的正确解决，才能增强马克思主义和党的政策的说服力，实现社会主义核心价值体系对社会思潮的有效引领。

① 《中国共产党第十七次全国代表大会文件汇编》，人民出版社2007年版，第33页。

4. 有利于促进马克思主义理论创新和社会主义文化的发展与繁荣

首先，有利于我们在加强社会主义意识形态建设中解放思想、开阔视野。多种社会思潮从东西方文化交流与研究、我国改革发展、社会现实和热点问题的解决、不同社会阶层和社会群体的利益诉求和价值取向出发，提出了不同的思想、主张或理论体系，反映了它们对我国社会改革发展的希望和要求，在一些方面体现了当今世界文明成果，这既在一定程度上对马克思主义和社会主义核心价值体系形成了挑战，也为加强社会主义意识形态建设开阔了思路，有利于促进社会主义意识形态建设与时俱进、开拓创新。其次，为马克思主义理论创新和社会主义文化繁荣发展提供了思想文化资源。马克思主义发展史充分表明，科学的理论、先进的文化不可能凭空产生，都是在实践的基础上和一定的思想文化生态环境下，不断吸收先进思想文化、批判落后思想和思潮中形成和发展起来的。当今各种思想文化和社会思潮的不断涌现，为我们不断总结新的实践经验，借鉴吸收当今世界有益文明成果，科学地分析、批判落后和错误的思想文化与社会思潮，不断推进马克思主义理论创新和社会主义文化发展，提供了重要的文化资源和条件。最后，可以为党和政府更好地了解社情民意、树立正确的思想观念以及制定各方面的改革政策提供重要的信息来源。改革开放以来，人本主义思潮、生态文化理论、人权理论、后现代主义等当代西方社会思潮先后传入我国，这些思潮中的合理因素对我们树立知识经济观念、民主法制观念、科学发展观念、效率观念、社会均衡发展观念以及推动经济社会科学发展等都具有积极作用。

5. 有利于促进我们更好地坚持社会主义意识形态建设的正确指导原则

首先，有利于我们更好地坚持马克思主义一元指导与社会思潮多元共存相统一。这是由我国意识形态的性质和现阶段多种社会思潮存在的客观必然性所决定的。坚持马克思主义一元指导地位，大力倡导和加强社会主义核心价值体系建设，并不是也不可能消除各种社会思潮。但是，由于社会思潮良莠不齐，存在很大局限性及不良影响，决不能对其放任自流，必须坚持以马克思主义为指导，以社会主义核心价值体系加以正确引领和整合，促使他们向着正确的方向发展。其次，有利于我们牢固坚持社会主义核心价值体系的主体地位。社会主义核心价值体系代表社会主义意识形态的本质与主体，是社会主义先进文化建设与发展的根本所在，是中国特色社会主义正确健康发展的思想文化保障。只有坚持以马克思主义为指导、以社会主义核心价值体系为主体，才能保证社会主义先进文化建设和中国特色社会主义的正确方向，才能有效地引领和整合各种社会思想和社会思潮，最大限度地形成社会共识，凝聚强大的社会力量。

（二）对社会主义意识形态建设的消极影响①

1. 对马克思主义和马克思主义中国化的理论成果提出质疑或挑战，对社会主义主流意识形态的认同产生强大冲击

马克思主义是我们立党立国的根本指导思想，是社会主义意识形态的旗帜和灵魂。坚持和巩固马克思主义在我国意识形态领域的指导地位，是党和人民团结一致、始终沿着正确方向前进的根本思想保证。然而在世界范围内，社会主义与资本主义在意识形态领域的斗争将是长期和复杂的，有时甚至会非常尖锐。各种敌对势力从来没有放弃对我国进行西化、分化的战略图谋，没有停止过搞乱人们思想、搞垮我们国家的破坏活动。从国内情况看，社会思想空前活跃，一些社会思潮从其自身立场出发，提出了各自的价值观念和思想理论体系，如民主社会主义以所谓“自由、公正、团结”的基本价值理念兜售其改良主义思想，否认科学社会主义的历史必然性；历史虚无主义以“重新评价”为名，否定中华文明、否定革命、否定党的历史，主张“告别革命”“全盘西化”，等等，这些都在不同程度上对马克思主义和马克思主义中国化的理论成果提出了质疑和挑战。② 这些思潮的广泛传播和相互作用，很容易造成社会成员的思想混乱，严重冲击人们对社会主义主流意识形态的认同。

① 参见单刚《当前社会思潮的新特点及对我国意识形态建设的影响》，载《洛阳师范学院学报》2011 年第 9 期。

② 参见解松《当前主要社会思潮及其影响》，载《江南社会学院学报》2009 年第2 期。

2. 容易引发多元价值观冲突，干扰人们科学价值观和共同理想信念的确立

社会思潮的多元并存、广泛传播，必将引起多元价值观念之间的冲突。一是体现在社会主义主流价值观与市场价值观念的冲突。建立在市场经济基础上的社会主义主流价值观念，强调集体主义、爱国主义、中国特色社会主义、公正民主等。但受市场经济的影响，我国社会也出现了拜金主义、极端个人主义等极端市场化价值观念，导致一些人理想信念淡漠，价值取向功利化。二是社会主义主流价值观与过时、消极的价值观念的冲突。主要表现在与官本位思想，因循守旧、不思进取、不重效率的观念，狭隘民族主义等思想的冲突，不利于竞争、合作、改革创新精神的培养。三是社会主义主流价值观与多样化社会思潮价值观念的冲突。如民主社会主义打着社会主义旗号大肆兜售其改良主义思想；新自由主义从"人性论"出发，鼓吹极端"个人主义"和"意识形态多元化"，宣扬西方资产阶级政治主张，等等。社会思潮带来的多元思想和西方资本主义价值观念，很容易导致人们价值观念的冲突，造成一些人在价值评价和行为选择上的困惑与迷茫，容易干扰人们中国特色社会主义信念的确立，从而对社会主义主流价值观念和社会政治理想的确立和巩固带来严峻挑战。

3. 容易引发道德失范，破坏社会主义道德风尚

社会主义市场经济的深入发展和多种社会思潮的存在，为马克思主义理论创新和道德进步提供了相应的物资条件和思想资源，为与社会主义市场经济相适应的道德规范的形成提供了多种价值参考，催生了公平正义、民主法治、竞争择优观念以及开拓创新精神等。但是由于拜金主义、亨乐主义、极端个人主义等消极落后思潮的蔓延，又严重干扰了人们的价值判断和道德选择，引发了一些人道德上的迷失与滑坡，如一些社会成员在参与经济活动和处理与他人、社会的关系时，滥用等价交换原则，甚至不惜弄虚作假、违法乱纪、损人利己；有的精神空虚、行为失当，混淆了美与丑、善与恶、荣与耻之间的界限，以丑为美、以耻为荣；少数领导干部丧失人民公仆本色，以权谋私，搞权钱交易、权色交易；等等。这些都严重败坏了社会风气，严重干扰了社会主义精神文明建设特别是社会主义荣辱观的树立，影响社会的文明进步和科学发展。

4. 为青少年教育带来不健康的人文因素，不利于青少年的健康成长和社会的安全稳定

青少年正处在长身体、受教育和成长进步的关键时期。保证他们的健康成长，既需要一定的物质条件，更需要良好的思想道德环境。青少年思想单纯，缺乏社会阅历，识辨能力和自我调控能力较差，面对激进主义、狭隘民族主义以及拜金主义、享乐主义等多种社会思潮，在价值判断、价值取向和道德选择上，往往难辨是非，很容易造成思想和道德上的困惑与迷失，很容易使一些具有偏颇思维和偏激情绪的青少年产生偏激心理和偏激思想，进而容易以激昂的情绪、浮躁的心理以及过激的言论滋生出非理性的行为，影响社会安定。社会思潮的消极作用如果通过青少年辐射到社会大众，后果将更为严重。我国 20 世纪 80 年代受资产阶级自由化影响而形成的学潮，特别是 1989 年的政治风波，就充分说明了这一点。

第三章 社会主义意识形态建设的新使命和新要求

作为社会上层建筑的重要组成部分，居于统治地位的社会意识形态是在一定的历史条件下，人们对世界和社会的系统认识或见解，具体表现为关于政治、法律、哲学、道德、宗教、艺术等的社会学说和观点，是一定社会的统治阶级或利益集团价值取向和思想观点的集中反映，也是其社会思想、政治纲领、行为准则的理论依据。意识形态建立在社会存在的基础上，受社会存在的决定和制约，但在一定社会历史条件下又对社会存在具有巨大的反作用。改革开放以来，中国共产党面临的国内外形势、肩负的历史任务都发生了深刻变化，社会主义意识形态领域也面临着前所未有的新挑战。做好我国新时期的意识形态工作，既事关人们的价值取向和理想信念问题，更事关党和国家的前途命运。

一 社会主义意识形态建设的新形势

处于大发展、大变革、大调整阶段的当今世界，不仅经济发展正发生着新的变化，各种力量对比也出现新态势，思想文化领域的交流交融交锋比历史上任何时候都更加激烈，政治多极化、经济全球化、文化多元化、科技信息化特征日趋明显。在这一背景下，随着我国进一步扩大对外开放、加强对外交流，包括不同价值观在内的世界多元文化与我国以马克思主义为主导的社会主义文化，不仅同时并存，而且相互激荡、相互交融或渗透也将不可避免。就国内来看，我国社会正处于深刻变革和转型时期，社会生活发生巨大变迁，价值追求出现诸多变量，各种社会思潮不断涌现、日趋活跃，对主流意识形态建设以及改革发展稳定都具有重大影响，社会主义意识形态建设面临着前所未有的新形势。概括起来，主要体现在以下几个方面：

（一）经济全球化使和平发展、合作共赢成为意识形态建构的重要内容

对于当代中国的意识形态建设来说，经济全球化是其无法回避的外部环境和国际境遇。20 世纪的世界可以一分为二：前半个世纪，战争与革命相互交织；后半个世纪形成了有利于维护和平、促进发展的总趋势，时代主题从战争与革命逐步向和平与发展转换。当今世界虽然地区性冲突不断、发展竞争激烈，但自“冷战”结束以来，国际力量对比和政治经济格局一直在向有利于世界和平稳定的方向发展，基本形成了政治经济新格局和维持国际形势总体稳定的有利条件。经济全球化、环境一体化的深入发展，更使得国家及地区间的利益关系日渐密切，相互依赖程度也日益提高，世界越来越紧密地联系在一起。综合国力的竞争，已成为不同社会制度竞争的核心。求同存异、合作共赢成为国际关系的一个基本准则，也必将是东西方意识形态建设的基本方向。经济社会的全面改造升级具有首要的政治意义，经济持续健康发展成为任何执政党保持领导权合法性的最根本依据。在各国意识形态建设调整过程中，克服“冷战”思维、不搞对抗是大前提，求同存异是大方向。在经济全球化背景下，发展的机遇和挑战并存。社会主义中国作为经济上相对落后的发展中国家，只有通过改革开放，加快融入现行国际经济体系，积极参与国际经济竞争，并努力争取一个和平稳定的国际环境以加快国内建设。经济优先已成为世界潮流，这是时代进步和历史发展的必然。

正如党的十八大报告所指出的，人类只有一个地球，各国共处一个世界。“推动建设持久和平、共同繁荣的和谐世界，是各国人民共同愿望。”鉴于世界各国的共同利益明显增多，由对抗观念衍生的“零和游戏”只能让位于对话与合作共赢，这是经济全球化大潮显现出来的大趋势。各国相互依存、相互影响达到前所未有的程度。因此，同舟共济、同担责任、共享权利，推动建立更加平等、包容、互信、和谐的世界新型合作伙伴关系，更符合各国人民和全人类的共同利益。在西方发

达国家主导经济全球化的条件下求和平、谋发展，就必须在当今世界“弘扬平等互信、包容互鉴、合作共赢的精神，共同维护国际公平正义”。倡导并积极推动平等互信，就必须在全世界牢固树立联合国宪章的权威，致力于在大小或强弱国家之间实现一律平等，努力推动建立多极世界，着力构建相互尊重、平等互信、民主和谐的国家或地区关系，在此基础上共同维护世界的和平与稳定。倡导并坚持包容互鉴，就要求在追求人类共同进步的目标下，承认文明多样性，尊重各国人民的自主选择和社会制度设计，在相互借鉴中共同促进人类文明发展和共同进步。倡导并坚持合作共赢，就必须切实增强全人类根本利益和命运共同体的理念，引导各国政府和人民既要追求和实现自身利益、谋求自身发展，又必须尊重和兼顾别国正当利益与合理关切，共同致力于构建不同国家间平等合作、同舟共济、权责共担的新型全球发展伙伴关系，在更加平等均衡的发展进程中维护和增进人类共同利益。

（二）改革开放带动中国由传统社会向现代社会转型

改革开放和社会转型成为决定当代中国意识形态建设的客观社会条件。对于改革开放以来我国社会发生的深刻变化，一些社会学家将其概括为“社会转型”。对于改革开放以来中国社会实现的转型发展，有学者将其归纳为六个方面，即从社会主义计划经济体制转化为社会主义市场经济体制；从传统农业社会向现代工业社会转变；从乡村社会向城镇化转变；从计划和封闭社会向开放社会转变；从同质单一性经济社会向异质多样化经济社会转化；从伦理社会向法治社会转化。[①] 总的来说，改革开放以来，中国社会进入了加速实现社会主义现代化的社会转型时期。在这个转型过程中，与计划经济时期的社会体制和社会结构相比，包括社会的就业方式、生活方式、组织形式、社会结构、利益格局、价值观念等在内的整个社会生活和社会结构，都发生了深刻的变化。

改革开放带来的社会转型对社会主义意识形态建设带来了双重影响。一方面，社会转型、经济市场化、社会利益分化的负面效应直接影

① 参见陆学艺、景天魁主编《转型中的中国社会》，黑龙江人民出版社 1994 年版，第 32 页。

响着社会主义意识形态的健康发展。在短短30多年的时间里，面对社会转型带来的社会生活的巨大变化，不同的社会群体和社会阶层在思想认识和价值取向上形成了不同的反应，一部分人的思想观念和认识水平还停留在改革开放前的历史阶段，与社会主义市场经济要求相适应的现代思想理念尚未真正确立；而另有少数人则受外来思潮和资本主义市场经济影响，导致马克思主义指导思想和社会主义价值观淡化，主张完全"市场化"甚至"全盘西化"，等等。这些不合时宜的、落后陈腐的思想观念以及错误的思想理论交织在一起，客观上为多样化社会思潮的形成或传播奠定了一定的社会思想基础，同时也成为社会主义主流意识形态建设和社会主义先进文化建设的不利因素。另一方面，社会转型、经济市场化又为社会主义意识形态建设提供了相应的客观物质条件和社会推动力量。改革开放推动了古老的中国文明和传统中国的现代化。改革开放的30多年，是封闭的中华民族广泛借鉴世界先进文明成果的30多年，是儒家文化与西洋文化风云际会、冲突博弈、交汇交融并孕育出21世纪新型思想文化胚胎的30多年。① 改革开放带来的社会转型异常迅猛异常深刻，深深触动和改变了古老中国深层社会结构和文化结构，中国人的富强梦想正在成真。我们坚信，改革开放和社会转型过程中形成的社会主义核心价值体系，一定能够发展成为具有自身民族特色的中国文化"软实力"，并对人类文明进步做出更大的贡献。

（三）思想文化多元化给社会主义意识形态建设带来巨大挑战

在各国和各民族之间文化交流、交融、交锋日益频繁的时代条件下，由于国家和地区经济、政治发展水平不平衡，不同文化在交流和对话中往往存在着不对等性或单向渗透的问题。这对民族国家的文化主权、文化发展、文化安全带来巨大挑战。② 特别是随着我国对外开放的进一步扩大以及经济全球化的深入发展，西方敌对势力对我国进行思想文化渗透的机会、渠道以及方法手段越来越多，力度也越来越大。与此

---

① 参见郑佳明《中国社会转型与价值变迁》，载《清华大学学报》（哲学社会科学版）2010年第1期。

② 参见李忠杰《深入探讨维护文化安全的思路——〈中国文化安全与意识形态战略〉简评》，载《人民日报》2010年5月10日。

同时，随着国内改革的全面深化，特别是经济体制机制的深刻变革和利益格局的深刻调整，人们的价值观念和价值追求也随之发生深刻变化，广大社会成员思想活动的独立性、选择性、多变性、差异性明显增强。尤其是经济成分和利益主体的多样化，必然带来利益诉求及实现形式的多样化；社会结构的变动与利益格局的变化，必然会促使人们更多地关注自身利益、追求社会利益公平，并以此作为评价和选择某种意识形态的标准。作为变化着的经济生活的能动反映，多种价值观念的出现也便成为必然。而这种多元价值观并存与发展的局面，又不可避免地会给社会主义意识形态建设带来严峻挑战，提出新的要求。

当前，我国思想文化领域正在发生广泛而深刻的变革。鉴于价值观念多元并存及社会思潮的复杂多变，首先必须坚持在与国内外各种错误思潮的激烈斗争中加强社会主义意识形态建设。改革开放初期，党领导开展了反对精神污染和反对资产阶级自由化的斗争，强调要反对拜金主义、享乐主义和极端个人主义等腐朽思想的侵蚀等，对于坚持四项基本原则、维护改革发展大局、保持社会稳定，都发挥了重要作用。进入21世纪以来，我国的改革发展进入攻坚阶段，一些新矛盾和新问题凸显出来，在一些领域出现了怀疑党的基本路线、否定和歪曲改革开放的杂音等。西方敌对势力在政治上鼓吹指导思想“多元化”，标榜所谓的“自由、民主、平等”；在经济上宣扬“私有化”，鼓吹自由市场经济；在文化上传播西方资产阶级文化和价值观念，进行思想文化的扩张和渗透等。因此，坚决反对和抵制国内外各种错误思潮，巩固马克思主义在意识形态领域的指导地位，仍然是加强意识形态建设的重要任务。① 其次，我国社会主义意识形态建设也必须增强借鉴吸收人类优秀文明成果的新理念。随着改革开放的不断深入，西方各种文化思潮不断涌入，正确的与错误的彼此交织，积极的和消极的相互激荡。我们必须学会在复杂多极的世界文明中求共存，从其他文化中汲取有益因素。总体而言，加强当今中国的意识形态建设，必须从切实增强我国社会主义文化软实力着眼，站在成功推进中国特色社会主义事业的战略高度，坚持以马克思主义为指导，立足当代中国实际，适应时代发展要求，坚持尊重差异

---

① 参见祝宝钟《新时期我国的意识形态建设》，载《党建研究》2008年第9期。

性、包容多样性，主动从世界文明中吸取积极向上、健康有益的因素，不断实现自身的发展创新，牢固树立全社会共同的理想信念和基本道德规范，打牢全党全国各族人民团结奋斗的思想道德基础。

（四）信息网络化给社会主义意识形态建设带来巨大冲击

信息网络的兴起使当代中国意识形态建设的环境更加复杂。随着互联网、手机、微博、微信等新兴媒体的迅猛发展，我们目前已处于一个多媒体和自媒体时代。互联网技术的裂变式发展，一方面极大地改变了现实社会生活并促进了人们主体意识的增强；另一方面也使当代社会意识形态建设面临新的机遇与挑战。这主要体现在：一是建立在网络信息技术基础上的虚拟社会改变了传统的思想文化生存条件。网络化打破了传统社会的交往方式，使虚拟生活成为日常生活的重要组成部分，使原来单一的物理生活方式逐渐为“现实生活”与“虚拟生活”双重生活环境所取代。它的兴起日益改变着传统的社会要素分布格局，促进了生产生活方式、社会结构以及人伦秩序的变革，也改变了思想文化的生存、传承条件和发展方式。二是信息网络化导致当代社会意识形态建设环境的复杂化。互联网技术的快速发展和广泛应用，极大地提高了人类传播和利用信息资源的水平和效率，网络的开放性、普及性、社会性、即时性特点更是促进了思想文化和意识形态的多元与互动。在网络世界，不同民族和国家的文化相互交织，各种价值观念互相碰撞，形成了网络信息社会所独有的多元文化共存和即时互动现象。三是信息网络化解构了传统的文化整体主义，对传统意识形态的一元化思想和价值观念带来了很大冲击，对主流意识形态的权威性和影响力造成了巨大挑战。

鉴于上述分析，信息网络化也使当代中国社会主义意识形态建设面临严峻挑战。长期以来，西方发达资本主义国家借助信息网络的便捷手段，充分利用互联网的开放性、互动性、复杂性等特点，在经济、政治、文化等方面加强对社会主义国家的思想文化渗透，尤其注重在政治意识形态方面冲击和挑战社会主义文化思想。就国内而言，随着社会主义市场经济的深入发展，人们的个体性以及社会差异性逐渐增强，我国社会逐步形成了利益多元分层与价值多样多向的现象，同时，互联网和新媒体发展呈现出日新月异之势，已经成为人们和社会传递信息、交流思想观点的重要渠道和方式。由此可见，在网络信息条件下，社会主义主流意识形态建设的复杂性和紧迫性正日益增强。与此同时，我们还应当充分认识到，尽管信息网络化强有力地影响着传统的生产方式、生活方式和文化发展条件，导致当代中国意识形态建设环境更加复杂多变，但是马克思主义理论的科学性和真理性并没有随着网络信息环境的发展而丧失，特别是随着马克思主义理论的与时俱进和中国化、时代化、大众化，她必将放射出更为耀眼的真理光芒。为此，在推进社会主义先进文化建设中，应当充分利用网络信息时代的有利条件，通过制定相应的政策和管控措施，克服其不利因素和消极影响，在大力推进社会主义核心价值体系建设的同时，从战略高度和国际视野广泛借鉴吸收世界优秀文明成果，加强和促进社会主义意识形态与非社会主义意识形态之间的互动与交流，以科学的理论、先进的理念说服人、感染人并走向世界，化挑战为机遇，进而不断增强社会主义文化软实力，牢牢掌握社会主义意识形态建设的话语权和主动权。

二　社会主义意识形态建设的新使命

进入改革开放新时代，我国意识形态建设肩负着坚持与创新、继承与发展的新使命，既要继续坚持并不断巩固马克思主义指导地位，牢牢把握意识形态的正确方向，切实掌握主动权和话语权，又必须在实践的基础上科学回答我国社会变革和时代进步所提出的崭新课题，大力推进社会主义意识形态创新和先进文化建设，在此基础上有效地引领和促进中国特色社会主义沿着正确的方向向前发展。

（一）巩固马克思主义指导地位，牢牢掌握意识形态领域的主导权、主动权和话语权

马克思主义的指导地位是由中国共产党的领导和我国的社会主义性质决定的，更是历史的选择和人民的选择。在国家意识形态领域里，能否坚持和巩固马克思主义的指导地位，这既关乎国家意识形态领导权的问题，又关乎我国社会制度的性质以致中国特色社会主义事业发展的重大问题。作为无产阶级的思想理论体系和科学的意识形态，马克思主义

同一切剥削阶级的意识形态有着本质的区别，它不仅是先进生产力发展要求的代表，而且在本质上体现着无产阶级和广大人民群众的根本利益，因而必然是先进文化建设应当遵循的指导思想。而社会主义的根本政治制度和基本经济制度，既是在马克思主义基本原则指导下建立起来的，又为马克思主义指导地位的巩固提供了制度和社会保障。在改革开放的新时期，只有始终坚持马克思主义的指导地位不动摇，坚持以马克思主义及其中国化的理论成果武装全党，才能保持党的无产阶级先锋队性质，保证党思想上的成熟和政治上的坚定，才能不断提高党的执政能力和拒腐防变能力，进而保证我国改革开放和中国特色社会主义的正确方向。

从根本上巩固并坚持马克思主义的指导地位，首先必须广泛开展对马克思主义的学习。学习并真正弄懂马克思主义，是党内外干部群众坚定马克思主义信仰、自觉抵御资产阶级意识形态的基本前提，也是坚持马克思主义指导地位的必然选择。如果对马克思主义缺乏应有的学习和理解，必然会在各种错误思潮面前失去应有的鉴别力和判断力，甚至犯方向性错误。其次，必须加强对马克思主义的宣传普及工作。马克思主义能够走向世界，不仅在于它本身的理论魅力，也得益于广大信仰者对马克思主义的大力宣传。而加强理论宣传工作是马克思主义政党的一项重要任务，也是坚持马克思主义指导地位的一个重要手段。如果没有对马克思主义的相应宣传，在媒体上听不到相应的声音、看不到相应的文字，自然也就难以发挥马克思主义的指导作用。再次，必须高度重视马克思主义在实践中的具体应用。这是能否坚持马克思主义的关键所在和实际体现。这就要求我们必须牢牢掌握我国意识形态领域的领导权和话语权，既要始终坚持以马克思主义指导思想文化建设，又必须始终在实践中按照马克思主义的世界观和方法论想问题办事情，坚持从实际出发、实事求是的科学精神，在各项改革和建设的实践中把握事物的本质，冷静判断形势、应对各种问题，保证各项工作的正确方向和有效开展。最后，必须大力推进马克思主义的创新和发展。这是坚持马克思主义指导地位的时代召唤。要按照与时俱进的要求，在新的实践基础上不断实现理论创新，把马克思主义中国化和时代化不断推向前进，始终保持马克思主义的蓬勃生机和旺盛的生命力。

（二）加强社会主义核心价值体系建设，巩固全党和全国人民团结奋斗的共同思想基础

在新的历史条件下，要把社会主义意识形态建设提升到一个新水平和新高度，必须在马克思主义世界观、人生观、价值观和方法论指导下，真正树立与优秀传统文化和时代发展要求相一致、符合人类社会发展规律和社会主义建设规律的科学价值理念，着力推进社会主义核心价值体系建设。首先，社会主义核心价值体系是当代中国意识形态的灵魂。这一价值体系作为社会主义价值理念之大成，把执政党倡导的基本理论、社会理想、价值取向等系统而有机地整合起来，构成了社会主义意识形态的核心内容，并在社会主义各种价值系统中处于统摄和支配地位，决定着我国社会主义意识形态的性质和发展方向。同时，作为我国当代社会价值实践和价值创新的最新理论成果，显然是全国各族人民思想认识和价值取向的最大“公约数”，因而可以在全社会有效地发挥统一思想、凝聚力量的作用。其次，社会主义核心价值体系是我国社会主义制度的内在精神之魂。这一价值体系作为社会主义制度的本质要求，源于中国特色社会主义建设实践，代表的是我国最广大人民的价值共识和共同利益追求，进而也引领着我国社会的未来发展方向。最后，这一价值体系是我国各族人民团结进取、奋发图强的强大精神支柱。面对复杂多变的国际形势和社会主义初级阶段的基本国情，中国特色社会主义建设虽然取得了举世瞩目的辉煌成就，但在前进的道路上不可能一帆风顺、一路坦途，还会遇到各种艰难险阻。社会主义核心价值体系作为科学而明确的思想指南，必将指引全党和广大社会成员坚定不移地朝着中华民族伟大复兴的目标而奋斗。

在新的时代条件下推进社会主义核心价值体系建设，就是要通过打牢全社会的思想道德基础，着力提升中国特色社会主义文化建设水平。从国内来看，新世纪以来，我国社会已进入一个新的发展时期，呈现出“经济体制深刻变革，社会结构深刻变动，利益格局深刻调整，思想观念深刻变化”的特征，我国正面临着前所未有的发展机遇和挑战。这就要求我们必须从中国特色社会主义事业全局出发，根据实现中华民族伟大复兴中国梦的战略要求，通过大力加强并积极推进社会主义核心价

值体系建设，不断地增强全民族的凝聚力和向心力。从国际上看，一方面，和平发展、合作共赢成为国际社会的广泛共识和普遍要求；另一方面，包括文化软实力在内的综合国力竞争日趋激烈，各种思想文化之间的相互激荡和相互渗透前所未有，加之西方敌对势力一直没有放弃对我国实施和平演变战略。这就要求我们在大力发展经济、不断增强国家硬实力的同时，必须大力弘扬中华文化，特别是大力加强体现社会主义本质要求、代表社会主义意识形态灵魂的社会主义核心价值体系建设，以切实维护我国意识形态安全和文化安全，增强我国的综合实力和核心竞争力。

（三）增强社会主义文化软实力，建设社会主义文化强国

“文化是民族的血脉，是人民的精神家园。”① 中国自近代以来虽历经磨难，但自强不息的中华文化精神唤醒了处于苦难中的中华儿女，一次次为中华民族的解放和发展壮大提供了强大的精神动力和智力支持。改革开放以来，中国共产党作为优秀传统文化的弘扬者和社会主义先进文化建设的倡导者，着眼于民族振兴和中国特色社会主义的全面发展，在社会主义先进文化建设上迈出了新步伐。进入全面建设小康社会新时期以来，中国共产党根据形势发展的新变化和广大人民群众对精神文化生活的新要求，在深化文化体制改革方面适时作出重大决策和战略部署，从而吹响了在新的时代条件下建设社会主义文化强国、实现社会主义文化大繁荣大发展的号角。

在新的时代条件下建设社会主义文化强国，要求中国共产党人必须始终代表中国先进文化的前进方向，并制定正确的方针政策和切实有效的措施，着力推动和实现社会主义文化的繁荣发展，着力提高国家文化软实力，更好地发挥先进文化的教育、引领和服务作用。具体来说，一是必须坚持正确的指导原则和发展道路。必须始终坚持以马克思主义为指导，保证文化改革和文化建设不至于偏离正确方向。在此基础上，坚持着眼于满足人民群众精神文化上的需求，充分发挥人民群众在文化建设中的主体作用。应当深入贯彻“二为”方向和“双百”方针，特别

① 《十七大以来重要文献选编》（下），中央文献出版社2013年版，第558页。

是在文化产品创作生产中，要牢固树立以人民群众为中心的价值导向，深刻反映改革开放和中国特色社会主义建设的伟大实践，充分体现中华儿女克难攻坚、勇于创新的精神风貌。同时积极推进优秀文化传承体系建设，从源远流长的传统文化、激昂奋进的革命文化、丰富多彩的民族文化中合理汲取营养因素，筑牢中华民族的精神家园。二是必须以行之有效的政策措施把文化强国建设的各项任务落到实处，为增强中华文化整体实力和竞争力提供量的积累和质的提升。应始终坚持社会效益优先的前提下，努力实现经济效益和社会效益二者的统一。要通过不断深化文化体制改革，特别是不断完善有关奖惩激励政策措施，努力营造有利于高素质文化人才和领军人物健康成长、高质量文化产品和精品力作大量涌现的良好社会环境，从而促进文化产业的健康、可持续发展。要积极推动文化业态融合、创新，打造传输快、覆盖面广的文化传播和服务体系，更好地满足人民群众多样化的文化需要。要大力实施文化领域对外开放政策，在积极借鉴吸收世界优秀文化成果的同时，加快实施中华文化走出去战略，实现中外文化的交流、互动、互鉴、创新，着力提升中华文化的水平、魅力和国际影响力。

三　社会主义意识形态建设的新特点

正如党的十七大报告所指出的，新时期最鲜明的特点是改革开放。改革，其核心问题是解放和发展生产力，不断调整和优化社会利益关系。开放，最根本的是自觉打破封闭半封闭的发展状态，主动改变中国与世界的关系，积极借鉴吸收西方发达国家的先进经验、资金、科技和人才，着力发展壮大国家的经济实力。而改革开放的前提是思想的解放和观念的更新，改革开放的过程和结果也从根本上改变了我国传统意识形态相对封闭和单一的文化环境。在三十多年改革开放的实践中，我国社会主义意识形态建设始终坚持以马克思主义为指导，始终坚持“解放思想、实事求是、与时俱进”，始终坚持“高举旗帜、围绕大局、服务人民、改革创新”，始终坚持在实践中检验和发展真理，并在与中外错误思潮及思想观念的斗争中坚持和发展了马克思主义，从而使我国社会主义意识形态的建设始终充满生机与活力，由此也形成了新时期中国特色社会主义意识形态建设的新特点。

（一）“中国特色”成为意识形态建构的基本价值取向

改革开放所体现的意识形态变革，着眼点在于阶级斗争已经是局部的、次要的社会矛盾。一方面，社会主义基本制度确立和建成之后，社会主义社会的阶级斗争主要反映在意识形态领域。为此，我们必须牢牢把握住思想文化领域的主动权。思想舆论是革命的先导，在新民主主义革命时期，通过武装斗争取得政权是大规模发展新的生产关系从而推动社会生产力大发展的先决条件。社会主义革命胜利之后，为捍卫国家主权和社会主义政权，对于国际敌对势力的“西化”、分化图谋等意识形态领域的公开较量，比如资产阶级自由化思潮等，绝不能放松警惕、放弃斗争。另一方面，在社会主义建设时期，意识形态领域问题的彻底解决，最终有赖于社会主义社会创造出高于资本主义社会的劳动生产率，实现社会的全面发展，孤立地强调意识形态领域的斗争不符合社会的现实和历史的真实。实事求是是马列主义、毛泽东思想的精髓。在社会主义初级阶段，根据中国共产党对我国社会主要矛盾的正确判断，意识形态领域的建设和斗争必须服从和服务于经济建设这个中心，必须服从和服务于实现改革发展稳定和中华民族伟大复兴这个大局。改革是中国的第二次革命。鉴于一度片面夸大阶级斗争、片面夸大意识形态方面作用的失误，面对新时期全面建设小康社会特别是建设社会主义先进文化、增强国家文化软实力的新使命和新要求，迫切需要着力构建能够反映中国特色社会主义发展规律、体现时代精神、代表全党全社会基本价值取向、凝聚价值共识的核心价值体系，以确立新的历史条件下社会主义意识形态建设的总基调。

改革开放以来，我国意识形态建构面临着两大历史性课题：一是如何解决传统与当代的平稳对接，保持意识形态的连贯性问题；二是如何围绕党的工作重心转移，努力体现当代中国改革发展的新形象问题。前者要求坚持马克思主义的世界观和方法论，后者要求以“四个现代化”为中心进行实践探索和理论创新。两者的结合与统一，要求当代中国社会主义意识形态建设的核心理念必须凸显“中国特色”的价值取向。所谓“中国特色”，是指马克思主义基本原理与中国具体实际相结合所形成的实践特色和理论特色。其中，“中国特色社会主义道路是其实现途径，中国特色社会主义理论体系是其行动指南，中国特色社会主义制度是其根本保障，三者统一于中国特色社会主义伟大实践”[①]，“中国特色”这一概念表明，一切价值判断和是非曲直，都必须以是否有利于解放和发展生产力、是否有利于提高人民群众的物质文化生活水平、是否有利于增强我国的综合国力为根本标准，决不能离开这些根本标准去搞那些抽象、无谓的争论。因此，必须牢固坚持“一个中心、两个基本点”的基本路线，继续深化改革、扩大对外开放，充分借鉴吸收全人类优秀文明成果，有效推动社会主义生产力的快速健康发展，实现全国人民生活水平的切实提高；必须始终坚持意识形态建设的社会主义方向，不断创新能够有效整合多元价值取向和多样化社会思潮的科学理论体系，以更好地引领各种社会力量为中国特色社会主义共同理想而奋斗。

（二）尊重差异、包容多样成为意识形态建构的现实需要

在全面建设小康社会的新时期，我国意识形态建设面临着十分有利的社会条件。党中央的高度重视和坚强领导，为意识形态建构提供了根本保证；党的思想理论建设的与时俱进，为意识形态发展指明了方向；改革开放以来我国建设社会主义市场经济的伟大实践及其巨大成就，为意识形态建设提供了坚实的物质基础和丰富的思想源泉；社会各界和全国各族人民对中国特色社会主义事业的广泛参与和大力支持，为意识形态建设提供了广泛的群众基础和良好的社会环境。但同时必须看到，处于大发展、大变革、大调整时期的当今世界，一方面，经济全球化、政治多极化、信息网络化深入发展，国际间的相互联系日益紧密，相互尊重、和平发展、合作共赢成为国际间的广泛共识；另一方面，霸权主义和强权政治依然存在，并以新的方式干预世界，国际竞争更趋激烈，热点问题和地区冲突此起彼伏，不确定、不安全、不稳定因素明显增多，恐怖主义、金融危机、环境恶化等非传统安全威胁日益突出，各种思想文化在更大范围和更深层次上相互激荡、相互渗透前所未有。这些既有

① 《中国共产党第十八次全国代表大会文件汇编》，人民出版社 2012 年版，第 12 页。

利于我们学习借鉴世界各国的有益文明成果，为社会主义意识形态建设提供必要的精神营养；同时也必将使我们长期面对西方发达国家思想文化的挑战和激烈竞争，维护国家意识形态安全和文化安全的任务也必将更加艰巨。

与此同时，当代中国正在进行广泛而深刻的社会变革。特别是随着改革的全面深化和社会主义市场经济的深入发展，产生了多种社会组织和社会阶层，形成了多种所有制经济并存和公平竞争的局面，人们的就业方式、分配方式、生活方式和利益关系等日趋多样化，社会利益格局出现深刻变化。与之相适应，人们思想活动的独立性、选择性、差异性明显增强，思想文化领域多元、多层、多变的趋势更加明显，出现了在马列主义、毛泽东思想和中国特色社会主义理论体系一元思想主导下，传统思想观念、与社会主义市场经济相适应的各种新思想新观念、多种社会思潮并存，主流价值体系的导向性与非主流思想观念的复杂性同时存在的局面。对此，只有坚持尊重差异、包容多样，通过社会主义核心价值体系建设的不断巩固和深化，不断增强社会主义主流意识形态的引领力，持续扩大其引领的广度和深度，才能在多元中立主导，在多样中谋共识。

尊重差异、包容多样是形成社会共识的前提。如前所述，与我国改革发展形势相适应，当前我国存在着多种思想观念和社会思潮并存的新格局。着眼于全面建设小康社会和构建社会主义和谐社会的新要求，必须尊重和充分考虑社会各阶层、各社会群体的合理诉求和价值选择，并依法保护他们的正当利益，为形成广泛社会共识创造良好的政策和社会环境。尊重差异、包容多样也是我们党“为人民服务，为社会主义服务”和“百花齐放，百家争鸣”方针在我国新时期意识形态建设中的具体运用。在社会主义核心价值体系引领下，坚持尊重差异、包容多样，有助于积极整合各种思想观念、社会思潮和文化形态，可以更好地弘扬中华民族精神和时代精神，丰富和发展社会主义核心价值观和人民群众的精神文化生活，最大限度地形成思想共识，凝聚建设中国特色社会主义的强大合力。①

---

① 参见单刚《科学引领我国当代社会思潮论析》，载《中州学刊》2011 年第 2 期。

（三）意识形态的感性化和生活化趋势日益明显

每一个国家、每一个民族、每一个人都必须有精神支撑。保持社会的健康和谐发展，必须充分发挥文化陶冶情操、凝聚力量、提振信心、鼓舞士气的重要功能。文化产品作为一种精神产品，必然是某种经济基础、政治制度和社会生活在精神世界中的反映，必然体现某种价值观念、道德追求或生活态度，而在其消费及传播的过程中，也必然会对广大消费者和社会成员的思想认识、价值观念及道德实践等产生程度不同的影响。改革开放以来，我国意识形态建设在理论与实践上的重大战略性转变，就是把意识形态工作纳入以经济建设为中心的社会主义现代化建设全局。其中，文化要素越来越成为意识形态建设的重要组成部分；社会主义意识形态建设及其作用发挥，也逐步由主要通过政治方式和行政手段向以先进文化引领为主的方式转变，社会主义意识形态的感性化特征日益增强。而作为意识形态内核的社会主义核心价值观和核心价值体系，日益与文化有机结合，并逐步渗透到学术研究、学科建设和国民教育之中，进而通过学术话语加以表达，通过学术思潮加以传播，通过日常教育加以引导，借助道德实践和文化消费加以广泛传播，最终渗透到人们的生活世界，内化为人们的价值取向和行为准则。

改革开放以来，日常生活领域的复杂状况对社会主义意识形态的巩固与发展构成了严峻挑战。在全球化过程中，西方发达国家总是不失时机地把资产阶级意识形态镶嵌在西方文化中输入中国，造成人民群众在学习和日常生活中不断受到西方意识形态潜移默化的影响。伴随着网络时代的到来，快速发展的互联网不仅信息传播量大、传播速度快、信息更新及时，并且具有高度的开放性和交互性特点，这就更为西方资本主义意识形态的渗透提供了可乘之机。因此，要牢牢掌握意识形态工作的领导权和主导权，就必须在日常生活领域对西方意识形态的渗透保持高度警惕，采取有效的防范和反击措施，将马克思主义意识形态日常化、生活化。基于此，中共十六届六中全会站在构建社会主义和谐社会的战略高度，明确提出了建设社会主义核心价值体系的重大战略任务。在准确把握新的历史条件和时代特征、认真总结国内外意识形态建设经验的基础上，中共十八大站在建设社会主义文化强国的战略高度，进一步提出了积极培育并在全社会普遍践行社会主义核心价值观的新命题，并分别在国家层面倡导富强、民主、文明、和谐，构建共同奋斗目标；在社会层面倡导自由、平等、公正、法治，创造适宜人文环境；在个人层面倡导爱国、敬业、诚信、友善，构建良好人际关系。尤其注重通过宣传教育、示范引领、实践养成等方式，“坚持联系实际，区分层次和对象，加强分类指导，找准与人们思想的共鸣点、与群众利益的交汇点”，“坚持改进创新，善于运用群众喜闻乐见的方式，搭建群众便于参与的平台，开辟群众乐于参与的渠道”①，以增强社会主义核心价值观的吸引力感染力。

四　社会主义意识形态建设的新要求

在三十多年的改革开放实践中，面对各个发展阶段的国内外形势和文化建设环境，中国共产党在意识形态建设实践中紧紧围绕建设中国特色社会主义这一根本任务，始终坚持以马克思主义为指导，始终立足我国社会主义初级阶段这个最大的实际，并把两者有机地结合起来，实现了坚持与创新、继承与发展的有机统一，卓有成效地推进了马克思主义中国化和社会主义先进文化建设，既从根本上保持了社会主义意识形态的连续性，又顺利实现了我国社会主义意识形态建设的与时俱进，充分体现了新时期社会主义意识形态建设的新要求。

（一）塑造富于时代特征的“当代中国形象”

意识形态问题的实质，是体现执政党和国家的执政理念和自身形象问题，进而又关系着执政党和国家政权的国内和国际认同问题。因此，意识形态问题可以说就是执政党的思想路线问题。改革开放以来，中国在向何处去特别是举什么旗、走什么路的问题上，亟待中国共产党人做出正确判断和科学回答。这是关乎中国前途命运，也是关乎“当代中国形象”的大问题。对此，邓小平站在新的时代高度，坚持实事求是

① 中共中央办公厅：《关于培育和践行社会主义核心价值观的意见》，载《人民日报》2013年12月24日。

的科学态度，深刻总结我国社会主义建设正反两方面的经验，进行了不懈探索，作出了科学回答。他在总结“文化大革命”的教训时，着重强调“实事求是”是马列主义、毛泽东思想的精髓，如果丢弃或背离了这一精神，势必会“给党的事业带来很大的危害，使国家遭受到很大的灾难，使党和国家的形象受到很大的损害”。在关于“什么是社会主义”的问题上，他排除各种错误思想干扰，明确指出我们所要坚持的社会主义，必须是切合中国实际、有中国特色的社会主义，必须是生产力快速发展和人民物质文化生活不断改善的社会主义。并特别强调“发展是硬道理”，社会主义的本质就是“解放生产力，发展生产力，消灭剥削，消除两极分化，最终达到共同富裕”①。新时期以来，历届中央领导集体关于“发展是党执政兴国的第一要务”、坚持和贯彻“科学发展观”“全面建设小康社会”“构建社会主义和谐社会”“实现两个一百年奋斗目标”“实现中华民族伟大复兴的中国梦”等著名论断，都凸显了中国共产党人治国理政的新思想和新探索，实现了马克思主义在当代中国的新发展，也向世界展示了“当代中国的新形象”。

概括起来，“当代中国形象”主要包括三个方面的内容：第一，立足中国发展、紧跟世界潮流的改革开放形象。在当代中国，改革开放成为多种价值观冲突的焦点，也是全社会核心价值观培育和创新发展的社会根源。在新的时代条件下，中国共产党带领人民进行的改革，就是要使人们的思想从那些不合时宜的观念中解放出来，使我国的社会生产力从那些僵化的体制机制中解脱出来。同时要加快对外开放步伐，加强同各国人民的交流与沟通，充分借鉴吸收各国人民创造的一切有益成果，以此不断增强我们的自主创新能力，引领全党全国各族人民为实现国家富强、民族复兴、人民幸福的伟大中国梦而阔步前行。第二，对外和平发展、对内团结民主的合作稳定形象。作为当今世界上最大的发展中国家，我们必然面对加快发展的各种挑战和复杂局面；作为一个崛起中的世界大国，我们必须正视和面对世界霸权主义、超级大国和其他不友好国家设置的障碍以及施加的各种压力。而能否正确应对挑战、化危为机、营造改革发展的有利环境，关键在于能否树立对内团结民主、对外

---

① 《邓小平文选》第3卷，人民出版社1993年版，第373页。

和平发展的良好形象。第三，坚持独立自主、不信邪、不怕鬼的敢于负责形象。面对世界多极化和复杂多变的国际形势，为了有效树立负责任大国的形象，与世界各国一道共同应对全球性挑战，我们必须坚决反对各种形式的霸权主义和强权政治，坚持“和平共处”五项原则，坚决维护国家主权、安全和发展利益，决不屈从于任何外来压力。在处理国际和地区事务中，只要我们秉持公道、伸张正义，依据事情本身的是非曲直来确定立场和政策，独立自主、敢于负责的中国形象就会逐步树立起来。

（二）以爱国主义为核心进行意识形态话语创新

爱国主义是中华民族生存和发展的强大精神动力。正如列宁所述，爱国主义是由于千百年来巩固起来的对自己祖国的一种最深厚的感情。纵观中国历史，爱国主义已广泛渗透于中华民族精神的各方面，成为中华民族团结奋斗、克难攻坚的精神纽带。从春秋战国，经魏晋唐宋，到明清时期，中华民族精神完成了自己“传统的”发展历程，孕育并奠定了“自强不息”“鼎新革故”“厚德亲民”“居安思危”等中华民族精神的基本形态和未来走向。从洋务派“师夷长技以自强”到戊戌变法、辛亥革命对政治制度的变革，再到五四新文化运动对思想文化的启蒙，以爱国主义为核心的中华民族精神在近代中国的深重危机与苦难中孕育而出，爱国主义开始成为中华民族精神的鲜明主题。如果说五千年中华文明奠定了中华民族精神的丰富内涵，那么，近代中国的民族危机和深重灾难则直接赋予中华民族精神以爱国主义的核心内容。

自中国共产党成立以来，继承和弘扬中华民族精神，始终贯穿于党领导的中国人民革命事业和中华民族解放事业之中，贯穿于中国社会主义革命、建设和改革的全过程。在新的时代条件下，在推进意识形态话语创新的实践中突出爱国主义这一核心内容，上承中华民族优秀文化传统，下合中国特色社会主义事业现实要求；既是坚持社会主义核心价值取向及原则立场的需要，又有利于彰显中华民族的整体利益和实现中华民族的伟大复兴。

推进社会主义意识形态话语创新，还必须正确理解全球化背景下阶级性话语与所谓“人类性话语”的冲突。改革开放以来，中国特色社会主义理论体系的话语重组突出了爱国主义这一内核。就其本质来说，这一话语体系中的爱国主义，就是着眼于建设中国特色社会主义和实现中华民族伟大复兴的新型爱国主义。它既不是故意模糊意识形态标准和界限的折中主义，更不是故步自封或与世界文明相对立的狭隘民族主义，而是中国共产党立足于我国主体部分实现社会主义的客观现实和“一国两制”的基本原则，既承继中华文明优秀传统和党的革命传统，又理性面对世界多种文明交融互鉴的新形势，团结带领全国各族人民和海内外中华儿女为实现国家富强、民族振兴、人民幸福的“中国梦”的共同思想基础和强大精神支柱。而所谓的“人类性话语”或“普世价值”，只不过是资产阶级有意掩盖其剥削阶级的政权性质及其资本主义思想本质的谎言，它与我国以爱国主义为核心的社会主义话语体系所体现的鲜明的阶级性、民族性、时代性、开放性特征存在着本质的差异。为此，中共十六届六中全会正式把“以爱国主义为核心的民族精神”确立为社会主义核心价值体系的基本内容。中共十八大以来，爱国主义价值理念进一步融入社会主义核心价值观，成为新的历史条件下激励海内外中华儿女为实现中华民族伟大复兴而不懈奋斗的强大精神力量。

（三）坚守社会主义意识形态底线不动摇

在实行对外开放、实施走出去和引进来发展战略过程中，我们也面临着不容乐观的国际形势，集中表现在：在西方发达国家主导下形成的世界政治经济秩序中，为发展中国家设置了一系列不平等规则；我们要获得一些发展机遇或条件，可能不得不在一定程度上接受一些不平等的现行规则。改革开放的最大风险，就在于我们的社会主义制度在与西方资本主义的全面接触中会否被颠覆。西方某些国家总是不失时机地为中国的发展设置障碍，总是力图左右中国的现代化进程，企图让中国在国际社会上屈从于他们设就的规则。对此，邓小平早就明确指出：“任何外国不要指望中国做他们的附庸，不要指望中国会吞下损害我国利益的苦果。”① 中国的国情和历史发展都已经表明，中国的现代化不可能通

① 《邓小平文选》第 3 卷，人民出版社 1993 年版，第 3 页。

过西方的发展方式来实现，而必须走有本国特色的社会主义改革发展道路；当代中国的改革开放并非向西方看齐，而是对现有社会主义制度的自我完善。而保持社会主义意识形态的稳定性和连贯性，不仅直接关系着我国的政治稳定和社会的和谐健康发展，而且关系着我国社会主义事业的兴衰成败。诚然，随着时代发展和社会主义建设不断与时俱进，马克思主义理论中的有些观点可能暂时对社会主义某个阶段的具体实践不具有指导作用，但这并不意味着它永无价值，更不代表其整个理论体系失去指导价值。改革开放以来，中国特色社会主义事业的稳步健康推进和中国特色社会主义理论体系的创新发展，都充分表明马克思主义在新的时代条件下所焕发出的强大生机与活力。

实践证明，改革开放为中国特色社会主义事业开拓出了广阔的发展前景。而改革开放的每一步，无一不是在马克思主义及其中国化理论成果指导下进行的。首先，改革开放实现了社会主义社会生产力的解放和发展。社会主义的根本任务是解放生产力和发展生产力。如果不实行改革开放，就不可能实现生产力的解放和发展，也就不可能开创中国特色社会主义事业的新局面。改革开放作为中国的第二次革命，只有在马克思主义理论的正确指导下才可能真正地打破“左”的僵化的思想束缚而加以自觉地进行。历史已经雄辩地证明，只有真正坚持马克思主义，才能不断改革和完善束缚生产力发展的生产关系，实现生产力的真正解放和发展，进而使广大群众的物质文化生活水平得到切实提高，使社会主义国家的核心竞争力和综合实力得到切实增强，并最终体现出社会主义制度优于资本主义社会制度的特点。其次，改革开放为实现社会主义消灭剥削和消除两极分化奠定了可靠的政治、经济、文化、社会基础。消灭剥削和消除两极分化是社会主义区别于资本主义的首要标志。社会主义改革的每一个步骤，社会主义向前发展的每一阶段，都为社会主义的发展进步，都为消灭剥削和消除两极分化奠定了更为坚实的物质文化基础。最后，改革开放是实现共同富裕的根本途径。社会主义的根本目的是实现共同富裕，这也是社会主义与资本主义在发展目标上的本质区别。社会主义也是以物质利益为基点的，它只有富强起来，才能够证明自身的优越性。可见，探索和开拓中国特色社会主义道路，既为我国未来发展指明了正确的目标和方向，也为实现发展目标提供了根本保障；

这不仅是为中国人民谋福祉，也是对人类文明进步和世界和平发展做出的重大贡献。

（四）维护意识形态安全，增强国家文化“软实力”

提升文化软实力，是确保社会主义意识形态安全的必然选择。文化软实力是指文化在文化共同体内及不同文化共同体之间产生影响、吸引、感召和凝聚作用的无形力量。文化软实力在人类社会发展历史上一直扮演着维护国家意识形态安全的重要角色。人类今天经历的全球化时代，是一个真正意义上的文化时代。文化时代的到来，使文化安全成为人类面临的不可回避的文化境遇。在全球化过程中，文化作为国家力量中软力量的组成部分，日益成为国家意识形态安全的有力保障，同时也是唯一能够渗透到任何领域、联结国家实力各要素的关键。国家在全球化时代的竞争开始由硬实力的竞争转向软实力的竞争，软实力已经成为国家抵制全球化消极因素的重要武器。随着网络信息时代的到来，人们不仅看重国家的硬实力，更看重承载其硬实力的软实力，尤其是文化软实力已经成为一个国家的一种核心竞争力，也是维护国家安全的重要力量。因此，这就要求人们不仅必须高度重视文化建设，而且必须着力加强文化建设，进而切实提升文化建设的层次和水平，对内增强文化号召力和凝聚力，对外扩大文化亲和力和吸引力，最终形成广泛的价值认同与文化认同，从而改变人们的精神面貌，使文化更加充满生机和活力，达到实现维护国家意识形态安全的目的。①

当代国际文化发展形势告诉我们，意识形态安全与否直接取决于文化软实力的强弱。詹姆斯·彼得拉斯曾在《二十世纪末的文化帝国主义》一文中开门见山地指出：“美国文化帝国主义有两个目标：一个是经济的；一个是政治的。经济上是要为其文化商品攫取市场，政治上则是要通过改造大众意识来建立霸权。”这就把美国通过意识形态的隐性扩张，进而确立文化霸权的目的揭露无遗。这也进一步表明：意识形态领域的斗争并没有结束，意识形态安全一直是社会主义现代化建设面临

---

① 参见张宗伟《文化软实力建设与维护我国意识形态安全》，载《东岳论丛》2012 年第 10 期。

的文化境遇。中国作为社会主义国家，更有必要从社会主义意识形态安全的战略高度，来看待当今世界文化领域的安全问题，努力探索一种社会主义意识形态安全战略意义上的应对之策，不断增强中国特色社会主义文化的自身魅力和凝聚力，不断扩大其国际影响力和向心力。从根本上来说，必须坚持以社会主义核心价值体系为引领，既要弘扬中华优秀传统文化、实现文化认同，又必须坚持与时俱进，大力推进社会主义先进文化建设，着力提升其国际竞争力，进而确保社会主义意识形态安全。

第四章　以社会主义核心价值体系引领和整合社会思潮的内在必然性

不论是从内涵、特征还是从其重要地位、基本功能来看，抑或与社会的其他价值体系相比较而言，社会主义核心价值体系在引领社会思潮方面都具有显著的自身优势和内在必然性，因而也就成为引领社会思潮的根本思想保证。

一　社会主义核心价值体系的科学内涵及基本特征

（一）科学内涵

社会价值观和价值体系均属于社会意识范畴。根据历史唯物主义的基本观点，社会经济结构、阶级阶层结构决定社会意识结构、社会意识形态结构，而社会意识结构、社会意识形态结构能动地反映着社会经济结构及阶级阶层结构。在阶级社会，不论是统治阶级的意识形态还是被统治阶级的意识形态，其核心部分必然是它所代表的阶级阶层的价值观及价值体系。由是观之，在任何社会的价值体系中，只有代表统治阶级利益、在社会意识形态中处在核心地位并且发挥着统摄与主导作用的，才称得上一个社会的核心价值体系。在当代中国，由马克思主义指导思想、中国特色社会主义共同理想、以爱国主义为核心的民族精神和以改革创新为核心的时代精神、社会主义荣辱观构成的社会主义核心价值体系①，既是中国特色社会主义制度的本质要求和广大人民群众根本利益的价值体现，又在我国社会意识形态中必然居于统领地位并实际发挥着

① 参见《十六大以来重要文献选编》（下），中央文献出版社2008年版，第661页。

主导和决定的作用。

分析社会主义核心价值体系的科学内涵：

第一，必须准确把握这一价值体系的灵魂——马克思主义。作为无产阶级的世界观和方法论，马克思主义揭示了自然界、人类社会和人的思维发展的最一般规律，阐明了社会主义的发展目标及其实现道路，实现了人类思想史上的根本性变革，不仅具有科学性和革命性有机统一的理论品质，而且早已成为无产阶级及其政党认识世界和改造世界的强大思想武器，因而必然是无产阶级及其政党的根本指导思想，从而也必然是社会主义意识形态特别是社会主义核心价值体系的根本指导思想。历史的经验已经充分表明，中国共产党只有自觉而正确地坚持以马克思主义为指导，才能很好地代表中国无产阶级和广大人民群众的根本利益，并在实践中成功地领导和推进我国的革命、建设和改革；反之，就会使中国革命或建设遭受挫折或失败。

第二，要准确把握社会主义核心价值体系的主题——中国特色社会主义共同理想。任何一种社会制度及社会形态都必然有着共同的社会理想，而这个共同理想往往是这一国家和民族的统治阶级从其根本利益出发，并在长期的实践探索中逐步概括凝练而成的共同价值目标，也是一个国家和民族发展进步的强大精神动力，因而必然成为这个国家和民族的价值主题。在中国共产党领导下的社会主义中国，其核心价值体系的主题当然就是代表中华民族根本利益的中国特色社会主义。三十多年来，伴随着改革开放的日益深入，特别是我国社会经济成分以及组织形式、人们的就业方式和收入分配方式等的日益多样化，不同阶层和社会群体的利益诉求和价值观念也不可避免地出现多样化现象。但是，我们必须清醒地认识到，在现代社会条件下，如果离开国家和民族的共同理想，任何个人和团体的理想和根本利益都难以真正实现。因此，这就迫切需要在充分尊重人们不同的利益诉求及价值观念的同时，必须立足我国实际和时代要求，树立起能够代表全社会根本利益的共同理想，以有效地凝聚价值共识和社会力量。实践充分表明，中国特色社会主义有效地凝聚了当代中国最广大人民群众的根本利益，反映了我国社会各阶层和各利益群体的共同愿望，实现了国家富强、民族振兴与个人幸福的有机统一，具有广泛的代表性和强大的凝聚力，是当代中国社会科学发展、中华民族振兴崛起的必然选择，也是历史和现实的有机统一。

第三，要准确把握这一价值体系的精髓——以爱国主义为核心的民族精神和以改革创新为核心的时代精神。一般而言，爱国主义往往是指社会个体或集体热爱和忠诚于自己祖国的思想、态度和情感，集中表现为对祖国的热爱和眷恋之情，以及民族自尊心、民族自信心和民族自豪感，对祖国独立、统一、振兴的强烈期盼以及为之而献身的精神。民族精神是民族文化最本质、最突出的体现，它又是以爱国主义为核心的。历史已经充分证明，一个没有高尚品格和奋斗精神的民族，是难以自立于世界民族之林的。只有高举爱国主义旗帜，才能最大限度地激发和凝聚全社会的智慧和力量，最大限度地增强实现中华民族伟大复兴的情感纽带与精神力量。时代精神尽管相对抽象，但它来自最新的实践，最能反映社会进步的方向，表征时代发展的潮流，能够为人们所感知，具有强大的感召和激励作用，很容易被广大社会成员认同和接纳。在当今中国，改革创新已成为最鲜明的时代特征。而以改革创新为核心的时代精神，正是马克思主义与时俱进的理论品格、中华民族富于进取的思想品格与改革开放和现代化建设实践相结合的伟大成果，早已深深地融入我国社会生活的各方面和改革发展的全过程，并且已经成为我国社会发展创新和实现中华民族复兴崛起的强大精神动力。

第四，要准确把握这一价值体系的基础——社会主义荣辱观。胡锦涛曾明确指出，社会主义荣辱观主要是指“坚持以热爱祖国为荣、以危害祖国为耻，以服务人民为荣、以背离人民为耻，以崇尚科学为荣、以愚昧无知为耻，以辛勤劳动为荣、以好逸恶劳为耻，以团结互助为荣、以损人利己为耻，以诚实守信为荣、以见利忘义为耻，以遵纪守法为荣、以违法乱纪为耻，以艰苦奋斗为荣、以骄奢淫逸为耻”[①]。这就旗帜鲜明地为广大社会成员明确价值取向、作出道德判断和道德选择，指明了最基本的价值标准和行为规范。一定的荣辱观是一定社会的核心价值体系得以确立及其功能得以发挥的道德基石。而任何社会的核心价值体系，又只有渗透到社会成员的道德意识之中，内化为社会成员的道德观念和道德原则，并被广大社会成员用以指导自己的道德判断和道德

---

① 《十六大以来重要文献选编》（下），中央文献出版社 2008 年版，第 317 页。

行为，其核心地位才能真正确立，主导功能才能真正得以发挥。因此，判断一个社会形成了怎样的核心价值体系，最根本的是看它以怎样的荣辱观作为道德基础。社会主义荣辱观正是以特定的视角精辟地概括了社会主义核心价值体系的最基本内容，因此，它不仅是这一价值体系不可或缺的重要组成部分，也是联系该价值体系各方面内容的精神纽带，更是践行这一价值体系所必需的最基本的道德要求。同时，树立社会主义荣辱观又是推动全社会形成道德价值认同、进而实现从道德价值观念到道德价值实践转化的内在动力。作为社会个体的道德认知、价值标准和心理感受，社会主义荣辱观可以使人们在实际生活中得到切实的道德体验和自我反省，进而转化为加强道德修养、提升道德素质的内在动力；作为社会的价值体现，社会主义荣辱观与广大社会成员和良好社会风尚的形成息息相关，可以在社会成员中产生广泛共鸣，进而成为其道德价值判断和行为选择的基本导向。可见，社会主义荣辱观作为我国社会的基本价值准则，在社会主义价值实践活动中，在实现个体与社会、个性与共性、一元主导与多元取向的联系和互动中，都具有重要的价值基础地位及不可替代的价值导向与促进作用。

（二）基本特征

作为社会主义价值理论的新成果，社会主义核心价值体系是我们党从实现国家富强、民族振兴、社会和谐、人民幸福的要求出发，着眼于形成全社会共同价值目标和价值追求，在弘扬中华民族优秀传统文化、借鉴人类有益文明成果、适应时代发展要求的基础上，对社会主义价值理论作出的新概括和对中国特色社会主义文化建设理论的新发展，因而具有自身的鲜明特征。

1. 先进性与广泛性的统一

社会主义核心价值体系的先进性首先反映在其基本内容的先进性上。其中，作为指导思想的马克思主义，是无产阶级的科学世界观和方法论，是已被实践证明了的真理性学说，因而必然是社会主义意识形态的旗帜和灵魂；中国特色社会主义，是我们党以马克思主义为思想指导，密切结合社会主义初级阶段的最大实际和当今时代特点及其发展趋势，在认真总结国内外社会主义建设正反两方面经验的基础上进行长期探索的成果。实践已经雄辩地证明，“中国特色社会主义道路是建设富强民主文明和谐的社会主义现代化国家、实现中华民族伟大复兴唯一正确的道路，实现中国特色社会主义共同理想是全国各族人民的根本利益所在”；以爱国主义为核心的民族精神和以改革创新为核心的时代精神，是中华民族自强不息、薪火相传的文化基因，是中华民族历经磨难而信念愈坚、饱尝艰辛而斗志更强的强大精神支柱，是中华儿女开拓进取、实现民族复兴梦想的不竭动力；社会主义荣辱观“是中华民族传统美德、优秀革命道德与时代精神的有机结合”，既弘扬中华优秀传统美德和优良革命道德，又立足我国改革开放和社会主义市场经济条件下的道德实践，指明了当代中国社会的道德底线和道德发展方向，因而成为广大社会成员评价行为得失、作出道德选择的基本道德标准。

社会主义核心价值体系的先进性还体现在其内涵的系统完整及其有机统一上。这一价值体系既有科学的世界观和方法论为指导，又指明了全社会的共同理想，既提出了来自民族的和时代的精神动力，又提供了各阶层和各社会群体共同的思想道德基础和维系全民族团结和睦的精神纽带，从而构成了一个系统完整的价值体系。这一价值体系既保证了马克思主义的指导地位，又肯定了现阶段我国社会的价值实践和价值成果，既强调了中华民族的根本利益和共同奋斗目标，又体现了社会个体和各社会群体的合理价值诉求，既继承中华民族优秀传统文化，又体现了时代发展脉搏，因而不仅具有先进性，而且具有科学性。

社会主义核心价值体系的广泛性，主要体现在其内容的代表性上。归纳起来，一是代表了我国社会各阶级、阶层和不同群体的根本利益和共同价值取向。与社会主义初级阶段的实际相适应，与改革开放、发展社会主义市场经济、完善社会主义市场经济体制及多种分配方式相适应，人们的思想观念、价值取向、利益诉求等也必然呈现多样化和多层次性特点。作为全社会的共同思想道德基础，社会主义核心价值体系既着眼于国家和民族的整体利益，又立足于我国各阶级、阶层和不同群体的发展要求，充分反映了社会主义初级阶段我国社会各方面不同层次的思想观念、道德实践和价值取向。二是代表了社会个体、集体和整体的根本利益和共同价值取向。社会主义社会个体、集体与整体的利益是辩证统一的关系。中国特色社会主义既从价值理念上，又从社会制度上保障了国家和人民群众的整体利益，也保障了每个人的基本权利和自由全面发展，同时着眼于实现好、维护好、发展好人民群众的根本利益，有效地实现了国家、集体和个人利益的有机统一。三是反映了不同区域和不同民族的实际利益和价值习惯。我国是一个幅员辽阔、民族众多、历史悠久的发展中大国，虽然我们已经建立起代表各民族各地区共同利益的社会主义制度，但由于各民族各地区在文化传统、经济基础、价值习惯等方面客观地存在着一定的差异，这就要求国家的核心价值体系建设必须从这一实际出发相应地予以反映，并在实际工作中认真加以贯彻。不论在指导思想和共同理想上，还是在精神动力及基本道德规范上，社会主义核心价值体系都对不同民族地区的价值传统、实际利益及其与国家的整体利益和价值目标等做出了科学的概括。可见，这一价值体系不仅是先进的和科学的，而且具有合理的包容性和广泛的代表性，因而是这两个方面的有机统一。

2. 民族性与时代性的统一

社会主义核心价值体系的民族性，首先是指它对我国优秀传统文化的继承与创新。正如当今世界的国家大多是民族国家一样，中华人民共和国是一个以 56 个民族为一体的中华民族大家庭，民族利益和国家利益是紧密地联系在一起的。在长期的历史发展中，各民族和睦相处、团结互助，荣辱与共、休戚相关，形成了广泛的共同利益和价值共识，并在实现民族文化的创新发展中创造了以民族精神为核心的博大精深、辉煌灿烂的中华文化。在和平与发展、竞争与创新的时代条件下，构建社会主义核心价值体系既符合中华民族心理、民族风格及民族特性，又弘扬了中华民族优秀文化传统和最深层次的价值追求，因而具有深厚的传统文化基础和浓郁的民族情感。其次是指这一价值体系在作用的发挥上也总是以中华民族文化的方式实现的。任何文化的特性都往往表现为民族性，即文化的民族样态，社会主义核心价值体系也不例外，它不仅以民族优秀文化内涵丰富社会主义先进文化，而且以中华民族自己的方式方法作用于当今中国的经济、政治、文化、社会以及生态文明建设，因而也容易为全民族所认同和接受，并使中国社会主义建设深深打上“中国”烙印，形成了“中国”特色。

社会主义核心价值体系的时代性，首先表现在它植根于以改革创新为特征的中国特色社会主义建设实践，是新的时代条件下我国价值实践的科学结晶。新时期以来，伴随着社会主义市场经济体制的逐步建立和经济、政治、文化、社会等方面改革的全面推进，我国社会生活发生了翻天覆地的巨大变化。与之相适应，人们在思想观念特别是价值取向上也都发生了新的变化，富强、民主、公平、正义、诚信、法治等价值观已逐步成为我国社会的普遍追求。“走中国特色的社会主义道路，建设中国特色的社会主义”，不仅是全党，而且成为全国人民的广泛共识。另一方面，随着对外开放以及经济全球化的深入发展，人们逐步走出了传统的思想文化环境，直接面对世界多种思想文化的相互激荡和交流交融，有了更多借鉴吸收来自国外各种有益思想文化的机会和条件，可以站在时代的高度审视世界文明，但同时也面临着各种非马克思主义、非社会主义或资产阶级腐朽思想文化等的干扰或侵蚀，这就为人们科学价值观的确立和中国特色社会主义理想信念的巩固带来不良影响。可见，新时期以来，一方面，建设富强民主文明和谐的社会主义现代化国家已经成为全国人民的普遍共识和自觉追求；另一方面，也出现了诸如诚信缺失、见利忘义以及拜金主义、享乐主义、极端个人主义等不良社会现象，甚至部分党员干部价值观扭曲、理想信念动摇，以至于腐化堕落、违法违纪。这就迫切需要从实现民族复兴的“中国梦”战略目标出发，牢固树立起能够指引方向、凝聚人心的精神旗帜。其次，表现在这个价值体系体现了中国共产党对执政规律、社会主义建设规律和人类社会发展规律的最新认识成果。历史经验表明，社会发展大都以价值观的有序构建为前提。打造核心价值理念、构建相应的价值体系并使其深入人心，是一个社会走向稳定和成熟的重要标志。因此，统治阶级为了维护本阶级的统治和利益，使已有的社会秩序得以继续维持、社会系统得以正常运转，加强核心价值体系建设往往是他们在思想和价值引领上采取的一项根本性措施，一定程度上也是人民安居乐业、社会繁荣发展的需要。但是，任何社会的核心价值体系无不具有明显的阶级性和时代局限性。因而在剥削阶级社会里，它是剥削阶级进行阶级统治的工具。在深化改革、扩大开放、实现社会转型发展的新时期新阶段，坚持科学的理论指导，确立全社会的共同理想，适时提供实现共同目标的精神支柱和力量源泉，构筑全社会共同思想道德基础，为实现中华民族伟大复兴提供科学的思想引领和强大的精神动力，充分表明中国共产党对自身执政规律和社会主义建设规律的认识更加成熟和自觉。最后，表现在这个价值体系充分体现出鲜明的时代精神。新时期以来，与我国社会主义经济、政治、文化、社会和生态文明建设相适应，逐步孕育和增强了民主、法治、公平、正义、竞争、创新、合作、诚信等一系列价值观念。这些观念反映了时代潮流，体现了人类社会发展的新要求，得到了社会各阶级、阶层和各民族、各社会群体的广泛认同和接受，也必将进一步增强社会主义意识形态的吸引力，更好地凝聚社会共识，激发创新活力，汇聚实现中华民族“中国梦”的强大合力。

3. 系统性与开放性的统一

从系统性来看，社会主义核心价值体系首先对我国社会主义初级阶段特别是改革开放以来价值理论建设的基本问题进行了系统地归纳和概括。新时期以来，伴随着改革的不断深化，我国社会各方面的价值实践和价值创造也在深入发展。与之相适应，社会各阶级、阶层和利益群体也逐步形成了各自不同的价值观念，于是在我国社会主义初级阶段的意识形态里，也就表现出思想观念特别是价值观念的多元化。这一方面可以激发社会活力和创造力，但又不利于人们的思想统一和社会凝聚力的增强。而社会主义核心价值体系的提出，系统地回答了中国特色社会主义建设应当坚持什么样的指导思想，实现什么样的发展目标，提供什么样的精神动力和行为规范等基本问题，为我国的改革开放和未来发展指明了方向，确立了具体而明确的价值标准。其次，表现在这一价值体系内在各要素的相辅相成和有机统一上。其中，作为指导思想的马克思主义，决定了这一价值体系的性质和方向；作为全社会的共同理想，中国特色社会主义为社会各阶层和各社会群体指明了奋斗目标；以爱国主义为核心的民族精神和以改革创新为核心的时代精神，构成了这一价值体系的精髓，并为之提供了动力来源；而作为基本道德准则的社会主义荣辱观，则从基本道德层面为这一价值体系及全社会提供了标准和要求。可见，社会主义核心价值体系“把党的主张、国家意志和人民意愿统一起来，把政治与伦理、理想与现实结合起来”①，不仅内在结构完整、相辅相成、辩证统一，而且形成了“全民族奋发向上的精神力量和团结和睦的精神纽带”。

从开放性来看，首先，社会主义核心价值体系的提出和建设是我国社会主义意识形态建设在新的历史条件下与时俱进的结果。从社会主义核心价值体系的形成与发展来看，开放性不仅是重要前提，而且是必然要求。改革开放以来，面对多样化的社会价值观念及其复杂的价值关系，要保证我国社会的正确发展方向，实现社会的科学健康发展，必须在马克思主义指导下，构建一个既能体现社会主义意识形态本质、整合和引领各种价值观念、代表全社会基本利益诉求和共同价值目标的价值理论形态。而社会主义核心价值体系则完全契合了新的时代条件下我国社会主义意识形态建设的客观要求。其次，这一价值体系的各项内容均具有明显的开放性。它不仅具有对中华民族优秀传统文化的合理继承，而且积极体现了对世界先进文化的合理借鉴和吸收，具有与时俱进的理论品格和开放包容的思想内容。其中，马克思主义理论本身就是时代发展的产物，并得到了实践的证明，因而也必将随着时代的发展而发展；作为马克思主义中国化的重大理论成果，中国特色社会主义是对以马克思主义为指导的中国社会主义建设经验的科学总结，必将随着中国社会主义建设实践而不断地创新发展；对于民族精神和时代精神以及荣辱观来说，无一不是随着历史变迁而承载着不同的时代内涵，无不体现着鲜明的时代特点。可见，社会主义核心价值体系不仅是科学的，而且具有鲜明的开放性，是科学性、系统性与开放性的有机统一。

4. 现实性与超越性的统一

概括地说，社会主义核心价值体系是立足我国社会主义初级阶段实际，对当代中国价值实践和价值创新的科学总结，具有突出的现实性特点。从它的提出来看，首先是我国社会主义事业发展的客观需要。自改革开放以来，围绕着“什么是社会主义、怎样建设社会主义”这一根本问题，着眼于摆脱贫穷落后的社会面貌，中国共产党团结带领全国各

---

① 刘云山：《深入推进社会主义核心价值体系建设　巩固全党全国人民团结奋斗的共同思想基础》，载《党建》2008 年第 5 期。

族人民在实践中不断探索，终于走出了一条在新的时代条件下、在自己的国情基础上建设社会主义的正确发展道路，确立了建设中国特色社会主义、实现中华民族伟大复兴的共同奋斗目标。其次是人民群众的强烈期盼。随着改革开放以及中外思想文化的交流、交融和交锋，我国社会也出现了诸如诚信缺失、道德失范甚至价值观扭曲等负面现象，引起了强烈的社会反响。如果在事关社会主义最根本、最核心的价值观问题上出现了严重偏差，从微观上说会引起人们的思想混乱和行为失范，从宏观上说会危及中华民族赖以生存发展的精神支柱，甚至消解民族凝聚力。因此，提出建设社会主义核心价值体系，既是社会主义先进文化建设的根本要求，也是我国社会朝着正确的方向科学健康发展的需要，事关全社会的整体利益和中华民族的根本利益，因此是全社会和广大人民群众的强烈愿望。

社会主义核心价值体系是对社会主义各种非核心价值体系的扬弃和超越，因而又具有鲜明的超越性。一是表现在对剥削阶级价值体系的超越上。任何剥削阶级的价值体系，往往在本阶级夺取政权以及夺取政权后的一定阶段里具有一定的代表性和合理性，但随着本阶级统治地位的巩固，特别是随着生产力和生产关系的发展变化以及阶级矛盾的激化，其代表性与合理性逐渐丧失，局限性以及剥削阶级的虚伪性、反动性便日渐暴露，最终必然遭到代表先进生产力和生产关系的新社会力量的揭露与抛弃。而代表中国无产阶级和广大人民群众根本利益和基本价值追求的社会主义核心价值体系，则是在马克思主义指导下，既弘扬中国优秀传统文化，又体现时代发展要求，不仅具有时代超越性，而且更是对剥削阶级价值观念的超越。二是体现在它对非社会主义价值观的整合与超越上。在社会主义初级阶段，与社会主义公有制和多种所有制经济发展相适应，反映不同经济组织和社会阶层利益的多种价值观念同时存在，然而如果缺乏代表最广大人民群众根本利益、能被广大社会成员普遍接受的核心价值观或价值体系，就难以形成统一价值目标及价值标准，就会造成极大的思想混乱，也难以形成推动社会进步的凝聚力量。而社会主义核心价值体系立足全社会的价值实践和价值创造，凝聚了各阶层和利益群体的价值共识，是在“尊重差异、包容多样”原则指导下对各种非社会主义核心价值观念的扬弃与超越，其先进性是其他价值观念均无法比拟的。

二 社会主义核心价值体系的重要地位及基本功能

“社会主义核心价值体系是兴国之魂，是社会主义先进文化的精髓，决定着中国特色社会主义发展方向。”中共十七届六中全会做出的这一重要论断，既发展了社会主义意识形态理论，又明确了社会主义核心价值体系在中国特色社会主义事业中的重要地位和基本功能，进而也深化了对社会主义建设规律的认识。

（一）重要地位

1. 社会主义核心价值体系是社会主义先进文化的精髓

文化往往是建立在一定时期的社会生产方式基础上的物质和精神创造，其核心和精髓就是这一时期的价值观念。社会主义先进文化，就是在马克思主义指导下，由无产阶级和广大人民群众根据先进生产力的发展要求，向着共同价值目标共同创造的民族的、科学的、大众的文化。而由“马克思主义指导思想、中国特色社会主义共同理想、以爱国主义为核心的民族精神和以改革创新为核心的时代精神、社会主义荣辱观”构成的社会主义核心价值体系，体现了马克思主义科学理论、中国优秀传统文化、当代中国先进文化和时代精神的有机统一，代表了中国特色社会主义的内在要求，是社会主义先进文化的精髓。首先，马克思主义是已被实践证明了的最科学、最先进、最严密的理论体系，它不仅是中国共产党用以指导中国革命和建设不断取得胜利的理论基础，也是当代中国改革开放、实现中华民族伟大复兴须臾不可缺少的根本思想保证。其次，作为共同理想的中国特色社会主义，既是对当代中国最广大人民群众根本利益的集中体现，也是对科学社会主义理论的丰富和发展。这一理论既遵循科学社会主义基本原理，又立足社会主义初级阶段实际和时代特点，创立了社会主义本质论、社会主义发展阶段论、科学发展观等重要思想；既科学概括了中国特色社会主义建设的实践经验，又是中国改革开放和社会主义事业发展的行动指南。再次，以爱国主义为核心的民族精神和以改革创新为核心的时代精神，凸显了这一价值体系的民族特色和时代风貌。在五千多年文明发展中形成的“团结统一、爱好和平、勤劳勇敢、自强不息”的伟大民族精神，与当代中国“解放思想、求真务实、锐意改革、开拓创新”的时代精神相结合，共同构成了凝聚中华儿女文化认同、激发人民群众创造活力的强大精神动力。最后，社会主义荣辱观通过对“荣”与“耻”价值目标的界定与对比，明确了当代中国的基本道德内涵及行为准则，既提升了中华民族传统美德，又明确和完善了我国社会主义初级阶段的基本道德规范，具有很强的价值整合功能和现实感召作用。

2. 社会主义核心价值体系是社会主义意识形态的核心

建立在社会主义基本制度基础上的社会意识形态，最根本最核心的当然是作为指导思想的马克思主义意识形态，然而也不可避免地存在着与社会主义初级阶段相适应的非马克思主义意识形态，而作为体现社会主义本质要求的价值观体系，社会主义核心价值体系在社会主义意识形态中必然处于核心地位。首先，社会主义核心价值体系是在马克思主义指导下，对全社会价值实践和价值创造的科学总结和高度概括，是马克思主义中国化的重要理论成果。新时期以来，中国共产党团结带领全国人民在围绕“什么是社会主义，怎样建设社会主义”的探索中，坚持以马克思主义为指导，坚持从我国国情和实际出发，从价值的维度揭示了社会主义的本质、特征及当代中国改革发展的主题，科学地回答了“建设什么样的文化、确立怎样的价值取向”这一重大理论和实践问题，在新的时代条件下有效地凝聚了全党和全社会的价值共识。其次，社会主义核心价值体系是对社会主义意识形态的本质体现。在当代中国多种社会意识形态（包括社会思潮）中，唯有社会主义核心价值体系才是对中国共产党根本指导思想、中华民族共同理想、中国人民精神文化和道德要求的高度凝练和有机整合，才能代表我国最广大人民群众的根本利益。最后，社会主义核心价值体系既坚持以马克思主义为指导，又立足当今中国改革开放和社会主义现代化建设实践而不断创新，是中国特色社会主义先进文化建设的重大理论成果，是对科学社会主义意识形态的继承与发展，在经济全球化、政治多极化和文化多元化时代条件下，可以为繁荣发展社会主义文化、加快推进中国特色社会主义事业提供科学而有力的理论支持，因而有利于社会主义文化魅力的增强和我国文化软实力的进一步提升。

3. 社会主义核心价值体系是中国特色社会主义事业的灵魂

首先，这一价值体系是社会主义制度的本质体现。社会主义核心价值体系是在马克思主义指导下，在中国特色社会主义经济基础和生产关系的基础上，既科学总结我国社会主义意识形态建设和广大人民群众价值实践与价值创新的理论成果，又充分体现了社会主义制度的内在要求，因而必将对我国社会的性质和发展方向产生积极的引导和制约作用。其次，这一价值体系的理论发展诉求与中国特色社会主义实践要求高度耦合、相辅相成。作为世界上最大的发展中国家，当代中国要实现现代化，顺利完成向工业社会和现代社会的转型，迫切需要正确的指导思想和科学的价值引导。而社会主义核心价值体系的提出，对于处在转型发展中的中国来说，可谓正当其时。只有深入推进社会主义核心价值体系建设，并在全社会大力倡导并广泛践行社会主义核心价值观，才能筑牢全党和广大社会成员的思想道德基础，进而转化成战胜各种艰难险阻、推动党和国家事业发展的强大精神力量。再次，这一价值体系为我国未来的改革开放和社会主义事业发展提供了科学的价值引领。社会主义核心价值体系是对我国社会主义建设正反两方面经验的科学总结和高度概括。新中国成立以来，我国在推进社会主义建设实践中，既有成功的经验，也有遭遇挫折的教训，但是中国共产党始终能够坚持马克思主义的指导地位不动摇，始终坚定地走社会主义发展道路，特别是自改革开放新时期以来，通过认真总结社会主义建设正反两方面的经验，坚持遵循时代发展要求和社会发展规律，积极探索并廓清了“什么是社会主义，怎样建设社会主义”等重大问题，并在卓有成效地推进改革开放和中国特色社会主义事业发展过程中，形成了中国特色社会主义理论体系及社会主义核心价值体系。而要保证改革开放和中国特色社会主义事业的正确发展方向，就必须牢牢把握社会主义核心价值体系这个灵魂，并在实践中坚持以此为指导。

（二）基本功能

1. 引领功能

明确价值原则及目标，在交流互动中尽可能地实现对各种社会思潮的引领与整合，这是社会主义核心价值体系应当具备的一项重要功能。改革开放以来，我国社会逐步进入了一个中外文化交融、利益诉求多样、思想观念多元的时代，社会主义先进文化、中外传统文化和有益文化、封建主义和资本主义腐朽思想、各种消极落后文化等同时存在，正确、积极、进步的思想与错误、消极、落后的思想相互交织，多种社会思潮相互激荡。在这一时代背景下，如果没有一整套科学的价值体系加以引领，很容易使广大社会成员的思想处于无所适从的混乱之中，甚至会影响社会稳定。因此，充分发挥社会主义核心价值体系的主导作用，并以其先进性、系统性、开放性等特点有效实现对社会思潮及社会思想的引领，就显得尤为重要而迫切。特别是要有效破解当今的理论热点和改革发展中的难点等问题，必须牢记全社会的共同理想或价值目标，才能抓住事物的本质，揭示事物的本来面目，准确把握事物发生发展的基本规律，才能更好地统一人们的思想，明确前进的方向。社会主义核心价值体系的提出，则恰恰契合了我国社会发展的新形势对社会主义意识形态建设的新要求。

2. 凝聚功能

社会主义核心价值体系从不同层次和不同视角深刻体现了全民族和广大社会成员的共同愿望及价值诉求，实现了先进性与广泛性、民族性与时代性、系统性与开放性、现实性与超越性的有机统一。其中，马克思主义代表了中国共产党及广大人民群众的世界观和价值观，揭示了人类社会发展的基本规律；中国特色社会主义共同理想是中华民族的根本利益之所在，代表的是全民族的共同价值目标；以爱国主义为核心的民族精神和以改革创新为核心的时代精神，凝聚了中国人民开拓进取、实现民族伟大复兴的不竭动力；社会主义荣辱观凝聚了现阶段我国人民的道德实践和道德追求。也就是说，这一价值体系在统一全社会的意志和愿望、汇聚全党和全国各族人民的思想和行动方面，具有不可替代的重要作用。历史经验表明，共同的社会行为是以共同的价值观为前提的。在当代中国，要凝聚建设中国特色社会主义、实现中华民族伟大复兴的强大社会力量，就必须切实巩固和扩大社会主义核心价值观及价值体系认同。

3. 规范功能

保持社会的正常运转与和谐稳定，既需要健全的法纪约束，又需要科学合理的思想道德体系的规范和引导。尤其是在社会变革和转型发展时期，如果缺乏正确的思想引导和合理的道德约束，就会造成巨大的思想混乱，使广大社会成员进退无据、行为失范，正常的社会秩序和良好的社会风尚也就难以形成。可见，在深化改革、扩大开放的时代背景下，要保持社会稳定及和谐有序运转，并形成激励创新创业和加快推进中国特色社会主义现代化建设的良好价值导向，就必须抓住社会主义核心价值体系建设这个根本和关键。从我国当下全面深化改革和加强价值引领的实际需要而言，这个价值体系不论对于广大社会成员行为习惯的养成和思想道德素质的提升，还是对于提高人们的认识水平、统一人们的思想等，都具有十分重要的规范和引导作用。其中，马克思主义指导思想在人们科学世界观、人生观和价值观确立的过程中，既提供了真理性标准，又给予了方法论指导；中国特色社会主义既指明了中华民族的正确发展方向，又为全社会提供了明确的奋斗目标；新时期的民族精神和时代精神，既为实现民族复兴提供了强大精神力量，又明确了这一动力的科学内涵及来源基础；社会主义荣辱观不仅具体明确地体现了核心价值体系的基本内容，而且为广大社会成员辨别荣耻美丑、作出道德选择、判断行为得失、校正道德标准提供了基本道德规范，既有先进性导向，又有广泛性要求，有效地解决了“人们的行为如何规范”的问题。

4. 整合功能

这一功能首先体现在社会主义核心价值体系形成的时代要求上。如前所述，在我国社会深刻变革、转型发展以及利益多样、价值多元的历史阶段，要实现社会的和谐有序和科学发展，在党和国家正确把握改革方向、加强社会治理、发挥市场调节作用的同时，还必须切实加强意识形态建设，特别是要通过有效引领和整合各种价值观念，尽可能地统一社会思想认识。而社会主义核心价值体系的提出正逢其时，它以自身内容的科学性和先进性、鲜明的民族性和时代性以及广泛的代表性，为其整合作用的发挥创造了条件，契合了我国改革开放的时代要求。其次，体现在它对我国社会各阶级、阶层、社会群体以及各民族、各地区价值观念和价值追求的有效凝聚上。这一价值体系高度概括了我国社会各方面价值实践和价值创新的最新成果，与全社会各阶级、阶层、社会群体以及各民族、各地区的价值观念和价值追求存在着最大“公约数”。这一价值体系要求党和国家的各级领导机构以及各种社会组织，在实际工作中要最大限度地代表和维护最广大人民的根本利益，正确处理国家、集体、个人之间的利益关系。同时它也要求社会各阶级、阶层、社会群体以及各民族、各地区，要正确地认识和处理自身与国家、集体、他人的关系，自觉地把自身的利益和价值追求与国家的整体利益和价值目标辩证地统一起来。可以说，随着社会主义核心价值体系宣传普及工作的日益深入及其自身建设的不断深化，其价值整合和思想引领功能也必将得到更加有效地发挥。

三　社会主义核心价值体系的自身优势

作为中国特色社会主义价值实践的新概括和价值理论的新发展，作为中华民族精神、改革开放时代精神和社会主义意识形态本质要求的充分体现，社会主义核心价值体系不论就其内涵的科学性与现实合理性，还是就其广泛的代表性和鲜明的时代性来看，它在引领多样化社会思潮中相对于其他任何理论或思想体系都具有无法比拟的优势。

（一）社会主义核心价值体系充分体现了社会主义意识形态的本质要求，具有引领和整合社会思潮的先进特质

首先，作为这一价值体系灵魂的马克思主义为引领和整合社会思潮提供了根本思想保证。一方面，马恩从自由资本主义时期的社会制度及其客观实际出发，在批判地吸收和借鉴前人优秀理论成果的基础上，以前所未有的科学世界观和方法论创立了包括辩证唯物主义和历史唯物主义、政治经济学、科学社会主义在内的马克思主义科学理论体系。特别是通过创立辩证唯物主义与历史唯物主义，为人类揭示自然界、人类社会及其思维发展规律提供了科学的哲学理论；劳动价值论和剩余价值学说的创立，使政治经济学成为研究社会生产关系及其发展规律的科学；通过对资本主义的内在矛盾和人类社会发展的基本规律的系统研究，不但使社会主义必然代替资本主义的客观规律得以深刻地揭示，更为无产

阶级最终推翻资产阶级的反动统治提供了强大的思想理论武器。而当资本主义发展到帝国主义阶段，列宁在继承马克思主义的基础上，根据垄断资本主义的不平衡特点，创立了无产阶级革命可以在个别资本主义国家取得胜利的理论，并通过创立俄国布尔什维克党，率领本国工人阶级首先取得了十月革命的伟大胜利，在俄国建立起世界上第一个社会主义国家，使社会主义从空想变为现实。从另一方面看，作为一个开放的理论体系，马克思主义必将在社会主义建设和改革的实践中得以不断地丰富和发展，实现与时俱进，进而为社会主义事业的健康发展提供科学的理论指导。在六十多年社会主义革命、建设和改革的实践中，中国共产党始终着眼于实现中华民族伟大复兴的战略定位，始终致力于实现最广大人民群众的根本利益诉求，始终把马克思主义作为自身的行动指南，坚持紧密结合各个历史时期的重大战略任务，在实践中先后围绕着"建设一个什么样的国家，怎样建设这个国家""什么是社会主义，怎样建设社会主义"等一系列重大理论问题，以马克思主义的科学世界观和方法论作出了一系列正确而有力的回答，为我国的社会主义革命、建设和改革提供了坚强的思想指导，引领着中国社会主义事业不断地从胜利走向新的胜利，并先后形成了马克思主义中国化的一系列重大理论成果，为世界社会主义运动和科学社会主义理论的创新发展作出了卓越的贡献。

其次，社会主义核心价值体系以社会主义基本制度为基础，具有引领和整合社会思潮的根本制度保障。它在经济上以实现共同富裕为价值目标，指导我国社会在科学发展中实现眼前利益与长远利益的有机统一；在政治上以广泛的民主为前提，倡导民主法治、公平正义，着力构建社会主义和谐社会，因而可以更好地保护和促进广大劳动者相对充分地提高自身素质、实现自身价值，是有效抵制各种剥削阶级腐朽思想根本思想武器。在当代中国，不仅在"主义""制度"问题上存在着不同观点，而且在走什么样的发展道路、采取怎样的发展方式以及经济管理手段等问题上，始终是社会思潮争论的焦点。近年来，加快解决城乡差别和区域发展差别、保护环境和节约资源、减缓就业压力以及解决社会治理滞后等方面的问题，已经成为解决制约我国经济社会发展问题的必然要求，同时也是我国社会主义意识形态建设必须面对的现实问题。随着中国特色社会主义经济、政治、文化、社会、生态文明建设的迅速发展及制度的日益完善，特别是随着“全面建成小康社会、全面深化改革、全面依法治国、全面从严治党”战略布局的深入实施，人民群众的物质文化生活水平进一步提高，我国已成为世界第二大经济体，综合国力显著增强，和谐社会建设成效显著，中国特色社会主义焕发出强大的生机与活力，这些为社会主义核心价值体系有效发挥引领作用既提供了根本的制度保障和强大的国家支持，又增强了无可辩驳的说服力。

最后，社会主义核心价值体系体现了社会主义主流意识形态的本质要求，在引领和整合社会思潮中有着不可比拟的先进性和主导性。作为当代中国主流意识形态的中国特色社会主义理论体系，既有马克思主义这一灵魂的科学指导，又完全建立在社会主义经济基础之上，是由作为执政党的中国共产党和国家公共权力推行的意识形态，是当代中国意识形态的灵魂与核心，因而必然在社会精神生活领域居于统治和主导地位。中国特色社会主义理论体系不仅具有真理性品格，而且具有浓厚的中华民族风格和鲜明的时代特色，是当今世界“高势位”的国家意识形态。一方面，体现在这一理论体系坚持以马克思主义世界观和方法论为指导，立足我国基本国情和中国特色社会主义建设实践，着眼于实现全民族各阶层和各社会群体的共同利益，紧紧地抓住了中华民族振兴发展的“根本”问题；另一方面，体现在它科学地回答了中华民族在实现伟大复兴进程中遇到的一系列重大问题，并引领全民族创造了当今世界经济社会发展的奇迹，为我国迎接新挑战、走向新胜利提供了强大的思想理论武器。

（二）社会主义核心价值体系对多样化社会思潮具有广泛的适用性和强大的整合力，能够最大限度地发挥引领作用

首先，社会主义核心价值体系的开放包容品质使其实现与时俱进、不断增强理论魅力成为可能。这一价值体系的开放性，是指其立足社会实践、面向社会现实，根据改革开放和社会主义市场经济发展的新趋势、新特点及新要求，不断地对当今中国的价值实践和价值创造进行科学总结和概括，同时积极借鉴和吸纳古今中外各种有益的思想成果，实现对自身的不断丰富和发展。马克思主义科学发展史告诉我们，任何科

学的理论都不可能凭空产生，而是立足社会实际，在积极汲取先进思想文化成果和批判落后思潮的基础上不断创新的结果。马克思主义之所以能够在我国得到广泛传播，并且能够不断实现历史性飞跃，最根本的原因就在于中国共产党始终坚持将其基本原理同本国的革命、建设和改革实际紧密地结合起来，并自觉地从各种先进的思想文化中吸收营养，同各种腐朽落后的思想观念和社会思潮作斗争，进而不断实现党的理论创新和发展。在当今中国社会转型、体制改革和科学发展的新时期，社会主义核心价值体系的建设与完善，正是中国特色社会主义价值理论与时俱进、创新发展的结果，特别是其适应时代发展要求、科学概括中国特色社会主义价值实践和价值创造的结果。

这一价值体系的包容性，主要体现在其对古今中外科学价值观的充分借鉴和合理吸收上，体现在对我国社会主义市场经济条件下多种非核心价值观的尊重上。不可否认，社会转型期的复杂局面为多样化社会思潮的产生和发展提供了条件，特别是当今中国社会的经济结构和阶级阶层结构都处于深刻变动之中，多种所有制经济成分的蓬勃发展，层出不穷的社会组织以及新社会阶层的大量存在，多样化就业方式、社会分配方式、生活方式和利益关系的不断出现，都为社会思潮的形成提供了诱因。反映在思想层面，公众思想认识的多样、多变、复杂而活跃，传统的价值观念与各种新思想新观念的深刻碰撞，都使不同利益主体形成不同价值标准、不同价值判断、不同价值选择成为可能。但在各种价值体系中，只有代表社会主义意识形态本质、代表全社会根本利益并具有开放包容品质的核心价值体系，才与其他价值观念及社会思潮有着最大的“公约数”，才能实现对多种社会思潮合理价值诉求的包容与整合。

其次，巨大的理论魅力增强了社会主义核心价值体系的吸引力和说服力。主要体现在：一方面，社会主义核心价值体系把社会整体、集体和个体的价值诉求和价值目标有机地统一了起来。作为社会主义制度本质和宗旨的体现，这一价值体系的先进性和代表性是其他任何价值体系无法比拟的，它要求党和国家各方面的工作必须以人民的根本利益为出发点和落脚点，尊重社会个体和各社会群体的利益诉求，积极呵护和保障他们的合法权利。同时又要求他们把自身利益与国家和社会整体利益有机地统一起来，特别是当个体及群体利益同国家或集体利益发生矛盾时，必须自觉地服从国家或集体利益，从而在全社会凝聚起了价值共识。另一方面，社会主义核心价值体系能够增强民族凝聚力。邓小平在会见日本前首相中曾根康弘时曾说：“要团结就要有共同的理想和坚定的信念。我们过去几十年艰苦奋斗，就是靠用坚定的信念把人民团结起来，为人民自己的利益而奋斗。没有这样的信念，就没有凝聚力。没有这样的信念，就没有一切。”[①] 社会主义核心价值体系源于广大人民群众的价值实践和价值创造，代表我国最广大人民群众的价值追求，因而也必将成为全社会统一思想、凝聚力量的强大精神支柱，汇聚起推动中华民族振兴发展的强大合力。社会主义核心价值体系已经成为中国共产党和全国各族人民团结奋斗的共同思想道德基础，这是已被我国半个多世纪社会主义建设和三十多年改革开放伟大实践证明了的。新时期新阶段，随着“四个全面”战略布局的大力推进和中国特色社会主义事业的健康发展，社会主义核心价值体系必将焕发出更加强大的理论魅力和价值引导作用。

（三）社会主义核心价值体系是对社会主义价值实践的科学概括，具有很强的实践性和可操作性

首先，这一价值体系的价值目标充分体现了国家和全民族的根本利益，能够在全社会统一思想、形成共识。正如刘云山所指出的，“社会主义核心价值体系既是精神理念，也蕴涵着现实的目标追求。社会主义核心价值体系的现实目标就是团结动员全党全国各族人民为建设富强、民主、文明、和谐的社会主义现代化国家而奋斗”[②]。他强调，“‘富强、民主、文明、和谐’这八个字，凝结了中国特色社会主义的要义，体现了社会主义核心价值体系的精髓。”其中，“富强”体现了人民幸福和民族振兴的根本要求。中国近代以来的历史告诉我们，落后就要挨打，富强才能造福中国人民，才可能使中华民族自立于世界民族之林。三十多年改革开放的实践进一步证明，走中国特色的社会主义道路，才

① 《邓小平文选》第3卷，人民出版社1993年版，第190页。

② 刘云山：《深入推进社会主义核心价值体系建设　巩固全党全国人民团结奋斗的共同思想基础》，载《党建》2008年第5期。

是实现国家富强和民族振兴的唯一正确道路。“民主”充分体现了中国共产党人的一贯价值追求，高度凝练了社会主义制度的政治本质。中国共产党自成立那天起就以实现人民民主为己任，所领导的革命斗争就是新民主主义革命。新中国成立以后，为建设人民当家作主的新中国，党领导人民群众在各个历史时期都进行了坚持不懈的实践探索，并先后实行了党内民主、人民民主、协商民主等一系列民主形式。我们坚信，只有社会主义民主才是无产阶级和广大劳动群众真正的民主。“文明”不仅是社会主义的重要特征，更是广大人民群众在推动社会文明进步的过程中进行价值实践的结果，因此，丝毫离不开广大人民群众的价值实践和价值创造。它不仅是社会发展进步的一个重要标志，也是实现社会主义更高发展阶段的价值引导力量。当下，随着改革的全面深化和对外开放的日益扩大，中国特色社会主义各项事业的稳步健康发展，作为社会主义制度之魂的社会主义核心价值体系，必将有效凝聚价值共识、助推社会主义文化强国战略的实施，在实现社会主义文化大发展大繁荣中充分发挥引领和主导作用。“和谐”不仅是社会主义现代化国家的本质属性和基本特征，也是当今时代凝聚改革力量、保证社会稳定、推动科学发展、实现民族复兴的必然要求。在国际风云复杂多变、国内改革任务异常艰巨、经济社会发展进入新常态的当下，我们正面临着前所未有的机遇和挑战，只有坚持从战略高度、着眼于长远，牢牢抓住社会主义和谐社会建设不放松，才能够保证社会和谐稳定，进而实现人民群众物质文化生活水平日益提高、社会自由民主、公平正义、和谐有序的发展目标。

其次，社会主义核心价值体系是广大人民群众的精神动力之源，具有精神统摄、凝聚和创新等整合功能。就其精神统摄功能而言，由于马克思主义被中国共产党确立为根本指导思想，这就决定了它必然成为社会主义意识形态的旗帜和灵魂。在社会处于转型期的当下，公众的生活方式和道德观念呈现多样化特点，价值取向也处于多样化发展阶段，若不及时用科学的价值观念和价值体系加以引领，势必影响公众的价值认同和价值判断，最终不利于改革发展正能量的汇聚，甚至会导致人心涣散的不良局面。因此，唯有以马克思主义引领多种价值观念，才能为和谐社会建设提供相应的文化认同基础和价值追求目标。从其精神凝聚功能来看，意识形态建设的基本规律早已表明，在一个没有共同理想和价值目标的社会里，广大社会成员的思想观念必将处于一种无序状态，社会向心力和凝聚力也将无从谈起。而在社会主义核心价值体系中，中国特色社会主义这一价值主题高度概括了全国各族人民的共同愿望和根本利益，指明了国家富强、人民幸福和民族振兴的光明前景，因而对于统一人们的思想认识、凝聚全社会各方面的力量，必将发挥强大的推动和促进作用。就其精神创新功能来看，一个国家和民族，只有经济发展是不够的，必须同时以一定的文化自觉和先进的文化成果来加强具有时代特色的民族文化建设。在当代中国，能够从根本上代表全社会的整体利益和价值诉求、凝聚人民群众的价值共识、激发社会创新活力的，只有社会主义核心价值观及核心价值体系。而就这一价值体系的内容来看，马克思主义的指导地位和引领作用已毋庸置疑；但如果没有以爱国主义为核心的民族精神，没有代表时代最强音的改革创新精神，不难想象广大人民群众自强不息、开拓创新的精神动力从何而来；如果没有中国特色社会主义共同理想，又怎样凝聚全社会的价值共识，进而唤醒广大社会成员和各社会群体将自身的价值诉求自觉地融入国家和民族振兴的共同理想之中？综上可知，社会主义核心价值体系统摄、凝聚、创新功能的有效发挥，必将能够使全社会的价值观念从分散走向集中，从分化走向融合，从多样走向统一，进而整合为超越于个体和群体的强大精神合力。

最后，社会主义核心价值体系科学归纳了社会主义基本道德规范，为广大社会成员的道德认知及价值判断提供了基本遵循。特别是社会主义荣辱观，从八个方面明确概括了当今中国的社会道德标准，既继承了中华民族传统美德，又体现了鲜明的时代特征，是对当代中国社会道德取向和行为准则的最基本要求，具有很强的现实针对性和客观必然性。一方面，它汲取了中国传统伦理“耻感文化”的积极因素，以“荣”与“耻”相对应的方式明确了当今中国社会应当遵循的基本道德规范，从而丰富和发展了“耻感文化”的内涵和外延。根据美国文化人类学家路丝·本尼迪克特的观点，“耻感文化”是东方文化区别于西方“罪感文化”的一个显著特点。[①] 几千年来，中华民族始终把有无廉耻之心作为评判人的思想和行为的重要道德标准之一，注重发挥“耻感文化”在提升个人品质、培育社会公德方面的积极作用，从而在长期的道德实践中培育了本民族求荣取义、避辱明耻的优良品格，并使得这一道德文化成为深深植根于中华民族灵魂深处的传统美德。另一方面，社会主义荣辱观是社会主义道德在新的时代条件下的创新与发展。1982 年通过的我国《宪法》和中共十四届六中全会作出的《关于加强社会主义精神文明建设若干重要问题的决议》，都对我国公民的社会公德提出了具体而明确的要求。如 1982 年《宪法》明确提出，我国全体国民要“爱祖国、爱人民、爱劳动、爱科学、爱社会主义”；中共十四届六中全会《决议》还强调，“大力倡导文明礼貌、助人为乐、爱护公物、保护环境、遵纪守法的社会公德，大力倡导爱岗敬业、诚实守信、办事公道、服务群众、奉献社会的职业道德，大力倡导尊老爱幼、男女平等、夫妻和睦、勤俭持家、邻里团结的家庭美德”。在此基础上，中共中央于 2001 年 9 月颁布的《公民道德建设实施纲要》，进一步明确地对我国公民的基本道德规范作出了具体规定。在新的历史条件下，以“八荣八耻”为主要内容的社会主义荣辱观的提出，结合新的时代特征和社会发展新阶段的新要求，为新时期的社会主义道德建设指明了方向，它不仅丰富了社会主义的基本道德规范，而且进一步发展了社会主义价值理论。随着它的不断普及和深化，不仅会对每一个社会成员的价值认同和道德选择发挥重要指导作用，并且必将对社会主义先进文化建设、对良好社会风尚的形成等产生重大而深远的影响。

---

① 参见本尼·迪克特著：《菊与刀》，吕万和等译，商务印书馆 2005 年版，第 222 页。

第五章　以社会主义核心价值体系引领和整合社会思潮的原则与方法

对于以社会主义核心价值体系引领社会思潮这一十分复杂的系统工程，仅凭简单的理论说教或就事论事地处置问题的方式均无济于事，必须真正坚持以马克思主义为指导，立足当今社会实际，尊重意识形态建设规律，按照“体现时代性、把握规律性、富于创造性”的总要求，坚持引领工作的正确指导原则，明确引领工作的基本要求，积极探索行之有效的路径和方式方法。

一　基本原则

以社会主义核心价值体系引领当代社会思潮，要根据中共十七大和十八大精神，着眼于建设社会主义文化强国，坚持宣传教育、示范引导、实践养成与制度建设相衔接，通过社会主义核心价值观和核心价值体系的大力倡导和培育，使之成为广大社会成员的价值共识及共同追求。具体而言，应坚持以下基本原则：

（一）坚持一元主导和主动引领，确保我国意识形态建设的正确方向

根据当代中国意识形态建设的新形势、新任务和新要求，首先必须切实巩固社会主义核心价值体系在我国意识形态领域的主导地位，强化其在中国特色社会主义事业中的特殊功能和作用。在马克思看来，任何

时代居于主导地位的思想无一不是统治阶级的思想体系。[①] 正如中共十八大报告所指出的，“社会主义核心价值体系是兴国之魂，决定着中国特色社会主义发展方向”。作为处于主导地位的意识形态，社会主义核心价值体系具有其他价值体系无法比拟的影响力和凝聚力，它为实现全社会广泛而深刻的价值认同提供了一个多角度和多层次的价值观系统。在当今社会，社会思潮的多元化趋势确实客观存在。人们受物质生活方式和自身利益的影响，也必然会产生不同的价值观念。为此，必须着眼于中国特色社会主义事业发展全局，着眼于实现我国最广大人民的根本利益和中华民族伟大复兴，始终把巩固和加强社会主义核心价值体系的主导地位作为我国意识形态建设的根本任务和重中之重，并用以批判各种社会思潮的错误思想和引领其他价值体系，以实现全社会基本价值标准和共同价值目标的统一。

作为一个内涵丰富、层次多样的价值观系统，社会主义核心价值体系科学地概括了包括各类社会群体和个体的基本利益诉求在内的基本价值诉求，可以增强各方面和各层次社会成员的归属感。坚持一元主导，并不是要以社会主义核心价值体系取代多样化的价值取向及利益诉求，而是在这一价值体系的主导下，承认、尊重各种合理的价值观念及其利益诉求，实现先进性与多样性、一般与个别的有机统一。坚持一元主导，就是要毫不动摇地坚持以马克思主义及其中国化的一系列重大理论成果武装党员干部、教育人民群众、指导社会实践；就是要坚持社会主义核心价值体系的主导地位不动摇，坚决反对、自觉抵制各种否定或诋毁社会主义核心价值体系的错误言论。坚持主动引领，就要以高度的政治责任感，牢牢把握引领工作的领导权和主动权，坚持主动谋划、周密部署、狠抓落实；就要坚持解放思想、实事求是、与时俱进相统一，在观念、思路、方式方法和手段等各方面不断创新，切实增强引领工作的针对性和实效性，真正增强引领工作的责任感和自觉性，坚决克服不以为然、被动应付、无所作为的消极认识。

① 参见《马克思恩格斯选集》第1卷，人民出版社1995年版，第292页。

（二）坚持尊重差异、包容多样，最大限度地凝聚价值共识

辩证唯物主义认为，现实世界是多样性和差异性的统一。社会成分的多样性和差异性，必然导致价值观念和利益诉求的多样性及差异性。因此，各种社会思潮的存在也是社会意识活动的一种必然现象。“尊重差异、包容多样”方针的确立，也是马克思主义对立统一规律在当代中国意识形态工作中的实际运用。在引领社会思潮的具体实践中，只有坚持“尊重差异、包容多样”这一指导方针，才有利于形成价值共识，即“尊重差异、包容多样”是形成价值共识的前提。当下，与改革开放和社会转型发展的客观形势相适应，形成了多种社会思潮并存的新格局。从构建社会主义和谐社会、繁荣发展社会主义文化和实现中华民族伟大复兴的要求出发，既要充分尊重社会各阶级、阶层和各民族、各社会群体的合理利益诉求及价值选择，为在全社会形成价值共识提供正确的政策支持和良好的思想文化条件，同时又必须正确贯彻执行“尊重差异、包容多样”的方针，始终坚持以社会主义核心价值体系引领各种社会思潮及思想观念，以最大限度地形成思想共识、凝聚社会力量。

要着眼于最大限度地形成价值共识，必须努力营造“尊重差异、包容多样”的良好社会环境。要正视“和而不同”，致力于“和而求同”，坚持求同存异，尊重并倡导一切旨在实现国家富强、人民幸福、民族振兴与社会和谐的思想观念或价值诉求，使它们在与社会主义核心价值观的互动互鉴中求大同存小异。要贯彻“百花齐放、百家争鸣”的方针，大力支持并积极推进思想文化领域的改革创新，激发全社会思想理论和文化创新的发展活力，尽可能地满足人民群众的精神文化需求，不断丰富其精神世界，增强其精神力量。要从认识上彻底摒弃见异思斗的思维习惯，尊重他人的表达权利，鼓励人们敢于表达自己的真实思想，倾听他人的意见和要求，在开展思想交流中不断扩大价值共识。要把“尊重差异、包容多样”作为一种理念融入社会生活的各个方面，并使之内化为一种社会心理，转化成人们的思维习惯和处世态度，从而营造一种宽松和谐的良好社会氛围。同时要准确把握各阶层群众的思想动态和价值追求，在具体利益矛盾和各种思想差异之上尽可能地扩大价值共识，有效避免价值纷争和思想对立，着力凝聚团结奋斗的强大精神

力量。

（三）坚持正确预测、科学疏导，切实增强引领工作的主动性

社会主义意识形态建设实践及其基本经验告诉我们，以社会主义核心价值体系引领社会思潮是一项复杂的系统工程。做好这一工作，首先必须对社会思潮进行正确预测。社会思潮的产生都有其历史渊源，不仅需要当下的经济、社会和思想文化条件，也有其过去的思想理论背景；既受国内传统文化熏陶，又不乏外来文化的侵染。社会思潮的广泛流传，有赖于一定的群体心理基础，是一个由发送者通过一定的传播媒介发送，然后由接收者接收或接受，最后又被传至次级接收者以至以下多级接收者的多级网状传播的过程。[①] 其次，要着力构建舆情分析评价机制。舆情往往在一定范围内反映社会热点，折射出一定的社会心理或群体愿望，又往往是社会思潮形成和传播的必要条件。如果不及时加以正确引导，很容易成为社会思潮或错误思想形成与传播的温床。因此，应当明确主管部门及相关业务单位的职责分工，建立健全有关规章制度，定期不定期地从相关机构、系统及时掌握社会热点问题，收集舆情信息，开展调查研究，在此基础上加强舆情分析，开展信息评估，为正确应对社会热点问题或突发事件、引导社会舆论提供科学依据。最后，要构建行之有效的舆情和思潮疏导机制。要在认真总结经验的基础上，建立健全诸如思想教育制度、网络评论员制度、学术交流制度、重大问题研究制度等，加强对党员干部和社会公众的教育引导，实现对重大社会问题的理论研究和及时回应引领。

引领社会思潮还应充分体现人文关怀，营造良好的人文社会环境。首先，要不断加强和改进意识形态领域的工作，坚持把“教育人、引导人、鼓舞人、塑造人”与“尊重人、理解人、关心人、帮助人”有机地结合起来，并通过扎实具体的工作把人文关怀体现在社会生活的方方面面，特别是体现在尊重并注重发挥教育客体的主体性上，体现在民生的有效保障上，体现在社会公平正义的实现上，体现在基层民主的切实发扬上，体现在社会主义文化的繁荣发展上，进而使上述两方面的工

① 参见梅荣政《用马克思主义引领社会思潮》，武汉大学出版社 2008 年版，第 75 页。

作有机地结合起来，真正使之相辅相成、相得益彰。其次，要不断创新引领的方式方法和手段，把社会主义核心价值观和核心价值体系渗透到文艺创作、媒体传播、文艺演播、主题创建、志愿服务等方面的工作或活动中，以广大群众喜闻乐见、便与参与、容易形成互动的方式，使人们在潜移默化中受到思想教育或熏陶。最后，要建立健全引领工作的评价和激励机制，通过开展引领工作考核评价，及时总结经验、表彰和宣传先进典型、批评鞭策落后，推动引领工作扎实有效地进行。

（四）坚持科学分析、区别对待，切实增强价值引领的针对性

以社会主义核心价值体系引领社会思潮必须立足当今社会实际，正视各种社会思潮存在的客观现实及其必然性，科学分析其性质、特点以及传播发展趋势、可能产生的社会影响等，不能对社会思潮一概否认、一味封杀、强力压制、简单处置。社会思潮是社会心理和特定的思想理论相互影响、相互制约、相互渗透而形成的。群体的社会心理只能模糊地感觉社会的变动，而特定的思想理论往往能够自觉而系统地反映一定社会的经济形态和政治制度，反映一定的社会现实或思想愿望，能够从理论上反映特定时代的特定走向。关键在于这种思想理论所站的阶级立场、代表哪些利益群体、反映的是不是社会发展的根本要求，即对社会现实或人们的社会认识是唯物、全面地反映，还是唯心、片面地反映。从社会思潮的性质看，当前中国社会既存在着进步、正确、积极的思潮，又存在着具有消极、错误甚至反动性质的思潮，以及居于二者之间、性质不明的思潮。因其性质、类型以及发展方向各不相同，社会思潮在社会生活中的作用及影响也不完全一样。由于社会思潮是一种能动性很强的社会意识活动，因此，在传播、运行和发展过程中，既可能对人们的思想起到有益的激励和促进作用，从而成为推动社会进步的巨大精神力量；也可能对人们的思想起到消极、误导甚至毒化作用，进而阻碍社会的发展进步。对此必须加以科学分析。

针对多样化的社会思潮，必须正确运用马克思主义的立场、观点和方法，自觉遵循意识形态形成与发展的基本规律，坚持具体问题具体分析，分别采取有针对性的措施正确地加以引领。具体而言，一是对那些积极进步的社会思潮及思想意识持尊重包容态度，加强与其对话和交流

工作。通过对话与交流，引领它们向社会主义主流意识形态靠拢，促进二者之间实现互补与融合，进而逐步促使其向主流意识形态转化。二是对那些错误以致反动思潮必须进行坚决的思想斗争。要充分运用辩证唯物主义和历史唯物主义的基本原理和基本方法，从理论和实践上对消极、错误、反动思潮的本质、特征、危害及其发展趋势等进行深刻批判，力求消除其存在和传播的思想理论基础。三是对大多数社会思潮采取积极疏导与科学管控相结合的方法。对大多数社会思潮而言，疏通引导是根本，但不是防止其传播和影响措施的全部，还必须加以科学管控，不给其错误思想传播留有可乘之机。要探索建立引领工作长效机制，诸如通过完善新闻出版政策，进一步明确哲学社会科学研究的重点和发展方向，在哲学社会科学讲座、论坛以及报告会、研讨会等的举办上制定可操作性更强的管理措施，等等，真正使思想理论疏导与行之有效的管理有机地结合起来，以切实增强引领工作的针对性。

（五）坚持交流互动、扩大共识，着力提高引领工作的有效性

在当代中国意识形态领域里，代表全社会根本利益的社会主义核心价值体系与多样化社会思潮构成了以前者为主导的共同文化生态。一方面，社会主义核心价值体系的先进性、广泛代表性以及鲜明的时代性等特征，为多样化社会思潮的存在和发展提供了话语主题及思想资源。代表社会不同方面或不同层次利益诉求或价值追求的社会思潮，正是通过关注某些社会热点或时代话题、从社会主义核心价值体系中受到启发并与这一主流价值体系进行争鸣中，才在一定程度上彰显了自己的主张或思想而受到社会关注。如果没有包括社会主义核心价值体系在内的社会主义主流意识形态的建设与存在，社会思潮也就失去了共同的话语主题及存在前提。因此，社会主义核心价值体系的先进性特征及其建设发展，又为社会思潮向社会主义主流意识形态转化创造了良好的思想环境。从另一方面看，社会思潮在某种程度上可以为居于主导地位的社会主义核心价值体系提供有益的思想营养或价值参考。社会思潮作为社会主义内部一定阶层或社会群体，就社会某一方面、某一领域对改革发展提出的思想观点或价值诉求，会有一定的合理因素或客观必然性，在与社会主义主流意识形态互动过程中必将产生一定的作用或影响，并且可

以从某些方面或一定程度上为社会主义核心价值体系拓展理论视野，提供某种思想借鉴或参考。因此，社会主义核心价值体系在保持其先进性的同时，还应当以开放包容和批判扬弃的态度对待多样化社会思潮的“异质思维”，主动加强与它们的互动和交流，合理汲取其有益的思想营养。

社会主义核心价值体系发挥引领作用的目的，就是要使具有差异性的各种社会思潮在社会主义主流意识形态的价值目标下，通过对话、交流与互动，求大同存小异，尽可能地凝聚和扩大价值共识，最终汇聚成繁荣和发展社会主义文化的强大合力。根据辩证唯物主义认识论，社会主义核心价值体系与社会思潮是具有统一性与斗争性的关系，亦即共性与个性的关系；二者统一的前提中国特色社会主义共同理想，二者的代表范围及其具体价值目标决定了它们之间必然具有斗争性；它们之间的统一性也必然要以思想多样化为前提。因此，只有在对话中协调立场，在交流中化解矛盾，才能最大限度地形成共识，进而推动价值观念的整合及与时俱进。要着眼于实现共同的价值目标，着力构建行之有效的互动交流机制，通过社会主义核心价值体系的理性批判和积极引领，促进各种社会思潮正确认识中华民族总体价值目标，积极寻找彼此价值追求的结合点和一致性，最终达成价值共识。为此，在社会实践中要全方位拓宽社情民意表达渠道，按照党委领导、政府负责、社会协同、公众参与的要求，对不同社会群体合理的利益诉求作出科学的制度性安排，实现人民群众利益诉求的法制化和规范化，使不同的利益群体都能通过相应的渠道和程序表达自己的利益诉求。要特别注重保持与不同利益群体和社会成员之间思想上的相互交流、相互沟通，努力找到全体社会成员在价值认同上的最大公约数，尽可能地消除思想障碍和对立情绪，确保沟通渠道畅通，沟通及时有效。

（六）坚持解决思想问题与解决实际问题相结合，努力扩大价值引领的群众基础

人民群众是历史的创造者，是社会实践的主体。只有重视人民群众的主体地位，并科学吸收人民群众的实践经验和价值创新成果，社会主义核心价值体系才能不断走向新的成熟和完善，并始终保持其科学性、

代表性和实践指导价值。在实际生活中，社会主义核心价值体系只有站在最广大人民的立场上，特别是能够充分尊重并真正代表社会各方面的利益，它才能被广大人民群众真正认可和接受；只有得到亿万民众的真正拥护，它才可能成为国家主流意识形态；只有在长期的社会实践活动中为广大群众所体验、认同并用以指导自己的价值判断和价值实践，它才能逐步成为广大群众的价值准则和行为指南。可见，推进社会主义核心价值体系建设，首先必须切实尊重人民群众的价值实践和创新。要采取有效的措施在全社会营造浓厚的创新氛围，积极培育建设主体的创新意识，挖掘人民群众的创造潜能，善于发现人民群众中蕴藏的积极向上的思想认识和精神追求；要努力疏通人民群众参与社会主义核心价值体系建设的新途径，增强人民群众关心、参与和推进理论创新的积极性、主动性和创造性；要善于总结人民群众社会实践特别是价值创新的新经验，并使其上升为理论创新成果，从而不断为核心价值体系增添新的内涵。

任何社会思潮的形成和传播都离不开相应的社会环境。因此，实现对多样化社会思潮的有效引领和整合，必须从我国社会转型时期的实际出发，科学分析各种社会思潮形成的社会根源、思想文化基础及不同的利益诉求，理性面对社会生活的新变化对价值引领的新要求，在加强思想理论教育和社会疏导的同时，尤其要注重解决好事关人民群众学习、生活、就业、发展、医疗等实际问题，实现解决思想问题与解决实际问题的有机统一，使广大群众切实感受到在社会主义核心价值体系指导下社会的文明进步与和谐成熟。为此，一要始终保持党同人民群众的血肉联系，做到权为民所用、情为民所系、利为民所谋，为实现思想引领、形成广泛社会共识奠定良好的群众基础。二要坚持统筹兼顾，在深化改革、扩大开放、实现创新发展的同时，要着力解决好诸如教育、医疗、就业、住房、养老等民生问题。三要更加注重发挥人民群众创造历史的主体地位，不断扩大和完善基层民主，切实维护公平正义和广大人民群众的合法权益。四要综合运用政策、法律以及经济、教育、协商等措施，正确处理和有效解决人民内部矛盾，着力营造和谐稳定的良好社会环境。

二　基本要求

实现社会主义核心价值体系对社会思潮的有效引领，必须坚持以马克思主义为指导，坚持从我国社会实际出发，既继承中国共产党引领社会思潮、加强意识形态建设的优良传统和基本经验，又紧密结合当前中国特色社会主义经济、政治、文化、社会和生态文明建设实际，积极探索引领社会思潮的新途径新方法，努力使引领工作体现时代性、把握规律性、富于创造性、增强实效性。

（一）引领和整合社会思潮要与发展社会主义市场经济及多元利益要求相适应

社会存在决定着社会意识，利益要求是思想形成的推动力量，这是马克思主义唯物史观的基本观点。实现意识形态领域的和谐统一，必然要求以经济利益为中心的社会利益关系保持基本和谐与稳定，这也是社会有机体能够实现基本稳定并能够良性运转的前提。在当代中国，伴随着改革的日益深化、对外开放程度的日益提高和社会主义市场经济的深入发展，社会利益主体和利益攸关方日益增多，多元利益格局和利益要求更加复杂，社会利益结构调整的任务也更加艰巨。因此，引领和整合社会思潮，推进社会主义意识形态建设，必须与发展社会主义市场经济特别是与多元利益要求相适应，最大限度地实现各个社会利益主体之间利益关系的基本平衡与稳定。为此，就必须着眼于有效地调动各利益主体的积极性、主动性和创造性，正确认识和处理社会主义初级阶段各利益主体之间的利益关系和利益矛盾，正确认识和处理地区、行业、城乡以及国家、集体、个人之间的利益关系和利益矛盾，从而为各个利益主体及广大社会成员认同和支持我国的基本经济制度和改革开放政策，认同社会主义核心价值体系创造良好的制度环境和社会环境。

与此同时，要继续深化与中国特色社会主义事业发展相适应的核心价值体系建设。大力发展社会主义市场经济，是由我国社会主义初级阶段的具体国情特别是社会生产力的发展水平所决定的，是提高人民群众物质文化生活水平、巩固和发展社会主义制度、建设有中国特色社会主义的必由之路，是历史的抉择、人民的抉择，更是中国特色社会主义建设的成功实践，已经得到人民群众以及国际社会的广泛认同。与社会主义市场经济建设相适应，我国在马克思主义及其中国化理论成果的正确指导下，建立并逐步完善了中国特色社会主义经济、政治、文化、社会、生态文明建设等方面的制度。在此基础上，当前正在沿着中国特色社会主义道路、向着实现中华民族伟大复兴的宏伟目标迈进，这是全国各族人民的根本利益之所在，也是全社会的最大价值追求。而最终实现这一目标，还必须在大力推进社会主义市场经济建设、更好地发挥市场在资源配置中决定作用的基础上，大力弘扬和践行与之相适应的自由、民主、公正、法治、效益等价值理念，以保证社会主义市场经济的持续、健康发展，这也是一些社会思潮关注的重点，因而也是以社会主义核心价值体系引领和整合社会思潮的必然要求。

（二）引领和整合社会思潮要与社会主义民主政治建设和政策法规相一致

引领社会思潮必然涉及对现行政治体制的认同问题，因为这事关意识形态的本质属性及其功能作用。从价值取向来说，政治认同是社会成员对现行政治体制的判断、信任、信心及信念；从社会实际来看，政治认同是社会成员对现行政治体制的服从、认可、支持和参与。政治认同的实现程度，事关政治体制的合理性与合法性问题，事关社会的和谐稳定。因此，实现政治认同，执政集团一方面需要通过不断推进政治体制改革，不断优化体制机制和制度设计，强化体制机制功能，组织和吸收社会各利益群体及其成员参与有关政治组织和政治活动，以更好地体现和满足社会各阶层和利益群体的政治愿望与利益诉求；另一方面需要科学总结我国社会主义民主政治建设实践经验，丰富和发展我国政治意识形态建设理论，不断提高政治意识形态建设水平，进而不断增强我国主流意识形态的先进性、说服力和凝聚力，为增强人们的政治价值共识、正确参与民主政治实践活动提供科学的理论和价值观上的支持。

就人民民主专政的政权性质和社会主义政治建设实践而言，我国基本政治制度的建设与发展为社会主义核心价值体系引领社会思潮提供了根本政治保障。新中国成立以来，在中国共产党领导下，我国建立起了工人阶级领导的、以工农联盟为基础的人民民主专政的社会主义基本政治制度，为实现人民当家作主提供了政治和制度保障。新的时代条件下，中共十八大进一步强调要积极稳妥地推进政治体制改革，更加注重改进党的领导方式和执政方式，更加注重健全民主制度、丰富民主形式，更加注重发挥法治在国家治理和社会管理中的作用。① 这既为深入推进新时期的民主政治建设、充分调动人民群众政治参与的积极性指明了方向，又为提高全社会的政治认同和政治共识，为包括社会思潮引领工作在内的社会主义意识形态建设提出了明确要求，即引领社会思潮必须与社会主义民主政治及相关制度建设相一致。当下，随着我国经济、文化、社会等领域改革的深入发展，从政治体制改革的总体目标和要求以及人民群众日益增长的政治热情和参与要求来看，我国政治体制改革步伐仍需加快，特别是公民的政治参与方式需要不断创新，参与范围需要进一步扩大，权力的监督制约机制尚需进一步完善，政务公开的方式与程序仍需不断改进。为此，深化政治体制改革应着眼于更好地实现“富强、民主、文明、和谐”的价值目标，在政治建设实践中积极探索，不断地总结经验、完善措施，尽可能地保护人民群众的政治参与热情，满足其政治参与的合理要求，最大限度地提高他们对社会主义核心价值观的认同度。

（三）引领和整合社会思潮要与中华民族优秀传统文化相承接

首先，中国优秀传统文化为社会主义核心价值体系建设提供了丰厚的思想文化基础，是后者的重要思想源泉之一。传统文化是指一个民族或国家在长期的文明发展中形成的民族文化，能够体现一个民族的特质及其风貌，是对民族发展过程中各种物质的、精神的以及制度的文化实体和文化意识的总体概括。中华民族在五千年的文明发展过程中，形成了具有自己独特民族风格和丰富思想内涵的优秀传统文化，包括灿烂的物质文化和非物质文化，并深深植根于本民族的风俗习惯、道德礼仪、思维方式、价值观念等方面，特别是诸如勤俭节约、自强不息、诚实守

① 参见《中国共产党第十八次全国代表大会文件汇编》，人民出版社 2012 年版，第 23—24 页。

信、尊老爱幼、仁爱谦和、精忠报国、天人合一、和而不同等思想，通过代代传承早已融入中华民族精神之中，成为中华民族独特的文化基因，因而也是中华民族最可宝贵的文化遗产。社会主义核心价值体系正是在中国传统文化这一特定的环境中形成和发展起来的。推进这一价值体系建设，还必须充分汲取这份文化遗产中的有益成分，但又不是对中国传统文化的全盘继承，而是取其精华、去其糟粕，实现对这一文化的扬弃。

其次，以社会主义核心价值体系引领社会思潮要以增强民族文化认同为前提。作为民族血脉和精神家园的中华文化，是我国各族人民紧密团结、自强不息、和衷共济、代代相传的精神纽带，更是中华民族发展进步和团结振兴的强大精神动力，因而也为新时期的社会主义先进文化建设提供了丰厚的精神滋养，在增强中华民族的向心力、凝聚力和创造力，实现民族传承与发展等方面具有不可替代的重要作用。然而在当代中国，长期存在着一些错误对待中国传统文化的社会思潮，比如对近现代中国历史采取虚无主义态度、实则否定近现代中国革命和中国共产党领导的历史虚无主义思潮，打着弘扬中国传统文化和复兴儒学的旗号、实则否定马克思主义指导思想和社会主义制度的“新儒家”思潮等。这些错误思潮的传播和蔓延，在人们正确价值观的形成和共同理想信念的确立上，在对社会主义主流意识形态的认同以及良好社会风尚的形成上，都形成了很大的挑战和冲击。因此，推进社会主义核心价值体系建设并以此有效引领社会思潮，首先必须实现民族文化认同。为此，必须大力推进中国传统文化教育，并通过不断改进方式方法和手段，使中华优秀传统文化切实深入人心；必须对错误、反动等异质类社会思潮进行深刻批判，揭露其否定或不加分析地全盘肯定传统文化的错误观点及其实质，引导广大社会成员提高思想认识，自觉划清与消极、错误社会思潮之间的界线；加强与社会思潮的交流与互动，增强其文化自觉与自信，促进其向社会主义核心价值体系靠拢。在此基础上，逐步形成中华优秀传统文化和社会主义核心价值体系的文化认同机制。

（四）引领和整合社会思潮要有利于弘扬时代精神

时代精神是在一个时代的社会生活和社会发展中反映出来的具有主

导性的生活态度、价值追求及精神状态。它建立在一定的社会生产力、生产关系及其发展趋势的基础上，代表一定时代的发展趋势和思想潮流，是一定时代精神文明的主要标志。它源于一定时代的社会生产和生活，并对这一时代的发展具有巨大的能动作用和积极影响。因此，时代精神具有时代性和历史性特点，它不仅反映出一定时代的社会主体不断推动社会变革和发展进步的强烈要求，而且对丰富人们的精神需要、促进人的全面发展具有重要作用。改革开放以来，与我国社会生产力和生产关系的发展要求相适应，当代中国逐渐形成了以改革创新为核心的时代精神。这种时代精神就是中国共产党人团结带领全国各族人民，踏着时代的脉搏，坚持解放思想、实事求是、与时俱进，冲破束缚生产力发展的体制机制障碍，积极探索并不断深化各领域的改革，大力推进体制机制创新和文化创新，着力扩大对外开放，奋力开拓中国特色社会主义事业新局面而展现出来的思想品格和精神风貌。这一时代精神已深深融入我国社会主义经济、政治、文化、社会和生态文明建设各方面，成为中华民族最可宝贵的精神财富之一。

引领社会思潮离不开时代精神的有力支撑。把握时代精神，必须着力把握改革创新这一核心。革故鼎新是中华民族繁荣发展的一贯追求和思想传统。《礼记·大学》早有“苟日新，日日新，又日新”之说。从某种意义上说，中华民族五千年的文明史就是一部改革创新史。中外历史发展经验充分表明，什么时候注重改革创新，经济社会就会得到快速健康发展；什么时候僵化保守，就会导致经济社会停滞不前甚至倒退与混乱。以社会主义核心价值体系引领社会思潮，就要求广大理论工作者和宣传思想文化工作者对时代精神进行系统研究，准确把握其内涵、性质、重大作用及其形成发展的社会背景等，在与多样化社会思潮交流互动中引导其正确认识历史发展规律，把握时代发展脉搏，积极顺应时代潮流，在时代和历史发展中发挥正能量；要不断更新思想观念、创新工作思路和方法，实现宣传思想文化工作创新，增强引领社会思潮工作的针对性和有效性。特别要解放思想，认真总结古今中外宣传思想文化工作的理念、方法、手段，使我们的工作既弘扬主旋律、实现全覆盖，又真正贴近社会不同层次和不同群体成员的工作、学习、生活、发展进步，特别是贴近广大社会成员的心灵，为引领社会思潮打好坚实的思想、文化和理论基础；要切实加强和改进思想教育工作，教育和引导广大党员、干部和人民群众倍加珍惜中国共产党领导人民不懈奋斗取得的伟大成就，正确认识改革发展中出现的新情况和新问题，正确认识和处理改革、发展、稳定的关系，大力弘扬以改革创新为核心的时代精神，以切实行动投身到各项改革创新的实践中，为中国特色社会主义事业做出自己应有的贡献。

（五）引领和整合社会思潮要有利于形成价值共识

实现价值共识是实现社会和谐稳定及其发展目标的客观需要，也是一定社会意识形态建设的必然要求。一般而言，价值观是人们在价值实践和价值认识活动中形成的关于价值问题的基本观点或看法，其一旦形成，便对人们的社会实践活动产生支配作用。而社会价值观则是在社会价值活动中形成的价值观念及行为准则，对人们的社会活动具有重要指导作用。在任何社会形态中，由于不同的利益主体和不同的利益诉求必然形成不同的价值观念，而多元利益主体和多种价值观念既可以在竞争中激发创造力和社会发展活力，又会造成利益矛盾和观念冲突，损害社会发展合力，进而影响社会发展目标的实现。因此，在多元价值观念中如何避免激烈冲突，实现求大同存小异，找到多种价值观的“最大公约数”，形成价值共识，进而引领社会实现和谐稳定、朝着既定的目标前进，这是社会主流意识形态建设必须解决的根本问题。而解决这一问题的基本方法，就是在尊重差异的基础上，突出国家整体利益导向和社会共同价值目标，同时尽可能考虑社会各方面的合理利益诉求，整合各种价值观念，构建相对合理、完善而又稳定的核心价值观，进而引导全社会实现共同的价值认同及价值追求。

以社会主义核心价值体系引领社会思潮是新时期实现价值整合、形成价值共识的必然要求。随着社会主义市场经济的深入发展，我国多元社会利益主体和多种利益诉求的客观存在已是不争的事实，而这必然导致价值观念的多样化。如前所述，如何有效化解多样化价值矛盾和价值冲突，进而实现价值共识，这是新时期我国社会主义意识形态建设必须破解的重大理论和实践问题。而要解决这一重大问题，就要求我们必须从中华民族的根本利益和中国特色社会主义事业全局出发，立足于我国社会主义初级阶段的基本国情和发展社会主义市场经济的客观需要，切实推进社会主义核心价值体系建设，特别要在尊重社会各方面合理利益关切和价值诉求的基础上，科学整合包括各种社会思潮在内的多样化价值观念，尽可能广泛地形成价值共识。新时期新阶段，加强社会主义核心价值体系引领工作，必须坚持从现阶段基本国情和实际生产力水平出发，认真贯彻“尊重差异、包容多样”的方针，确保引领工作的正确方向；坚持对话交流和疏通引导相结合，不搞强迫命令和“一刀切”，坚持在互动中加深认识、扩大共识；坚决抵制、批判各种错误思潮和腐朽思想，引导广大干部群众自觉与之划清界限，从根本上消除其社会影响。

（六）引领和整合社会思潮要遵循社会主义意识形态建设规律

共同的社会理想是一个民族前进发展的不竭动力。在西方，出现过柏拉图的理想国、摩尔的乌托邦、康帕内拉的太阳城、奥古斯丁的“上帝之城”等；而在东方的中国，自古以来就有“大同世界”、老子的“小国寡民”、陶渊明的“世外桃源”以及小康社会等理想。当前，在对社会主义的认识上，主要存在着两种对立的理论观点——结构社会主义和功能社会主义。前者强调实行计划经济和公有制，认为公有制是社会主义的本质特征；后者强调社会主义的根本目的，认为人民幸福才是社会主义的本质，社会主义就是让老百姓都过上好日子。而中国特色社会主义理论，则是在马克思主义指导下，对我国在社会主义初级阶段基本国情基础上进行社会主义建设所做的理论概括。它立足我国改革开放和社会主义现代化建设实践，上承马克思主义基本理论，下启中国特色社会主义文化的发展创新，既坚持马克思主义“人的全面自由发展”的科学理论，又在新的时代条件下创立了社会主义本质论、以人为本理念等重要思想，成为指导当代中国社会主义实践的科学指导思想。应当说，它把结构社会主义与功能社会主义有机地统一了起来，实现了对马克思主义科学社会主义理论的创新与发展。可见，引领和整合社会思潮、深化社会主义意识形态建设，必须着眼于形成和巩固中国特色社会主义这一共同理想，以便在全社会凝聚起实现中华民族伟大复兴的强大精神力量。

胡锦涛在中共十七大报告中曾深刻指出："改革开放以来我们取得一切成绩和进步的根本原因，归结起来就是：开辟了中国特色社会主义道路，形成了中国特色社会主义理论体系。"① 而中国特色社会主义理论体系的创立和发展，正是中国共产党自觉地坚持以马克思主义为指导，在中国特色社会主义道路开辟和中国特色社会主义制度建设的实践探索中，深刻总结社会主义建设正反两方面经验、准确把握社会主义建设规律的基础上形成的，是新的时代条件下马克思主义中国化的重大理论成果，是当代中国发展进步的行动指南和根本思想保障。显然，引领当代中国社会思潮，实现对多样化价值观念的有机整合，中国特色社会主义理论是最科学、最有力的思想武器；要以这一科学理论为思想武器，在推进改革开放和中国特色社会主义建设的具体实践中，加强与多样化社会思潮的互动、交流与沟通，以期逐步扩大思想共识，统一价值追求。

三　方法途径

总体而言，实现以社会主义核心价值体系对社会思潮的有效引领，应当在坚持社会主义核心价值体系主导地位的前提下，着重在增强社会主义核心价值体系的渗透力和影响力上下功夫，要重点抓住互联网及新媒体、高校、社区、农村的思想引导等关键环节。具体来说，主要应把握好以下几个方面：

（一）夯实基础，巩固社会主义核心价值体系的主导地位

这既是一条根本途径，也是一条原则要求。根据这一要求，必须深入推进当代中国的各项改革和科学发展，为深化社会主义核心价值体系建设奠定扎实的实践基础；着力改善民生，不断巩固社会主义核心价值体系建设的群众基础；着力推进理论创新，不断增强社会主义核心价值体系的自身魅力。

① 《中国共产党第十七次全国代表大会文件汇编》，人民出版社 2007 年版，第 10—11 页。

1. 推进科学发展，打牢社会主义核心价值体系的实践基础

不论是从社会主义核心价值体系自身建设，还是就其引领作用的实际发挥而言，都须臾离不开我国社会主义现代化建设的具体实践。而我国的改革开放和社会主义建设实践，只有在马克思主义指导下，才能坚持正确的发展方向，实现科学健康发展，进而为社会主义核心价值体系的不断创新发展奠定更加坚实的实践基础。因此，要坚定不移地坚持以马克思主义及其中国化的理论成果为指导，全面深化改革，继续扩大开放，不断解放和发展生产力，更好地满足人民群众日益增长的物质文化需要，进一步提高我国的综合国力和核心竞争力，彰显我国社会主义制度的优越性，为社会主义核心价值体系建设及其引领作用的发挥提供丰厚的物质条件及实践基础。

从根本上说，深化社会主义核心价值体系的实践基础，一是牢牢抓住经济建设这个中心工作，通过有效地解放和发展生产力，为社会主义核心价值体系建设及其引领作用的发挥提供雄厚的物质基础。因此要在牢固坚持社会主义基本经济制度的基础上，在保证社会主义市场经济朝着正确方向发展的前提下，着力调整优化经济结构，稳定经济增长水平，使广大人民群众共享改革发展的实际成果。二是扎扎实实地把社会主义民主政治建设推向前进，在我国政治建设的实践中使社会主义制度的优越性更好地发挥出来。要紧紧抓住保证人民当家作主这一根本要求，不断总结经验，切实加强实践探索，进一步完善民主制度、丰富民主形式、扩大公民有序政治参与，健全社会主义法制，切实推进依法行政，不断深化司法体制改革，加快建设社会主义法治国家，发展社会主义政治文明，更好地实现人民当家作主，更好地维护社会公平正义。三要着眼于建设社会主义文化强国、增强国家文化软实力，必须以高度的文化自觉和文化自信，不断深化文化体制改革，有效增强文化创造活力，掀起社会主义文化建设的新高潮，努力实现社会主义文化大发展大繁荣，为人民群众创造更加丰富的文化生活，使人民群众的思想道德素质和科学文化素质得到全面提升。四要以保障和改善民生为重点加强社会建设。应着眼于使发展成果更多更公平地惠及广大群众，在进一步理顺体制机制的同时，加快包括招生考试、就业创业、收入分配、社会保障、医药卫生等在内的社会事业改革，把广大群众最关心、最直接、最

现实的民生问题切实解决好。应从实现广大群众安居乐业和社会安定有序着眼，树立社会治理和系统治理理念，推动形成政府治理与社会组织自我调节、居民自治良性互动的社会治理方式，实现社会各方有序参与、各负其责、民主监督、依法依规治理。五要牢固树立生态文明理念，并把这一理念融入中国特色社会主义建设各方面及全过程，加快推进美丽中国建设。要以资源节约和环境保护为重点，加快生态文明制度建设，特别是通过完善和实施生态文明制度体系，努力把“绿色发展、循环发展、低碳发展”的要求落到实处，在全社会尽快形成有利于资源节约和环境保护的生产生活方式和产业结构，真正实现从源头上治理生态环境恶化问题。

2. 推进理论创新，不断增强社会主义核心价值体系的理论魅力

首先，要大力推进理论创新，充分体现最广大人民群众的价值追求和根本利益，科学概括中国特色社会主义实践创新成果。一要牢固坚持马克思主义的指导地位，确保我国意识形态建设的正确方向。要实事求是、富有成效地用马克思主义及其中国化的理论成果武装广大党员干部和人民群众，用社会主义核心价值体系来凝聚人们的思想共识。二要大力推进中国特色社会主义理论创新，深入回答我国改革发展中的重大理论和实践问题。要坚持以马克思主义为指导，紧密结合我国改革开放的新形势、时代发展的新课题和引领社会思潮的新要求，及时、科学地总结中国特色社会主义建设实践的新经验，合理吸收各种社会思潮思想观念中的有益成分，在尊重差异中凝聚和扩大社会共识，在包容多样中形成思想认同，在此基础上不断推动中国特色社会主义理论体系和社会主义核心价值体系的新概括和新发展，不断增强其理论魅力。三要更好地代表中国最广大人民群众的根本利益，切实解决好社会各阶层和各利益群体的合理利益关切。要把深化社会主义价值理论建设与尊重广大人民群众的合理利益关切和合法权益维护有机地结合起来，特别是通过加强法制建设、深化司法领域的改革，积极引导全社会各利益主体增强法制观念，通过合理合法的渠道或方式表达利益诉求、实现合理利益关切，从而不断巩固社会主义核心价值体系的社会心理认同基础，进而最终使其内化为广大人民群众的理想信念和自觉行为选择。

其次，强化全球意识，着力提升中华文化“软实力”，建构后冷战

时代“和而不同”的国际“价值共识”。一是立足于尊重文化差异、包容多样文化，在坚持马克思主义指导地位的前提下，坚持“二为”方向和“双百”方针，包容、借鉴其他国家和民族的多元多样文化，从中汲取其健康合理因素，为中国特色社会主义价值理论及先进文化建设提供有益的精神滋养，以增强以社会主义核心价值体系为核心的社会主义意识形态的理论魅力和影响力。二是切实加强意识形态和文化工作队伍建设。按照政治强、业务精、作风正的要求，通过有计划地制定和实施“项目工程”“人才工程”“品牌工程”等，着力培养造就大批有马克思主义理论素养、立足本国实际、具有国际视野、德艺双馨的著名思想家、理论家及艺术家队伍，不断增强其中国特色社会主义理论体系的话语能力。三是积极参与国际文化交流与合作，不断提高社会主义价值理论在国际文化竞争中的影响力、辐射力、主导力和调适能力，同时提高抵御防范外来文化侵蚀与渗透的能力，建设起一个真正能为国际社会普遍认可的精神家园。四是各级党委、政府要切实增强责任意识、使命意识和担当意识，树立高度的文化自觉和自信，切实加强对思想文化工作特别是意识形态领域工作的领导和规划，认真研究解决工作中的新情况、新问题和新要求，真正把这方面的工作做细做实、抓紧抓好。

3. 着力改善民生，不断巩固社会主义核心价值体系的群众基础

人民群众“是人类文明和社会财富的创造者”，因此也应当是社会物质财富和精神财富的享有者。从社会主义制度中收获了实实在在的实惠、利益和幸福，人民群众就会真心认同社会主义核心价值观念。一方面，中国共产党的根本宗旨就是全心全意为人民服务。作为执政党，关心群众、服务群众，就必须把解决人民群众的思想问题和实际问题紧密结合起来，这样才能有效地教育、引导和团结群众。当前，良好的教育、稳定的就业、公正的收入分配、可靠的社会保障体系，正日益成为人们的普遍追求。勤谋富民之策，多办利民之事，常兴安民之举，中国共产党才能巩固和深化执政兴国、执政为民的执政主题，才能通过自身的执政实践使社会主义核心价值体系放射出更加耀眼的光芒；另一方面，人民群众是践行社会主义核心价值体系的主体。要提高他们在践行社会主义核心价值体系中的积极性和自觉性，一个重要前提就是他们要对这一价值体系做到真信、真用。因此，要增强社会主义核心价值体系

的现实说服力，中国共产党作为社会主义价值理论的倡导者，必须在执政实践中始终自觉地坚持执政为民、问需于民，切实解决好广大群众就业、医疗、上学、最低生活保障、养老等最直接、最根本的民生问题，让人民群众在改革开放和现代化建设过程中充分享有相应的物质和精神成果。只有如此，才能为社会主义核心价值体系建设及引领作用发挥打牢群众基础。

（二）把握关键，把社会主义核心价值体系融入社会生活的各方面和全过程

作为由不同方面和不同层次的价值观构成的核心价值观系统，社会主义核心价值体系源于人们的价值实践和价值创造，并对人们的认识、判断和行为以及整个社会生活产生强大的指导和引领作用。而要发挥好这方面的作用，则要着重加强教育，特别是把它融入国民教育的各层次和全过程；牢牢把握舆论导向，使这一价值体系成为各级各类新闻媒体的基本指南；通过培育和谐价值理念，把和谐精神贯穿于社会主义文化建设的各方面和全过程。

1. 加强学习教育，把社会主义核心价值体系融入国民教育全过程

开展学习教育是以社会主义核心价值体系引领广大社会成员、指导价值实践的基本方法。把这一价值体系融入国民教育全过程，最传统也是最基本的方法就是把社会主义核心价值体系作为国民教育特别是思想政治教育的主要内容，并通过一定的方式方法深入持久地开展下去，以帮助和引导人们确立正确的世界观、人生观和价值观。为此，要完善终身教育体系，通过深入推进学习型社会建设，努力构筑学校、家庭、社会密切配合、相互支持的思想教育模式。在新的时代条件下，在开展深入系统的理论教育的同时，更要立足学校、家庭、社会实际，努力探索符合各方面受教育者个性特点、符合其工作生活实际和教育内容要求的教育理念和方式方法，不搞“一刀切”，真正使社会主义核心价值体系通过多种途径和方法走进全体成员的心灵，切实增强教育效果。要积极整合、优化现有教育资源，不断加大经费投入，完善教育设施，着力打造新的教育阵地和教育平台，切实提高教育服务水平。要加强体制机制和制度建设，为学习教育提供根本保障。要进一步明确学习教育工作的

职能和地位，真正克服思想理论教育工作与经济工作、政治工作之间地位不平等现象。要完善考核评价和奖惩激励制度，鼓励和引导学习教育不断创新。

把社会主义核心价值体系融入国民教育是一项复杂的系统工程。要全面实施这一系统工程，首先要把社会主义核心价值体系融入学校教育全过程。为此，各级各类学校必须全面贯彻党和国家的教育方针，坚持“育人为本、德育为先”，在办学育人实践中把全员育人的要求落到实处，把社会主义核心价值体系融入学校工作的各方面和教育教学工作的全过程；要以推进马克思主义及其中国化理论成果“进教材、进课堂、进学生头脑”为着力点，卓有成效地实施马克思主义理论武装工程。与此同时，要结合各级各类学校和学生实际，通过广泛开展先进集体、先进个人的评选表彰，通过校歌、校训的创作等，真正使社会主义核心价值观渗透师生员工的学习、工作和生活之中。其次，要把社会主义核心价值观切实融入千家万户的家庭生活之中。家庭作为社会的基本细胞，不论是家长对孩子的正面教育，还是其生活习惯、兴趣爱好、处世态度、行事风格等，都会对孩子的志趣爱好、品德修养、行为习惯养成、成长成才等起着潜移默化的重要作用。家长作为子女的“第一任老师”，要充分认识到家庭对青少年培养的特殊性和重要性，自觉加强家风建设，积极创造条件把青少年的思想品德教育和养成教育抓紧抓好。社会各方面要通过组织评选“文明家庭”“模范夫妻”“好公婆”“当代孝子”等，倡导培育具有时代特色的优良家风家训，积极引导家庭教育持续健康开展。再次，坚持多措并举，加强统筹协调，着力营造学习践行社会主义核心价值体系的良好社会环境。在网络化条件下，既要加强传统宣传舆论阵地建设，又要抓好网络资源的开发利用，特别是通过生动活泼的“微宣讲”、开设“大家谈”等学习互动平台等，在全社会不断增强社会主义核心价值体系的渗透力和感染力。要通过广泛组织开展文明社区、文明小区、文明街道、生态城市、宜居城市等创建评选活动，开展创作诗歌、小说、小品、电视剧等文艺节目等，为全体社会成员特别是青少年价值观教育营造良好的社会环境。

2. 把握媒体导向，用社会主义核心价值体系引领新闻舆论

新闻舆论是关系党和国家前途命运的工作，舆论导向正确是党和人

民之福，舆论导向错误是党和人民之祸。当前，我国正处于改革攻坚期和重要战略机遇期，面对巨大的社会变迁，不论是经济成分或是社会组织形式，不论是就业方式或是生活方式，不论是个人利益或是社会利益，都日益呈现出多样化趋势，人们的思维方式、价值取向、道德标准等都呈现出更多的独立性、选择性、多变性、差异性特点。随着社会组织形式和信息传播方式的发展变化，中国特色社会主义主流意识形态不仅要通过各种组织和行政力量来推行，还要通过大众媒体来传播。媒体既反映党和政府的路线方针政策，又表达社情民意，其社会影响力越来越大，已成为国家和社会生活、群众思想情绪的重要影响因素，在社会主义核心价值体系建设中具有十分重要的作用。在社会舆论环境和舆论格局趋向多元和纷繁复杂的新形势下，我们必须始终坚持正面宣传为主，深入研究各种受众群体的心理特点和接受习惯，积极探索核心价值体系在不同舆论环境中的有效表达方式，切实发挥报纸、广播、电视、互联网的各自优势，特别是要根据不同读者、听众、观众、网民的特点，因势利导，不断创新内容、形式和方法途径，更好地实现统一思想、凝聚力量的目标要求。

在新的时代条件下发挥好社会主义核心价值体系对宣传舆论的引导工作，一是必须牢牢把握正确的舆论导向。要把党管新闻媒体的原则落到实处，确保各类报纸、刊物、电台、电视台、官方网站的领导权和主导权牢牢掌握在忠于马克思主义的人手中。着眼于促进改革开放、推动科学发展、维护社会稳定、凝聚各方力量，要坚持正面宣传为主，深入宣传报道在各方面做出突出成绩的改革实践者以及各方面涌现出来的典型人物及典型事件，在全党和全社会着力营造贯彻和践行社会主义核心价值观的舆论强势。二要切实增强舆论引导的影响力和实效性。有效是对舆论宣传的最基本要求。不能表面上轰轰烈烈、形式上“高大上”，而在内容与方法上不贴近群众、不贴近实际。无效的宣传舆论，只能是劳民伤财，引人反感。因此，应在保证正确舆论导向的前提下，根据不同行业职业和不同类别人群的特点，要从党和人民群众的根本利益出发来思考问题、改进工作，要积极探索广大群众喜闻乐见、行之有效的方式、方法和手段，不断增强舆论宣传的渗透力和感召力。三要实现传统媒体和新兴媒体的有机结合。一方面要充分发挥传统媒体的独特优势。

以报刊、广播、电视等为主体的传统主流媒体，具有人才、设施、技术、经验等资源优势，工作严肃负责，业务水准高，较一般社会媒体具有不可比拟的公信力和权威性，始终是党和政府的重要思想舆论阵地。要扬长避短，在舆论引导中发挥其传统优势和骨干主导作用；另一方面要充分认识到媒体发展的新趋势和媒体格局的新变化，积极推进传统主流媒体与新媒体的有机融合。当今时代，随着互联网以及微博、微信、移动客户端等新兴媒体的迅猛发展，带来了信息传播和舆论引导方式的革命性变化，人们获取和交流信息的渠道和方式也越来越多，加快推进传统媒体与新兴媒体的融合发展已是必然的选择。传统媒体要通过不断搭建、拓展和运用新媒体，充分利用新媒体的多样化、即时性、个性化、开放性、高效率等特点和优势，以优质高效的服务满足和引领群众，从而不断扩大舆论宣传的覆盖面，切实增强其影响力，真正把宣传舆论工作的主动权和主导权牢牢掌握在自己手中，进而形成新时期宣传舆论工作的强大合力。

3. 培育和谐精神，发挥社会主义核心价值体系在和谐文化建设中的指导作用

中共十六届六中全会明确提出："社会主义核心价值体系是建设和谐文化的根本。"建设和谐文化是构建社会主义和谐社会的必然要求。而加强和谐文化建设，必须牢牢把握社会主义核心价值体系这个根本。改革开放以来，随着文化形式和文化选择的多样化、自主化和生活化，发力于感官刺激的鄙俗文化现象也日益浸染着广大群众的心灵。而在国内改革开放和发展社会主义市场经济、国际经济全球化和文化多元化条件下，要保证我国社会主流文化始终沿着正确的方向前进，就必须牢固坚持能够代表全民族根本利益、反映社会主义意识形态本质的社会主义核心价值体系的主导地位。为此，首先，必须牢固树立和谐价值理念。在大力推进中国特色社会主义先进文化建设实践中，既要正视国内外文化的多样性，以宽广的眼界和博大的胸怀吸收借鉴世界优秀文明成果，又要坚决抵制腐朽没落的思想文化，倡导以自由、平等、公正、法治为核心的科学价值理念。其次，必须大力培育和谐文化精神。要充分发挥社会主义核心价值体系在先进文化建设中的引领作用，就必须通过积极健康、充满活力和人民群众喜闻乐见的方式，把和谐价值理念渗透到社

会主义文化建设的各方面，以此鼓舞和激励广大社会成员积极投身于改革创新实践，为全面建成小康社会而团结进取、不懈奋斗，进而不断增强人们对建设社会主义现代化国家、实现民族复兴的信心。最后，必须大力倡导和谐道德规范。要在全社会大力弘扬社会主义荣辱观，提高广大社会成员加强自身修养、践行社会公德的自觉性和一贯性，必须以切实合理的政策和细致入微、行之有效的措施对这方面的先进典型加以肯定、褒扬、尊重和保护，着力营造弘扬社会主义荣辱观的良好社会环境，在全社会推动形成知荣辱、讲正气、促和谐的良好风尚和爱国、敬业、诚信、友善的人际关系。

在全面深化改革和全面建成小康社会的新时期，要确保社会主义和谐文化建设的持续健康发展，除上述原则外，还必须辅之以行之有效的方法措施。具体而言，应突出抓好以下几点：一是把文化资源优势有效地转化为经济优势。要在加强保护的基础上，科学开发利用各民族各地区独特的自然、历史和人文资源，尽可能地提高其经济效益。要积极推动文化与科技的融合，促进文化产业专业化、集约化和规模化。同时要进一步解放和发展文化生产力，积极培育外向型文化企业，着力实施文化“走出去”战略，积极开拓国（境）外文化市场。二要加强制度建设，为建设和谐文化提供可靠的法制保障。要以“二为”方向和“双百”方针为指导，认真总结新时期以来加强文化建设的基本经验，建立健全有关法律法规和规章制度，在组织领导、体制机制完善、中外合作、市场化运作等方面为新时期的和谐文化建设提供根本保障，并以科学规范的制度有效地调动各级政府、各级公共文化事业单位、文化法人组织以及广大社会成员参与和谐文化建设的积极性。三要加快文化体制改革步伐，努力形成与社会主义先进文化建设和市场经济建设相适应的文化管理体制和文化产品生产经营机制。要着眼于繁荣发展文化事业，进一步明确和转变文化行政管理部门的职能权限，着重加强其履职能力建设，形成推动文化改革发展的强大合力。要在各级政府主导和公共财政的支持下，加快公共文化设施和文化项目建设，逐步建立健全一个结构合理并具有相应功能和服务效能的公共文化服务体系，着力推动基本公共文化服务均等化。要加快转变文化发展方式，促进文化生产创新和新型文化业态的发展。要以提质增效为重点，着力构建现代文化产业体系，实现文化产业的科学健康发展。

（三）突出重点，着力加强互联网、高校、社区和农村的思想舆论工作

以社会主义核心价值体系引领社会思潮，是中国共产党深刻总结历史经验，科学分析国内外发展形势提出的一项重大战略任务。在经济全球化、政治多极化、科技信息化、文化多元化浪潮和国内经济社会深刻变革的时代条件下建设社会主义核心价值体系，加强其对社会思潮的引领工作，既要坚持整体推进，又要突出重点；既要坚持正确的指导原则，更要提高引领和整合多样化社会思潮的针对性和有效性。

1. 着力加强互联网思想舆论工作

随着网络、手机、微博、微信、移动客户端等新兴媒体的迅猛发展，我国目前已经处于一个多媒体和自媒体时代。作为社会舆论最重要的传播载体之一，互联网正在全面渗透到我国社会生活的各个方面，已成为思想文化信息的集散地和社会舆论的放大器。当前，我国互联网得到广泛发展，并与经济、政治、文化、社会和生态文明建设深度融合，对人民群众生产和生活的影响也越来越大。互联网技术裂变式发展，媒体格局和舆论生态深刻变化，加强网络建设和管理的重要性、紧迫性和艰巨性前所未有。一方面，作为一种新兴媒体，互联网在反映社情民意、激发爱国热情、凝聚民族精神等方面具有积极而重要的作用。反过来，网络媒体的社会影响越大，社会主义核心价值体系的宣传普及也就越广泛深入。另一方面，随着互联网技术的迅猛发展以及博客、微博、微信等新技术新业务的蓬勃兴起，网上信息的获取和发布变得更加便捷，越来越多的网民参与其中，网络成为广大网民获取和发布信息以及彼此交流互动的重要信息平台。这既有利于社会主义主流价值观和核心价值体系的宣传，但也为各种非主流思想、多样化社会思潮以至错误甚至腐朽思想观念的传播带来了便利，创造了条件。因此，我们要积极应对以信息和网络技术为主要内容的科技革命带来的新挑战，就必须准确把握新兴媒体发展变化的基本趋势和规律，尤其要正视以互联网为代表的新媒体的广泛而强大的社会影响力，采取切实有效的措施，加快占领新媒体舆论阵地，有效加强社会互联网管理工作，使之成为以社会主义

核心价值体系为核心的先进文化传播发展的前沿阵地。

做好网络思想舆论工作，首先，必须牢牢掌握网络舆论主导权。由于网络信息传播和接收的即时性、自主性、广泛性、互动性等特点，加强对互联网的科学管理就显得尤为必要而紧迫。尤其是那些错误或不良信息一旦在网上传播，马上就会造成广泛的社会影响，并且纠正起来异常困难。因此，进一步明确网络舆论宣传的基本方针政策，要求各网络主体坚持正确网络舆论导向、守土有责、营造主流网络舆论，这对于充分发挥网络舆论的正能量至关重要；进一步强化岗位工作职责和工作纪律，提高网络从业人员的政治意识、责任意识和担当意识，要求其在网络舆论上不触红线，不传播虚假、错误信息，不轻信和传播谣言；积极推动媒体合作联动，形成正面舆论宣传的强大合力和影响力。其次，必须大力加强网络道德建设。如前所述，网络媒体的虚拟性和网络传播的自主性、即时性、匿名性、开放性等特点，为不负责任的网民传播虚假信息、发表错误言论甚至制造网络谣言提供了便利。在网络法规尚不健全的今天，通过网络道德建设逐步形成健康文明的网络环境显得尤为必要而紧迫。为此，要着力加强网络监管队伍建设，充分发挥其监督管理及事件处置职能；加强依法办网、文明办网等专项检查评比，推动网络媒体及其行业加强自律，提高网络从业人员的思想政治素质和业务水平；大力倡导文明上网和文明互动，号召广大网民拒绝庸俗、反对恶搞，不听信和传播虚假及有害信息。最后，加强网络阵地及网络传播法律法规建设。发展网络文化和网络舆论阵地，构建文明、和谐的网上信息传播秩序和网络舆论环境，离不开必要的法律规范和引导。因此，应加快推进网站建设和网络管理立法，特别应通过完善网络安全认证体系、网站建设和网络管理责任制、网络信息实名制等，加强对网站建设和网上信息发布的科学管理，打击网络犯罪，为建设良好的网络舆论环境提供可靠的法治保障。

2. *着力加强高校思想教育和舆论引导工作*

高校不仅是文化知识高地和人才高地，更是思想文化的重要创新源，因而也往往成为社会思潮形成与传播的主要场所之一。大学在传承先进文化的过程中，往往会有多种思想文化争鸣。其间，高校社会思潮更是敢于开风气之先。因此，在大众传媒迅猛发展和信息网络化的今天，抓好社会主义核心价值体系对社会思潮的引领工作，把高校思想政治教育不断引向深入就显得尤为重要而迫切。

在新的时代条件下深化高校思想舆论工作，首先，要构建和完善理论学习机制，为党员干部和师生员工提高思想理论水平提供根本保证。学习是高校党员干部和师生员工提高思想素质、正确履行职责的基础，更是加强党性修养、贯彻落实党的教育方针、办人民满意大学的根本方法。只有不断地加强学习，才能提高自身综合素质、思想政治觉悟和实际工作能力；一个人如果不重视学习，思想就会滑坡，能力就难以提高，对事物的认知和判断就容易出现偏差。因此，要抓住思想理论建设这个根本，扎实推进学习型校园创建工作，坚持不懈地用马克思主义及其中国化的理论成果武装党员干部、教育广大师生员工，同时还必须认真总结高校理论学习的有效做法和基本经验，着力构建使职责分工更加明确、资源配置更加规范、规章制度更加健全、奖惩激励更加有力的理论学习体制机制。

其次，构建新闻宣传和舆论引导机制，为学校人才培养和改革发展提供正确导向。高校校报、广播电台、官网等主流新闻媒体，承担着宣传党的路线方针政策和学校各项决策部署、引导社会热点难点、回应师生关切和疏导师生情绪、报道教育教学改革和各类先进典型、开展舆情监督等重要职责，事关学校人才培养和改革、发展、稳定大局。要采取管理干部和新闻宣传人员与业务院系和地方新闻单位业务骨干互聘或挂职、定期开展业务培训等措施，着力培养一批政治强、作风正、业务精、有担当的新闻骨干队伍。要切实推进高校传统媒体与新兴媒体的融合发展，在办好办精校报、广播电台、电视台等传统媒体的同时，下大力气办好学校官网，并积极整合校内资源创办微博、微信、手机短信等新兴媒体，抢占新闻舆论的新领域，着力打造新闻舆论新平台，在条件允许的情况下，尽可能将各种媒体都搬进学校官网，以营造舆论强势，增强宣传效果。

再次，构建高校文化发展创新机制，为高校人才培养、科学研究和健康发展提供强大的文化支撑。文化是大学的灵魂，也是大学的命脉。大学文化还是社会文化的领跑者。大学文化建设更是实施文化强国战略的重要组成部分。因此，应从战略高度审视大学文化建设，以高度的责任感和使命感，以更大的气魄、决心、信心和毅力，把大学文化建设抓紧、抓实、抓细、抓好，真正做到持之以恒、常抓不懈，充分发挥其应有的职能作用。新的时代条件下，应以校园环境提升为抓手，以优良的教风、学风、校风建设为重点，以建设格调高雅、特色鲜明、富有时代感的校园文化并能充分发挥凝聚引领、感召激励作用为目标，统筹处理好物质、精神、制度、实践等诸要素之间的关系，切实推动大学文化建设持续健康发展。

最后，构建精神文明创建评价机制，为人才培养、科学研究和高校事业持续健康发展提供强大精神动力。高度重视并切实增强精神文明建设效果，这是由高校的性质、任务及职能所决定的。高校不仅是培养高级专门人才的重要阵地，而且是全社会的知识高地、文化高地、文明高地，肩负着人才培养、科学研究、社会服务、文化传承创新等重要任务，因而理应是精神文明建设重地。为此，高校必须从自身使命及各自实际出发，真正把精神文明建设作为一项长期战略任务，尤其是在理念、体制机制、创建载体、方式方法上不断创新，推动精神文明建设深入持久、卓有成效地开展下去，并在创建实践中走在时代前列，为社会做出表率。具体而言，高校要把精神文明建设列入学校改革发展规划和党政工作要点，摆上重要工作日程，明确分工和目标要求；要落实师生文明守则和行为规范，培养广大师生的自律意识，使其逐步养成文明高雅的学习、工作和生活习惯；要结合广大教职工和青年学生的思想、工作和生活实际，多角度、全方位开展师生文明习惯和文明礼仪养成教育，提升师生员工的文明意识；要通过制定文明单位及文明师生创建活动方案，探索打造行之有效的活动载体和品牌，组织师生员工广泛参与；构建和完善奖惩激励机制，为精神文明建设广泛深入地开展提供根本保证。

3. 着力加强社区思想舆论工作

社区作为聚居在一定地域范围内的人们所组成的社会生活组织，是当今基层社会的基本单位，是构建社会主义和谐社会的前沿阵地，也是中国共产党在基层执政的支撑点。社区具有一种“微型政府”的功能，在党的建设、思想政治教育、行政管理、社会服务、安全稳定、精神文明建设等方面都发挥着最基本、最明确的作用。在全面建设小康社会的新时期，坚持以社会主义核心价值体系引领社区思想舆论工作，切实把社区建设成文明和谐、安定有序的居民生活共同体，是城镇化背景下做好社区工作、发挥好社区功能的崭新课题。当前，随着我国城镇化的深入发展和社会结构的深刻变化，城镇社区日益成为各种利益关系和社会矛盾的交汇点、集聚地，社区建设和社区治理的任务极为艰巨而繁重。改革开放以来，伴随着单位制改革和市场化的推进，城市基层社区发生了明显分化，形成了复杂的矛盾缠结，导致社区冲突的类型增多，主要表现为社区阶层冲突、社区权利冲突、社区文化冲突和社区物质利益冲突。① 面对新形势、新问题和新挑战，贯彻落实中央关于加强和创新社会治理的一系列新部署和新要求，抓好社区思想舆论工作意义十分重大，必须因势而动、乘势而上、顺势而为，特别要把社会主义核心价值体系转化为引领和推进社区治理的最基本、最直接、最有效的思想文化力量。

加强社区思想舆论工作，必须坚持从实际出发，切实做好以下工作：一要适应基层民主政治建设实践的新探索和新要求，努力构建行之有效的社区治理运行机制。要认真总结社区治理的基本经验，从实现公开、公平、公正着眼，从规范各项操作程序着手，全面推行社区民主选举工作。要着眼于实现和保障居民有效参与，通过推进酝酿、协商、咨询、相关人员列席、票决等方法，实现社区民主决策和民主管理。要不断完善和认真落实社区民主监督制度，注重抓住民主评议共产党员、民主评议社区工作者、民主评议行风、定期公开社区事务、社区组织定期换届选举等重大事项，把社区各项民主监督工作落到实处。通过不断推行社区民主选举、民主决策、民主管理、民主监督等制度，不断提高社区居民的自我管理、自我服务和自我教育水平。二要顺应居民提高物质生活水平的新期待，尽快完善和优化社区综合服务体系。要以实施便民工程为重点，加快完善社区医疗、卫生、教育、绿化等公共服务体系，合理布局商业网点，努力满足居民基本生活需要，不断提升服务质量和水平；因地制宜兴办便于居民就业创业的富民工程，通过政府投资、社

① 参见卜长莉《当前中国城市社区矛盾冲突的新特点》，载《河北学刊》2009 年第 1 期。

会和居民筹资等多种方式，大力发展社区服务业，鼓励和支持社会各方兴办创新型企业；大力实施能够实现社区安全文明的安民工程，特别要以开展社会治安综合治理为重点，构建以政府为主导、由社区各类社会组织和居民参与的治安防治体系，为社区居民提供安全保障。再次，适应基层社区文化发展和文化消费的新趋势，不断满足社区居民的文化生活新要求。要根据基层社区居民的民族、职业、性别、年龄、文化程度、兴趣爱好等特点，筹资兴建公益性文化场所，或创办公益性文化团体，组织开展具有社区特点或民族特色的文化活动；或通过商业化运作，引进或推动组建文化娱乐企业，尽量满足社区居民各方面多层次的文化需求，不断丰富他们的精神文化生活，逐步实现人的全面发展。最后，适应社区组织的新特点，搭建居民参与和谐创建的新平台。紧密结合社区组织和社区群众的生产生活实际，通过开展平安小区、文明家庭、和谐社区、先进企业等创建评选活动，绿化美化、公益宣传、爱心奉献等志愿服务活动，把社会主义核心价值观和核心价值体系的内涵融入各项创建活动之中，增强社区群众的集体荣誉感和社会责任感。

4. *着力加强农村思想舆论工作*

坚持用社会主义核心价值体系引领农村思想舆论工作，特别是通过方式方法和途径的不断创新，促进农村物质文明、精神文明以及生态文明建设的科学健康发展，是新时期宣传思想工作的时代重任。全面深化农村改革、加快农业现代化和新农村建设步伐，这是党和国家从社会主义现代化建设全局出发对当前和今后一个时期农业和农村工作作出的重大部署，既为农业和农村改革发展指明了方向，也对新时期的农村思想舆论工作提出了新的更高的要求。当前，农村思想舆论工作只有紧紧围绕社会主义新农村建设这个大局，以满足农民盼富、致富的最大心愿为着眼点，把思想教育融入为农民群众办好事、谋实事之中，才能不断增强社会主义核心价值体系在农村的说服力和感召力。随着农村改革的日益深入，广大农民的思想观念也都发生了深刻变化。改革开放一方面解放和发展了农村的劳动生产力，给思想舆论工作提供了坚实的物质基础；另一方面也使农村思想观念领域出现了一些消极现象，比如一些农民的集体意识淡化了，不讲公德、自我利益膨胀的现象时有发生，赌博、封建迷信甚至涉黑势力在一些地方抬头，影响到社会风气，严重阻碍了社会主义新农村建设。① 因此，必须把宣传思想文化工作渗透到农村的每一个角落，使党的路线方针政策和各项决策部署更加深入人心。

把社会主义核心价值体系引领农村思想舆论工作引向深入，首先要增强服务意识和服务能力，以扎实的惠农措施和发展农村经济的实际效果让广大农民自觉地认同社会主义核心价值体系。当下，广大农民最期盼的就是增收致富和实现农业现代化。为此，要通过建立稳定完善的农业农村投入增长机制，加快水、电、交通、信息等基础设施建设步伐，加快建设农业农村社会化服务体系，着力提升农村医疗、卫生、最低生活保障、基本养老保险等公共服务水平，加大农村扶贫开发力度，进一步拓宽农民外部增收渠道等，千方百计地为农民增收致富创造条件。同时要着力解决好农村孤寡老人的生活和养老、留守儿童的教育等重点难点问题，实现农村社会的和谐健康发展。其次，要切实推动农村科技、教育、文化、卫生事业快速健康发展，为广大农村的文明进步和科学发展创造条件。要加强规划、加大投入，切实完善县（区）文化馆、科技馆和图书馆等科技文化服务体系，健全具有阅览、科技服务、影视演艺功能的乡镇综合文化服务平台，加强村级图书室、文化活动室、文化大院建设，同时有计划地深入开展文化普及、科技下乡、理论宣讲、法制宣传教育活动，使各个体系和平台成为宣传党的路线方针政策、现代文化科技知识特别是社会主义核心价值体系的主阵地。要有计划地组织开展科技文化卫生“三下乡”、对口支援等活动，积极探索并不断完善基层宣传思想文化工作部门联村、联户、联系企事业单位或文化团体活动，不断增强文化科技服务的针对性、有效性和持久性。要定期开展文明村组、文明家庭、最美乡村医生、最美乡村教师、最美村官、爱心企业等评选活动，组织开展村规民约制定、村组环境美化、节庆文艺汇演等，把农村精神文明建设不断引向深入。再次，要充分发挥中国共产党思想政治工作的优良传统，不断实现方式方法创新，紧紧围绕农业发展、农村建设和农民生活实际，以广大农民群众喜闻乐见的方式加深对

---

① 参见李伯怀《找准农村宣传思想工作的着力点》，载《农村工作通讯》2005 年第 12 期。

社会主义核心价值体系的宣传。最后，要充分发挥传统媒体和新媒体的舆论引导作用，着力营造学习、宣传和践行社会主义核心价值观和核心价值体系的浓厚舆论氛围。

第六章 “工程化”构建社会主义核心价值体系引领机制

自中共十六届六中全会首次提出“以社会主义核心价值体系引领社会思潮”这一命题之后，中共十七大、十八大等多次就这一问题作出专题部署。这充分表明中央对新时期社会主义意识形态建设和文化建设的高度重视。而推动实现这一重大战略任务，既要有正确的指导思想和引领原则，更需要立足实际，以“工程化”方式着力构建长效机制，以切实增强引领工作的科学化和实际效果。

一 引领机制的内涵及主要功能

（一）引领机制的基本内涵

坚持以社会主义核心价值体系引领社会思潮，这是中共十六届六中全会对我国新时期文化建设特别社会主义意识形态建设提出的新要求。中共十七大进一步提出：“积极探索用社会主义核心价值体系引领社会思潮的有效途径，主动做好意识形态工作，既尊重差异、包容多样，又有力抵制各种错误和腐朽思想的影响。”之后，中共十七届六中全会、十八大以及年度专题工作会议等，均对引领社会思潮工作作出安排部署、提出明确要求。综合十六届六中全会之后中央所作的有关《决定》和历次党代会工作报告的重要表述，可以将这一命题及要求概括为：要牢固坚持社会主义核心价值体系的主导地位，在尊重差异和交流互动中引领和整合多样化社会思潮，逐步扩大思想共识，同时教育和引导不同社会阶层和社会群体的人们增进价值认同，从而在全社会最大限度地巩固和扩大团结奋斗的共同思想道德基础。归纳起来，社会主义核心价值体系引领工作，主要包括“一个目的”“两个基本点”，即旨在全社会最大限度地形成思想共识；必须坚持社会主义核心价值体系的主导地位不动摇，必须坚持科学整合和加强疏通引导相结合。

“机制”一词源于希腊文，原指机器的构造和工作原理，或机体的构造、功能及其内部相互关系。综合《辞海》《辞源》等辞书的释义，机制泛指一个系统的组织及内部构成要素之间相互作用的过程与方式，如市场机制、工作机制等。社会机制往往依据一定的工作目标和功能而构建，由体制、制度、组织形式等要素所组成，在社会或者某一系统中发挥着基础性和根本性的作用。在正常情况下，合理的机制，其内部系统能够根据外部条件的变化而随机作出相应的反应，保持协调正常运行，实现功能的正常发挥。

从总体上来说，社会主义核心价值体系引领机制，是指能够承担社会主义核心价值体系的社会传播任务，在促进社会主义核心价值体系与社会思潮的交流互动中能够有效地发挥价值引领作用，进而能够最大限度地形成价值共识的领导体制、制度安排、组织设置、队伍和载体建设等诸要素的有机统一，主要由动力系统、保障系统、引领实施系统和管理系统等组成。就引领机制的构成、运行和功能发挥来看，动力系统是根本，保障系统是基础，实施系统是关键，管理系统是手段，各个系统相辅相成、有机统一、密切配合、缺一不可。

根据马克思主义关于社会存在与社会意识关系的基本原理，从广义上来说，社会主义核心价值体系引领机制的构建还应当更广泛地考虑到社会思潮形成和传播的社会条件，即我国的社会改革与中国特色社会主义建设，社会主义意识形态建设所面临的国际政治、经济与文化环境等，在此基础上形成有利于引领社会思潮的社会机制和引领合力。但鉴于本课题的研究视角和研究重点，本章仅从狭义上对构建社会主义核心价值体系引领整合机制加以探讨。

（二）引领机制的基本功能

构建社会主义核心价值体系引领机制，必须以有利于实现机制功能和有利于增强对社会思潮的引领效果为目的，否则，机制的构建便无价值可言。因此，明确机制的功能是机制构建的前提。根据中国共产党加强意识形态建设特别是引领社会思想及各种社会思潮正反两方面的经验，研究社会主义核心价值体系引领机制的基本功能，主要应从以下五个方面来把握。

1. 传播教育功能

即推进社会主义核心价值体系大众化的功能。马克思主义认识论以及教育和信息传播的理论与实践都充分表明，科学的价值观只有得到广泛传播和系统施教，才能被社会成员普遍认知和接受，进而逐渐内化为每个社会个体的价值标准和行为指南，并由社会个体意识转化为社会群体意识，最终成为人们普遍遵循的行动指南和力量源泉。“理论一经掌握群众，也会变成物质力量。”因此，在对社会主义核心价值观及价值体系的宣传教育实践中，从多个层面、多种途径以相应的方式方法切实加以推进，是引领机制应当具备的首要功能。

2. 整合引领功能

一个成熟的国家或民族要实现其稳定、健康发展，必须有足够的理论自觉，并以开放的姿态、经常的反省和思想观念的不断整合，及时有效地清除其消极、错误的思想成分，积极借鉴和汲取健康、有益的思想因素，以不断建构和升华自己的价值观体系①，从而保持价值观体系的生机活力与凝聚力。由于历史与现实等复杂因素，在中国当代多样化社会思潮中，既有积极、进步的思潮，也有消极、错误的思潮。对此，必须建立科学的引领和整合机制，有效地进行整合与应对，以最大限度地形成思想共识。归纳起来，一是发挥机制的疏导引领功能。即尊重包容积极、进步的社会思潮，通过争鸣交流，扩大共识，引导其沿着积极健康的方向向前发展。二是发挥机制的批判抵御和管控约束功能。即对消极、错误的思潮进行坚决、有力地批判和抵制，引导社会成员明辨是非、自觉与之划清界限；同时依法依规对其加强管控和约束，尽可能压缩其传播空间，以防止其扩散和泛滥。三是发挥机制的整合吸收功能。即对社会思潮的思想内涵进行科学分析，对其积极、有益的因素予以充分肯定，并积极借鉴、吸收，使之成为社会主义核心价值体系建设与发

---

① 参见陈秉公《论用社会主义核心价值体系引领社会思潮的基本途径》，载《政治学研究》2008 年第 6 期。

展的有益成分，从而不断增强社会主义核心价值体系的科学性、吸引力和生命力。四是发挥机制协调利益诉求、维护社会和谐的功能。即通过机制运行和社会主义核心价值体系的传播教育，引导社会成员逐步树立起共同的价值追求、利益目标和社会理想，进而引导人们着眼大局、着眼长远，以和谐的理念、和谐的态度、和谐的方式方法表达诉求、解决问题、化解矛盾。

3. 增强主流意识形态功能

引领机制构建的最终目的，就是要强化国家社会主义主流意识形态的主导力量。历史唯物主义表明，社会意识形态无不打上时代和阶级的烙印，并且往往都会呈现多元共存的状态，但只有反映社会经济基础、生产关系特别是统治阶级根本利益的意识形态才能成为社会的主流意识形态，并以此统摄、主导非主流意识形态，进而引领社会发展。社会主义社会的意识形态状况也不可能例外。改革开放以来，以反映我国最广大人民根本利益和先进文化的马克思主义及其中国化的一系列理论成果，特别是中国特色社会主义理论体系和社会主义核心价值体系，得到了全党和全社会的普遍认同，成为我国改革开放和全面推进小康社会建设的根本指导思想，因此也形成了一元主导、多元并存、健康向上的中国特色社会主义意识形态。但是，随着改革的不断深化和对外开放的进一步扩大，我国进入社会转型时期，加之经济全球化、文化多元化、信息网络化进程加快，多样化社会思潮先后涌现，这不仅对我国传统价值观念形成严峻挑战，而且对我国社会主义主流意识形态的巩固和加强造成巨大冲击。因此，通过功能整合、制度整合、资源整合、方式方法整合等，切实增强我国主流意识形态的统摄力和引导力，就成为社会主义核心价值体系引领机制构建必须切实解决的根本任务。

4. 弘扬新风正气功能

社会主义核心价值体系引领机制要充分发挥上述增强主流意识形态等基本功能，一个重要前提就是通过它的有效运行能够传递社会正能量，有效引领社会新风尚，进而能够科学地回应社会思潮的现实关切。社会思想发展史表明，与社会核心价值观相对应，在社会思潮之外，还有社会心理、道德风尚、公平正义等构成的社会文化生态。而社会心理、社会风尚等精神文化因素，既是社会核心价值观形成和发展的思想文化基础，无疑也是社会思潮形成和传播的思想文化基础。因此，社会的核心价值观要实现对社会思潮的引领，首先必须能够引领社会心理、社会风尚、公平正义等社会精神文化，弘扬社会新风正气。在不断深化改革、大力发展社会主义市场经济的时代条件下，实现对社会思潮正确而有效地引领，必须在社会主义核心价值体系主导下，切实打牢社会心理、社会风尚、社会公平正义等社会文化基础，为引领社会思潮创造良好的社会文化环境。为此，要紧跟时代发展需要不断拓展思路，创新方式方法和手段，尤其是在现阶段我国经济、政治、文化、社会、生态文明建设诸方面，通过人民群众喜闻乐见的方式，把社会主义核心价值观及其价值体系的科学内涵有效地融入其中，让广大社会成员真切地感受到文明进步的新风尚和公平正义的社会环境。试想，如果在一个缺乏公平正义、人人自私自利、没有诚信友爱的社会里，如何能够扩大和形成社会共识，又如何能够凝聚和形成共同理想信念？

5. 自我调节功能

即社会主义核心价值体系引领机制面对社会思潮形成和发展的新形势、新特点和引领工作的新任务、新要求，能够不断地进行自我调节和自我完善的功能。作为一定历史时期的特殊社会意识现象，一向被视为意识形态领域“晴雨表”或“风向标”的社会思潮，受执政党和国家方针政策变化以及国内外形势发展变化的影响，在不同的社会历史阶段会呈现出不同的特点，特别是在社会变革或转轨时期，往往会对国家意识形态和社会生活产生强大影响。而今，面对经济全球化、文化多元化、科技信息化以及西方敌对势力加强文化渗透的国际形势，面对全面深化改革、扩大对外开放的国内环境，要实现引领工作的规范化和常态化，增强引领工作的系统性、科学性和实效性，就必须清醒地认识到，引领机制的建设不可能一劳永逸，必须根据新形势、新任务的要求实现与时俱进，不断进行自我完善和创新发展。

二 “工程化”构建的必要性

（一）“工程化”构建引领机制的基本内涵

简言之，“工程化”构建引领机制，就是借用管理学等学科的有关概念，把对社会思潮引领机制的构建作为社会主义意识形态建设的一项系统工程，通过深入调研、充分论证，着重抓住优化体制机制、突出机构设置、强化制度设计、加强队伍和载体建设等关键环节，进行科学设计，精心组织实施，在一定时期内建立起一套理念先进、结构及功能设置合理、运行协调高效的工作体制机制，旨在实现引领工作的规范化和常态化，提高引领工作的科学化水平。

作为社会主义意识形态建设中一项复杂的系统工程，以“工程化”方式构建社会主义核心价值体系引领机制必须做到：第一，把引领机制建设作为一项系统工程来抓。能否建成一个系统科学、高效运行的引领机制，事关我国意识形态建设的能力和水平，事关国家和民族的凝聚力和向心力，进而关系着我国的改革、发展和稳定。因此，要像对待马克思主义理论建设工程一样，着眼于机制功能的有效发挥和对社会思潮的有效引领，对引领机制建设给予高度重视和大力支持，切实推进。第二，引领机制的构建必须充分论证、精心规划、科学设计。要在认真总结国内外意识形态建设和先进文化建设经验、科学借鉴相关学科知识的基础上，抓住优化体制机制、强化机构设置、加强队伍和载体建设等关键环节，既使内部各系统要素安排科学合理、有机统一，又保证整个引领机制协调一致、运转灵活高效、功能得以有效发挥。第三，加强领导，明确责任主体和具体要求，确保引领机制规划和设计方案的有效实施和圆满完成。

（二）“工程化”构建引领机制的必要性

1. 是实现社会主义核心价值体系自身使命的客观要求

从核心价值体系与大众价值体系的关系来看，前者在社会价值体系中处于核心地位，具有统领和支配作用；后者反映社会各方面人群多样化的价值理念，处于从属地位，其积极作用的发挥一般需要前者的主导或统帅。特别是面对各种类型、各个层次的大众价值体系，由于它们或积极或消极，或代表面宽或代表面窄，或稳定或易变，要实现社会的和谐稳定和长治久安，就必须以社会核心价值体系加以正确引领和整合，以促进大众价值体系的健康发展。可见，核心价值体系犹如社会的方向盘，一旦缺少这个最核心的价值体系，整个社会就会迷失方向，进而导致人心涣散和社会混乱。

社会主义核心价值体系作为我国社会制度的本质体现，与当代中国的经济基础、政治制度、文化建设和社会发展要求相适应，在社会意识形态中处于中心地位，是社会主义思想道德建设先进性要求与广泛性要求的统一，“是兴国之魂，是社会主义先进文化的精髓，决定着中国特色社会主义发展方向”①，肩负着在全社会引领风尚、教育人民的重任，具有凝聚社会力量、激发创新活力的功能。而要充分发挥这一功能、完成好肩负的重任，很显然，仅凭简单的、局部的、阶段化的思想教育是难以奏效的，更不可能毕其功于一役，必须以科学、稳定、持续、高效的引领机制作保证。以“工程化”方式构建引领和整合社会思潮的长效机制，正是完成这一历史使命的必然要求和积极探索。

2. 是实现引领工作规范化和科学化的必然要求

马克思指出：“社会生活在本质上是实践的。”② 他告诉人们，社会生活中的所有现象，不论是社会存在还是社会意识，其存在和发展都以人的实践活动为基础，都是人的实践活动的结果。而人的实践活动必然会受到主客观条件的制约，即使在客观因素相同的情况下，由于实践主体认识能力、实践能力、社会角色、利益诉求等主观因素的差异，人的实践活动状况也不可避免地存在差异。作为一项复杂的社会意识实践活动，推进社会主义核心价值体系对社会思潮的引领工作，也不可避免地会受制于包括意识实践主体在内的多种社会因素，或被重视，抑或被忽视；或富有成效，抑或会出现偏差失误，进而导致引领活动发展不平衡，影响社会主义意识形态建设效果。为保持引领工作的稳定性、一贯性和有效性，必须立足新的形势和新的要求，认真总结社会主义意识形态建设的经验和教训，并积极借鉴古今中外意识形态建设的有益成果，综合运用政治学、社会学、传播学、教育学、心理学等有关学科知识，坚持在系统理论指导下以“工程化”方式把引领机制的建设工作做实做好。

---

① 《中共中央关于深化文化体制改革推动社会主义文化大发展大繁荣若干重大问题的决定》，载《人民日报》2011 年 10 月 26 日。

② 《马克思恩格斯选集》第 1 卷，人民出版社 1995 年版，第 60 页。

3. 是全面提升社会主义意识形态建设水平的必然要求

意识形态作为一个国家和民族一定历史时期经济、政治、文化和社会生活的综合意识反映，它一方面必然以一定的社会存在为基础；另一方面它又深深地影响着特别是反作用于社会的经济、政治、文化生活，影响着社会的改革、发展和稳定。因此，以高度的理论自觉加强主流意识形态建设，积极推进价值观念的整合与创新，及时清除社会思想领域的消极、错误和腐朽因素，最大限度地扩大社会共识、巩固思想基础、凝聚各方力量，就成为执政党和国家权力机关的一项重大战略任务。

高度重视意识形态工作，充分发挥马克思主义及其中国化理论成果的导向和凝聚作用，团结带领全党和全社会为实现伟大目标而奋斗，是中国共产党的优良传统和政治优势。当下的中国，改革处于攻坚期、发展进入新常态、小康社会建设到了关键阶段，这就更需要以社会主义核心价值体系有效引领社会思潮和整个社会思想，以更高的标准和要求推进意识形态建设，以便更好地团结带领全国各族人民加快社会主义现代化建设步伐、实现中华民族伟大复兴的战略目标。与此同时，以社会主义核心价值体系引领和整合社会思潮正面临着一系列新形势和新挑战，如我国正发生着广泛而深刻的社会变革，社会思潮和人们的思想空前活跃与多变；经济全球化、文化多元化深入发展，世界范围内意识形态领域的交流、碰撞与融合更加激烈；西方发达资本主义国家和敌对势力的思想文化渗透从未停止，并且手段多样、渠道增多；以互联网为代表的新媒体和现代信息传播技术飞速发展，传统的思想文化传播交流的时空观念被打破，传统的思想政治教育及其管理方法、主流意识形态的影响力都受到严峻挑战；等等。同时还必须清醒地认识到，作为一项长期的战略任务，以社会主义核心价值体系引领社会思潮不可能毕其功于一役，必须着力构建长效机制。因此，推进社会主义核心价值体系引领机制的“工程化”构建，着力提高机制的建设水平，也是中国共产党在意识形态领域加强执政能力建设的一项必然探索。

三 机制构建应坚持的基本原则

要建设正常运行和功能得以有效发挥的社会主义核心价值体系引领

机制，就必须保证机制的构建既科学合理，又切实可行，既可以充分发挥核心价值体系的引领作用，又能够与时俱进、始终充满生机与活力。为此，必须坚持科学性原则、可行性原则、创新性原则和权威性原则。

（一）科学性原则

坚持这一原则，就必须在科学思想的正确指导下，运用科学的方式方法，作出科学的机制设计和制度安排，保证机制结构合理、运行协调高效。这是构建引领机制必须坚持的重要原则之一。具体而言，一是必须坚持正确的指导思想。即机制的构建必须有利于社会主义主流价值观及价值体系的宣传教育和广泛传播，有利于全社会思想共识的形成，同时符合社会主义先进文化建设要求，符合时代精神和时代发展方向。二是必须与社会主义意识形态的基本矛盾运动及其发展规律相适应。社会存在与社会意识、价值观念与社会共识之间的关系及其矛盾运动，构成了社会主义意识形态的基本矛盾。只有与这一基本矛盾运动及其发展规律相适应，社会主义核心价值体系引领机制的构建才具有合理性。三是必须具有针对性。即制度和机制的设计应具有明确的目标指向和具体的功能安排。因此，制度设计必须从实际需要出发，找准机制设计的各个环节及需要解决的关键问题，使各项制度规范、准确、适用，有的放矢、不可替代，切忌界定不准、要求不明、抽象空洞、大而化之。四是必须增强制度的系统性和协调性。与引领机制的构建及功能要求相适应，既要加强各项具体制度和体制类制度建设，又必须考虑制度之间的有机联系、系统之间的协调配合与制度的优化配置，以实现相关制度和系统的功能整合，增强各系统和制度体系的合力和整体功效，这是机制建设的内在要求。为此，要从引领和整合工作实际需要出发，综合运用系统论、控制论、社会学、管理学、教育学、心理学、传播学等学科方法，在认真总结古今中外制度建设成功经验的基础上，把精力放在符合引领和整合实际的制度设计上，放在增强制度之间的对接、联系和优化配置上，努力提高制度设计和制度配置水平，使各项制度和制度体系既能各司其职又能协调统一，并在机制建构和运行过程中不断排除各种不合理因素，保证机制的科学构建和健康运行。五是机制内部各系统必须协调一致。即机制运行系统、动力系统、保障系统等各系统必须能够有效支撑机制的功能要求，各系统内部设计、建构及制度等要素安排必须科学合理，各系统及其各要素之间必须有机统一、协调一致，进而实现各系统、要素功能的有效整合和机制整体功能的充分发挥。

（二）可行性原则

这一原则要求，构建引领机制既要充分考虑到条件和方法的可行性，又要充分考虑到机制实施的可行性，使机制的构建和实施都建立在切实可行的基础上。概括地说，一方面必须符合社会主义先进文化建设的正确方向及其基本要求，符合时代精神和科学原则；另一方面又必须立足社会主义市场经济条件下的价值实践和思想道德实际，与我国社会主义基本经济、政治、文化、社会环境相适应，实现必要性和可能性的统一。具体而言，一要认真总结我国加强社会主义意识形态建设的成功经验和好的做法，继承和发扬优良传统。正如整个社会的发展不可能割断历史一样，社会主义意识形态建设也必须继承和发扬我们党和国家开展思想文化建设的优良传统，同时还应当积极借鉴国外思想文化工作的有益做法，为引领机制的构建提供科学依据和参考。二要整合优势资源，完善制度安排，增强引领功能。中国共产党是一个十分重视意识形态建设的党，在建党 90 多年、新中国成立 60 多年的革命、建设和改革实践中，创造和积累了一系列关于坚持和发展马克思主义、党的建设、中国特色社会主义建设和社会主义意识形态建设的宝贵经验和思想资源，如坚持把马克思主义与中国实际相结合，推进马克思主义中国化、时代化、大众化，加强社会主义核心价值观和核心价值体系建设，在推进党的建设和中国革命、建设、改革实践中培育了为人民服务思想、长征精神、延安精神、焦裕禄精神、雷锋精神等，卓有成效地开展了社会主义意识形态领导体制、工作机制和一系列具体制度建设，培养造就了大批专兼职相结合的思想理论工作者队伍，打造了一系列思想政治工作载体，积累了一系列行之有效的方式方法，形成了思想政治教育的强大资源优势，创造了具有中国特色的社会主义先进文化，对此，我们要紧密结合社会主义意识形态建设的新形势新任务新要求，通过制度安排和体制机制创新，科学地加以整合，形成引领强势。三要坚持从实际出发，实事求是。这既是党的思想路线的重要内容，也是构建社会主义核心价值体系引领机制的根本要求。在机制构建实践中，必须准确把握我国社会结构的新变化和意识形态领域的新形势，准确把握各阶层人们利益上的新诉求和思想的新特点，准确把握各种社会思潮的性质、类别、基本特点、活动规律和社会影响，准确把握社会主义先进文化建设的正确方向和基本要求，在此基础上有针对性地加强制度设计，力争使每一项制度安排都能够符合实际需要、符合群众意愿、易于群众接受，真正切实管用。四要注重人文关怀，坚持贴近实际、贴近生活、贴近群众。对受众的思想引导和价值引领要建立在关心人的生存与发展、尊重人的主体需求和价值追求上，在制度设计时要做到“三贴近”，真正体现尊重人、关心人、爱护人，以便更好地发挥人的主观能动性，从而实现服务大局与服务群众的统一。

（三）创新性原则

要着眼于引领机制功能的充分发挥和实现引领效果的最大化，社会主义核心价值体系引领机制的设计和制度安排必须与时俱进，与社会发展的新形势、社会主义意识形态建设的新要求和社会思潮的新特点相适应，特别是在引领机制建设的指导思想、各方面制度的设计上要紧扣时代脉搏，体现时代性和创新性。具体而言，一要坚持观念创新。辩证唯物主义告诉我们，任何思想观念和体制制度无不深深打上时代的烙印。引领和整合社会思潮的机制和制度建设同样不可能一劳永逸。在改革开放和发展社会主义市场经济的时代条件下，广大社会成员的思想观念和价值追求等也都发生了深刻变化，与之相适应，思想政治工作和对社会思潮的引领也都必须作出相应调整，形成与新时期社会主义意识形态建设新形势、新任务、新特点、新要求相适应的新观念、新内容、新机制和新方法。二要坚持体制和制度创新。形势在变化，时代在进步，实践在不断地向前推进，用社会主义核心价值体系引领社会思潮的方式方法以及体制、制度也必须与时俱进、不断创新。因此，要认真总结中国共产党加强意识形态建设的基本经验，科学借鉴其他国家和民族加强思想舆论建设的有益成果，在引领社会思潮的具体实践中积极探索，不断优化引领工作的体制机制和具体制度。具体而言，应对已有的制度进行认真梳理，需要修订完善的要及时修订完善，需要废止的要适时废止，并在总结实践经验的基础上适时制定新制度，实现引领制度的创新发展和机制的“吐故纳新”，使引领工作制度、机制始终处于最佳状态，始终与引领工作要求相适应。

（四）权威性原则

制度的权威性，就是制度得以不折不扣地贯彻执行的情况。制度要有权威，制定是基础，执行是关键。社会主义核心价值体系引领机制建设也不例外。古人云：“天下之事，不难于立法，而难于法之必行。”可见，制度的生命力在于执行。如果没有执行，再好的制度一旦废弛，便只是一纸空文，其后果比没有制度危害更大。社会主义核心价值体系引领机制通过“工程化”构建，会在一定时期内形成系统的制度体系和完备的体制机制，但能否被各级引领主体高度重视并认真贯彻执行，则是衡量引领机制权威性的重要标准。因此，若要保持引领制度的权威性，提高其执行力则是问题的关键所在。

作为思想文化领域的一项重大战略任务，实现对社会思潮科学有效的引领整合，对于各级领导机关等工作主体来说，应当具有明确的职责、任务和要求，在实际工作中必须采取一系列具体措施，因此具有“硬”的方面。但在对引领工作质和量的把握上以及工作效果的衡量标准上，较其他工作则具有更大的弹性和难度，亦即具有明显的“软”的特征。因此，这方面的工作做起来不易，衡量起来更难。但是一旦制度执行乏力、引领工作长期松软，势必造成思潮泛滥，社会思想混乱，终将影响改革发展稳定和中国特色社会主义事业进程。因此，必须提高制度执行力，保持引领制度应有的权威就显得尤为重要。为此，一要强化引领主体的工作职责，明确分工和具体要求。这是推进工作、考核评价、奖惩问责的基础。要真正通过明确分工和要求，强化各级党委、政府及其职能部门领导干部的工作职责，防止推诿扯皮、形式主义、敷衍了事。二要切实加强组织领导，解决组织自身的“软弱”问题。各级党委、政府及其主管部门要把引领制度的执行摆在突出位置，作为做好意识形态领域工作的重中之重，尤其要以加快推进引领机制建设为载体，以落实引领工作责任制为抓手，以健全引领工作监督检查和考核评价工作为重点，结合本地区本部门本单位实际创造性地开展工作，保证各项制度的贯彻执行和引领机制的高效运行，真正做到“守土有责”，坚决克服“讲起来重要，做起来次要”的不正常现象。三要加强监督检查和考核评价，严格奖惩激励和责任追究，切实解决措施“不力”问题。要通过完善上级组织日常督查和专项检查措施，加强对制度执行情况的监督；通过上级组织或第三方机构对单位、地区、行业人员思想测评、专题调查、消极或重大事件发生率统计等，加强对制度执行情况和执行效果的科学评价；加大奖惩激励力度，严格领导干部问责制等责任追纠制度，真正解决规则本身“软弱”问题。要坚持每年定期总结表彰，对于工作突出的地区、部门、单位和个人要给予相应奖励和表彰，对于工作一向优秀的干部要给予充分肯定或提拔重用，对工作不力的单位和个人要严肃问责，严重的要给予党纪政纪处分，直至追究法律责任，以此坚决克服“重制度建设，轻制度执行”、“上有政策，下有对策”、“有令不行，有禁不止”以及“庸懒散，不作为”、“不称职，乱作为”、“干好干坏一个样，干和不干一个样”等不正常现象，确保各项制度长期有效地贯彻执行，切实维护制度权威。

四　机制的“工程化”构建

“工程化”构建社会主义核心价值体系引领机制，不仅是必要的，而且是切实可行的。从对机制的界定及其功能设置来看，推进机制的“工程化”构建，可以从构筑实施系统、整合动力系统、完善保障系统等三个方面进行科学设计，使各系统既相对独立、自成体系，又相互支持、相辅相成，彼此有机统一、协调高效运行。

（一）构筑实施系统，确保引领机制科学有序运行

1. 构筑引领实施系统的重要意义

根据引领机制的内涵和基本功能，社会主义核心价值体系引领机制的实施系统，就是机制对引领客体发挥实际引领和整合作用的工作系统。根据传播学、管理学以及教育学、心理学等学科理论和社会主义意识形态建设实际，引领机制的实施系统主要应当包括核心价值体系的普及、舆情监测、整合引领、管理规约、利益诉求协调等子系统。这些子

系统职责、功能各不相同，不能互相取代，彼此相辅相成、紧密配合，共同构成一个有机的整体。从方法论的角度来看，引领机制实施系统的构建，主要是解决“怎样引领”的问题。

首先，这一系统是引领机制构建的关键所在。就整个机制的建构而言，离不开内在动力系统、实施系统、保障系统、管理系统等方面的科学设置和密切配合，但从引领工作的具体实施和对引领效果的直接影响来看，实施系统的创新、优化和完善是关键，动力系统、保障系统和管理系统无不为实施系统而存在和服务。换言之，如果没有符合实际需要、没有科学有效的实施系统，即便具有完备的动力系统、保障系统和管理系统，也无法实现和完成对社会思潮的有效引领，甚至会使引领机制成为一种资源浪费或造成负面社会影响。因此，在加强动力系统、保障系统和管理系统建设的同时，要切实推进实施系统的论证和构建。

其次，是贯彻创新精神、优化和完善引领机制的必然要求。在加强党的自身建设和领导中国革命、建设与改革的实践中，中国共产党积累了加强思想理论建设以及应对和引领社会思潮的丰富经验，比如在政治方向和工作原则上，坚持党的领导和马克思主义指导地位不动摇，把“二为”方向和“双百”方针贯彻始终，大力推进马克思主义中国化、时代化、大众化。坚持以人为本、尊重群众的主体地位和首创精神，不断加强和改进思想政治工作，等等；在引领和整合社会思潮的具体实践中，确立了“既尊重差异、包容多样，又有力抵制各种错误和腐朽思想的影响”等指导原则，为实现引领工作提供了正确的指导原则，我们必须认真贯彻落实。同时也必须清醒地认识到，时代在发展，形势在变化，社会在发生深刻变革，人们的思想观念也都随之发生了巨大变化，在引领和整合社会思潮的具体实践中，必须立足当今时代特点和社会实际，特别是社会成员的生活和思想实际、社会思潮的新特点和新趋势，以创新的精神和思维方式，综合运用社会学、管理学、传播学、教育学、心理学等学科知识，积极拓展引领工作的新思路、新方法、新手段，着力优化和完善引领机制的实施系统，使引领工作紧扣时代脉搏，更加贴近实际，更加贴近群众，更加贴近生活，更加适应新时期意识形态建设规律，更好地为广大社会成员所接受。

2. 构建引领实施系统应把握的关键环节

根据上述关于引领机制及其实施系统的界定，以创新精神构建社会主义核心价值体系引领机制的实施系统，主要体现在核心价值体系普及系统、舆情监测系统、思潮研究系统、思潮整合引领系统、思潮规约管理系统、群众利益诉求和权益维护系统等子系统的构建及其相互关系的设定上。具体来说，应着重把握以下几个关键环节：

第一，构建社会主义核心价值体系普及机制。

理论只有掌握群众，才能发挥战斗力。有效发挥社会主义核心价值体系对社会思潮的引领作用，必须坚持从群众中来、再回到群众中去。构建并不断创新核心价值体系的普及机制，这既是构建实施系统必不可少的重要组成部分，也是实现引领机制的传播教育功能、进而实现对社会思潮科学引领的必然要求和前提条件。构建普及机制，主要应当在创新和优化普及的渠道、阵地和方式方法上狠下功夫。

一是构建社会主义核心价值体系创新发展工程，为武装党员干部、教育人民群众、引领各类思潮不断提供创新成果。要集中全党智慧和力量，在实践中深入回答当今时代发展和中国特色社会主义事业发展中的重大理论和现实问题，大力推进理论创新，不断赋予马克思主义以鲜明的民族特色和时代特色，进一步增强理论的创造力、说服力和感召力。要以基金支持、项目推动、优秀成果评选和表彰奖励等方式，着力推进社会主义核心价值体系的发展创新，努力使这一价值体系永葆青春与活力。

二是拓宽教育引领主渠道，把社会主义核心价值体系的内涵和要求融入各级各类教育实践之中。首先，要切实加强各级党校、行政学院等干部教育培训工作和党员干部日常教育工作。党员干部特别是各级领导干部，是我国社会的先进分子和骨干力量，是党和国家路线方针政策的主要制定者、决策者，他们对待社会主义核心价值体系的态度、认识和践行情况，对广大群众具有不可估量的影响和示范作用。要坚持从实际出发科学构建党员干部教育培训和日常学习机制，不断完善学习教育制度，改进方式方法，加强科学管理，增强培训和学习效果。其次，要切实加强各级各类学校教育。学校是培养社会主义事业建设者和接班人的主阵地，也是西方敌对势力实施和平演变的着重点，因此必须从战略高度切实抓好青少年思想教育，坚持育人为本、德育为先，特别要结合各自实际和教育特点，把社会主义核心价值体系的基本内容和要求科学地融入教材编写和各项教育教学工作之中，着力形成良好的教育引领环境。

三是有效发挥大众传媒的舆论引导作用，努力形成普及社会主义核心价值体系的强大合力。大众传媒作为新时期重要的宣传舆论载体，是党和政府沟通联系社会大众的桥梁和纽带。为此，一要积极开发利用互联网、移动电脑、网络视频、手机、微博、微信等新兴媒体及现代信息技术，迅速占领思想文化传播的前沿阵地和制高点。新媒体不仅传播速度快、具有海量信息，而且覆盖面广、交互性强，在信息传播和舆论引导上具有不可替代的重要作用。对此要通过设立部门网站、主题网站和微信平台，开设网上论坛、网上阅览室、网上影剧院，开展网上聊天和网上评论，开发手机短信，普及手机上网等，尽可能抢占舆论先机，扩大覆盖范围，增强舆论引导的即时性、针对性和影响力。二要充分发挥书籍、报刊、广播、电影、电视等传统媒体的优势和特色，着力提高舆论引导的权威性、公信力和影响力，巩固传统媒体在舆论引导中的核心地位和主导作用。三要大力推进新兴媒体与传统媒体的有机结合，营造新的舆论优势和强势。新媒体要通过加强策划、加强建设和规范管理，多出精品和高质量产品，增强媒体特色，提升宣传品位和影响力。传统媒体要积极适应科技发展的新形势和社会成员的新要求，进一步解放思想、不断创新，实现与新媒体的有机结合，着力提高传播能力，增强吸引力和感染力，逐步打造自身的新特色和新优势，焕发新活力。各类媒体要坚持贴近实际、贴近生活、贴近群众，立足社会实际和时代特点，坚持理念创新和方法手段创新，以灵活多样和人们喜闻乐见的方式，及时回应群众关切和社会热点难点问题，更好地发挥引领疏导作用。

四是以深化精神文明建设和优化社会治理为抓手，切切实实地把社会主义核心价值体系的精神实质渗透于精神文明及社会建设的各方面和全过程。具体而言，就是要把社会主义核心价值体系的科学内涵及基本要求渗透到诸如学生守则、市民守则、乡规民约、职业道德规范等具体行为规则之中，融入和渗透到文明城市、文明单位（包括小区、社区等）、文明个人等方面的创建、评选和宣传表彰之中，融入和渗透到劳动就业、收入分配、医疗卫生、社会保障、社会治安等关系群众切身利益的社会建设和管理之中，融入和渗透到各种公益活动、志愿服务之中，渗透到群众的日常学习、工作和生活之中，使广大群众在潜移默化中感知、理解、接受并自觉践行社会主义核心价值体系。

五是充分发挥文化的思想教育功能。新闻出版、广播影视、文学艺术、哲学社会科学等，既是宣传和普及社会主义核心价值体系的主渠道，也很容易成为各种社会思潮传播发展的重要领域和途径，特别是哲学社会科学界往往又是社会思潮产生与传播的源头。因此，要通过多种方式把社会主义核心价值体系有效融入和渗透到上述各个领域，通过制度安排和工作引导，使社会主义核心价值体系深深植根于广大从业人员的思想和心理，并通过他们进一步渗透到社会生产和生活的各方面和各环节。为此，要牢牢坚持“二为”方向和“双百”方针，既大力弘扬中华民族优秀传统文化，又着力实现文化创新，兴起社会主义文化建设新高潮，特别是要继续深化文化管理体制改革，大力发展文化产业，积极扶持公益性文化事业，充分调动各方面参与文化事业、文化产业、文化创新、文化服务的积极性，大力推动新时期文化事业的健康发展，不断增强社会主义文化创新和文化服务的活力与创造力，以多种文化方式和多层次的文化活动满足不同层次社会群体的文化需求。①

六是加强和改进思想政治工作。思想政治工作是一项教育人、引导人和提升人，促进人的全面发展的教育实践活动，是经济工作和其他一切工作的生命线，是我们党的优良传统和政治优势。新时期新阶段，思想政治工作面临着全面深化改革、继续扩大开放、大力发展社会主义市场经济及社会转型发展的新形势，担负着实现人的全面发展和提高全社会思想道德素质的更高要求。而要推进思想政治工作质量和水平的全面提升，就必须紧紧围绕国家富强、民族振兴的总目标，切实加强和改进党对这一工作的领导，实现思想政治工作的与时俱进和不断创新。为此，必须给思想政治工作以应有的政治地位，使这一工作真正走出“说起来重要、看起来次要”的尴尬境地；必须适应新形势、新任务及

① 参见单刚《关于当代社会思潮引领路径的几点思考》，载《毛泽东邓小平理论研究》2011 年第 9 期。

新要求，不断创新方式方法和手段，不断增强思想政治工作的科学性、针对性和实效性；必须适应国际化的新形势和我国扩大开放的新要求，坚决抵制和批判西方腐朽思想的侵蚀；必须适应新媒体发展的新要求，努力拓展新领域，不断扩大覆盖面；必须适应繁荣发展社会主义文化的新要求，既坚持和弘扬主旋律，又尊重和倡导多样化；必须从战略高度抓好思想政治工作队伍建设，通过理念创新和制度创新，真正建设一支政治强、业务精、作风正、善于工作、安心工作的强大政工队伍。

第二，强化舆情监测机制。

实现社会主义核心价值体系对社会思潮的有效引领，其前提是能够及时、准确地掌握社会舆情动态，在此基础上深入研究各种社会思潮形成的社会根源、主要理论观点及其传播范围，进而准确把握各种思潮的性质和特点，科学判断其发展态势、传播途径和可能产生的社会影响等。因此，通过构建舆情监测机制，及时收集社会舆情特别是社会思潮的相关信息，是实现对社会思潮有效引领的必要条件，也是推进社会主义意识形态建设的科学化和制度化、保证社会主义文化安全的必然要求。

具体来说，构建舆情监测机制须着重把握以下几个关键环节：一是建立健全舆情监测机构。这是履行舆情监测职能、完成舆情监测任务的根本组织保证。因此，须在党和政府的直接领导下，在各级领导机关和科研机构建立健全舆情监测和信息管理系统，配备专职工作人员和信息监测、信息收集、信息管理设备，通过现代化的舆情信息采集手段，快速、准确地采集各类书籍、报刊、广播、电视等传统媒体和互联网站、微博、博客、微信等新兴媒体的舆情信息，通过科学的汇总、整理和统计，及时、全面地实现对各类舆情包括社会思潮的有效监测，为实现对社会舆情和社会思潮的分析研究提供全面、系统、权威的第一手资料，以增强引领工作的主动性。二是建立健全专题调研和分析预测制度。在加强对社会舆情包括社会思潮进行全面、有效地监测的基础上，对社会以及舆情信息中的热点、焦点和敏感问题，特别是具有一定影响的社会思潮必须重点进行专题调研和集中监测，持续跟踪收集相关信息，科学分析预测其形成特点和发展变化的趋势，为实现正确的舆情判断和引领决策提供科学依据。三是建立健全舆情报告制度。为实现信息畅通，确保重要信息及时通报、危机事件及时预测和防范，必须建立舆情信息集中管理和定期不定期的报送制度，建立重要舆情预警机制等。特别要在各级实际管理部门建立健全上报信息的汇总、审核把关、逐级报送等实际操作制度，以及相关的岗位职责、领导责任和奖惩激励等保障制度，确保上报信息不遗漏、不延误。

第三，强化社会思潮研究机制。

根据历史唯物主义基本观点，社会思潮作为对一定社会存在的能动反映，其形成和传播既有一定客观必然性，又有其自身规律，特别是在社会变革以及世界文明多样化、国际局势深刻调整的历史时期，社会思潮往往出现种类繁多、流派纷呈、相互激荡的状态，对人们的思想观念、行为选择以致社会生活无不产生或多或少、或深或浅的影响，以至对国家意识形态建设以及经济社会发展带来严峻挑战，提出新的要求。

当前，在经济全球化和国际政治多极化深入发展，中国社会处于深刻变革的历史时期，国内社会思潮不断涌现、日趋活跃，表现出多元并存、关注现实、广泛传播、复杂多变等特点。这既有利于增强我国社会主义意识形态建设的紧迫感和使命感，有利于促进我们党不断加强和改进对意识形态工作的领导方式和方法，有利于促进马克思主义理论创新和社会主义文化的发展与繁荣，有利于促进“尊重差异、包容多样”方针的深入贯彻落实，但同时也容易引发多元价值观念冲突，容易对社会主义主流意识形态建设造成巨大冲击，干扰人们科学价值观和共同理想信念的确立，容易引发道德失范、破坏社会主义道德风尚，容易为青少年教育带来不健康的人文因素，影响青少年的健康成长和社会的安全稳定。① 因此，加强对社会思潮的研究，就显得十分重要而迫切，特别是对于我们准确把握社会思潮的本质和特征，准确把握社会思潮的传播方式及规律，以及对于引领方式方法的正确选择和运用，对于提高引领工作的针对性和实际效果，对于新时期新阶段扎实推进马克思主义中国化和大众化，对于进一步提高我国社会主义意识形态建设整体水平等，都具有十分重大的理论意义和实践价值。

---

① 参见单刚《当前社会思潮的新特点及对我国意识形态建设的影响》，载《洛阳师范学院学报》2011 年第 9 期。

加强社会思潮研究机制建设，应着重从以下几个方面入手：

一是树立正确的指导思想。加强社会思潮研究工作，是社会主义意识形态建设的一项重要任务。近百年来，中国共产党正是在积极宣传马克思主义、批判和抵制各种非马克思主义思潮中发展和壮大起来的。当前，面对日趋活跃、复杂多变的社会思潮，我们既不能被动应付、敷衍塞责，更不能听之任之、无动于衷，必须高度重视其在社会改革发展中的作用和影响，尤其要着眼于确保社会主义意识形态安全和建设社会主义文化强国，以高度的理论自觉和自信，以高度负责的态度和行之有效的方式方法，着力构建社会思潮研究机制，深化社会思潮研究工作。

二是充分整合、利用我国思想理论战线的管理资源和研究资源。在长期的革命、建设和改革实践中，我们党和国家先后建立了以各级党校为代表的各级各类干部培训体系，建设和发展了比较完备的高等教育体系和各级社会科学界组织、强大的传统媒体和新兴媒体系统等，培养造就了大批高素质的社会科学方面的专家学者和宣传思想文化方面的实际工作者，他们在当代马克思主义理论建设、社会科学研究、意识形态建设等方面有着各自独特的功能和优势。因此，加强社会思潮研究系统建设，必须充分而有效地整合利用上述各方面的资源，充分发挥它们的资源优势和在社会思潮研究中的积极作用，形成社会思潮研究的强大合力。

三是加强制度建设，有效发挥各级管理系统的引领功能。中国共产党有重视理论建设的优良传统，在大力推进马克思主义中国化以及繁荣发展哲学社会科学的实践中，在对各种思潮进行深入研究、对各种错误思潮进行深刻批判和不懈斗争的实践中，既捍卫、发展了马克思主义及其中国化的理论成果，又有效引领了各种同质类思潮，抵制和挫败了各种异质类思潮，积累了应对社会思潮的丰富经验。但在深化改革、扩大开放、各类思潮异常活跃的新时期新阶段，一些地方和职能部门对社会思潮的研究和引领工作缺乏应有的重视，在工作中存在着职责不清、任务不明、计划性不强、工作被动应付的状态，这与社会主义意识形态建设的要求明显不相适应。为此，必须认真总结经验，切实加强制度建设，采取进一步明确职能分工、实施目标管理及项目化推进、加强奖惩激励等措施，构建系统、高效的社会思潮研究和管理实施机制，充分调动各有关方面的积极性与创造性，增强社会思潮研究和引领效果。

四是着重加强社会思潮基本问题和具有较大影响的社会思潮的研究，以增强引领工作的针对性。加强社会思潮基本问题的研究，主要是用马克思主义的立场、观点和方法以及相关学科方法，对社会思潮的内涵、分类、基本形态、产生背景、主要功能、传播特点、流变规律、社会影响等进行整体性研究，着力构建系统科学的社会思潮基本理论。对社会思潮基本问题的研究，也是正确认识和准确把握当代中国社会思潮并加以正确而有效引领的基本要求，对研究具体社会思潮具有重要意义。其次，要加强对具体社会思潮特别是具有较大影响的社会思潮的研究。要从实现马克思主义理论创新和加强社会主义意识形态建设战略需要出发，在马克思主义立场、观点和方法指导下，综合运用社会学、政治学、心理学、传播学、思想史、系统论等方法，重点选择那些具有较大社会影响、客观上对社会主义主流意识形态形成严峻挑战的社会思潮进行深入、系统地研究，对其形成全面而准确的认识和把握，为我们应该“尊重什么”“包容什么”“批判什么”“抵制什么”提供科学依据，以便增强引领工作的针对性和实际效果。

第四，强化核心价值体系整合引领机制。

有效发挥社会主义核心价值体系的引领作用，就要求我们对社会思潮既不能一味地否定和封杀，也不能听之任之、放任自流，必须遵循意识形态建设的规律，在加强对社会思潮监测和研究工作的基础上，建立科学的整合引领机制。概括起来，就是根据对各种社会思潮的正确判断和科学决策，区分不同情况，分别通过对话交流、教育引导、批判抵制、规约管理等措施，实现对社会思潮的整合引领。

具体而言，加强社会主义核心价值体系整合引领机制建设，主要应抓好以下四个关键环节：

一是坚持对各种社会思潮进行科学分析、区别对待。由于各种社会思潮的思想渊源不同，形成的社会历史条件不同，代表的阶级、阶层或社会群体不同，其性质、思想观点、利益诉求、表现形式及其社会影响等也各不相同，因此，必须坚持以马克思主义为指导，依照社会主义核心价值观及价值体系的标准和要求，对不同性质及思想观点的思潮进行科学分析和准确判断，在此基础上分别采取不同的应对原则和方式方法。

二是尊重包容、疏通引导同质类社会思潮。在引领社会思潮的具体实践中，对于那些主要反映人民内部不同阶层、不同社会群体的利益诉求和政治主张，与社会主义核心价值体系没有根本抵触的思潮，应坚持“尊重差异、包容多样”的原则，坚持以马克思主义为指导，通过建立对话交流机制，加强交流互动和疏通引导，分清良莠，辨明是非，充分肯定其积极合理因素，明确指出其思想局限性，分析批判其消极错误思想，努力扩大思想共识，引领其向着社会主义核心价值方向靠拢和发展。与此同时，社会主义核心价值观念及价值体系也必须实现与时俱进，并在引领社会思潮的实践中积极借鉴吸收其合理因素，以实现自身的不断丰富和发展。

三是批判抵制异质类社会思潮。对于那些主要反映资产阶级价值观念和腐朽思想文化，与马克思主义和社会主义核心价值体系相背离，甚至企图实现对中国的西化、分化，企图颠覆“四项基本原则”的错误或反动思潮，必须站在捍卫社会主义制度和社会主义意识形态的战略高度，旗帜鲜明地加以反对，并用马克思主义和社会主义核心价值体系加以剖析和批判，深刻揭露其思想本质和严重危害，教育和引导广大社会成员与之彻底划清界限，尽可能减少其负面影响。

四是加强对社会重点领域和重点群体的价值引领。增强引领社会思潮的针对性和有效性，还必须根据社会思潮的性质和类别，认真分析研究其影响的重点领域和重点社会群体，在此基础上确定引领工作的覆盖面及其原则和方法。由于社会思潮的性质和类别不同，其传播和影响的社会领域、社会群体也各不相同。一般来说，思想和文化类思潮，容易在大中学校、文学艺术领域和青少年中传播；迷信和伪科学类思潮，容易在普通群众及弱势群体中传播；民族分裂主义思潮，容易通过民族极端势力在少数民族地区传播；政治类思潮，容易在党政机关、高校和哲学社会科学研究机构传播。对此必须进行深入研究，针对具体问题进行具体分析，进而采取有针对性的措施加以引领。

五是完善制度，加强对错误和反动思潮的批判和管控。在改革开放条件下特别是社会转型时期，既要密切关注意识形态领域的思想动态，更要切实加强思想理论方面的科学管理，有效防止各种消极错误思想和社会思潮的传播与蔓延。实现对社会思潮的规约管理，要认真总结我国加强意识形态建设特别是应对和引领社会思潮的基本经验，建立健全社会思潮存在发展的规约机制，切实加强对社会思潮传播者、社会思潮内容和传播载体的规范管理。其中，要重点规范社会思潮传播载体的管理，尤其是新闻出版，课堂教学，各类哲学社会科学讲座、论坛、报告会、研讨会，以互联网和微博、微信为代表的新兴传播媒体等方面的管理。为此，一方面要加强制度建设，为思潮管理提供具体的遵循和操作依据；另一方面要加快推进相关立法工作，为社会思潮管理提供可靠的法律依据。要通过规章制度和法律法规建设，狠抓制度落实和法律实施，有效克服管理乏力的现象，从而从根本上铲除错误思潮传播的土壤。需要注意的是，由于社会思潮的形成和传播具有复杂的社会因素，在法律和政策的制定和执行过程中，既要有利于弘扬主旋律，又要尊重差异、包容多样，不能剥夺各方面正常表达合理思想诉求的权利，不能挫伤各方面参与社会主义文化建设的积极性和创造性。

第五，健全群众利益诉求和权益维护机制。

社会思潮往往反映着不同阶级、阶层或社会群体的价值取向和利益诉求。因此，用社会主义核心价值体系引领社会思潮，一方面是要认真解决思想理论引导问题；另一方面还必须切实解决好群众的利益诉求和权益维护问题，做到解决思想问题与解决实际利益问题相结合。而为不同利益主体提供充分而畅通的诉求表达渠道，切实维护并合理解决他们的利益诉求和实际利益问题，正是社会主义核心价值体系引领社会思潮的重要实践路径。

所谓“利益诉求和权益维护”，是指社会利益主体表达利益愿望、维护自身权利、反对正当权益遭受侵害的行为。构建群众利益诉求和权益维护机制，就是在各级党委领导和政府主导下，着眼于维护最广大人民的根本利益，不断改进社会治理方式，建立畅通的诉求表达、矛盾调处、权益保障机制，引导利益诉求主体通过合法渠道和恰当方式向各级党委、政府和社会组织表达利益诉求、维护合法权益。就引领社会思潮的客观形势和现实要求而言，一方面依然应当加强思想引导，为引领工作奠定良好的思想理论基础；另一方面还必须解决好公民、法人和其他社会组织的利益诉求和权益维护问题，为引领社会思潮奠定良好的社会基础。两个方面必须相辅相成、有机统一。

经过新中国成立六十多年的建设发展和三十多年的改革开放，我国早已形成了工人阶级领导、工农联盟为基础、人民当家作主、各民族和睦相处和共同繁荣发展的局面，营造了社会总体发展目标明确和民主宽松和谐、有利于生产力发展的良好社会环境。但同时也出现了利益主体多元化、价值观念和利益诉求多样化的社会现象，特别是随着我国各方面改革的深入推进和社会的结构性变动，对外开放的进一步扩大和信息渠道的更加畅通，不仅造成了人们思维方式、价值取向等方面差异的扩大，而且多种利益主体的维权意识、对实现自身利益诉求和价值追求的要求也越来越强烈，各种利益主体与其他利益主体在利益诉求和价值追求上的矛盾也大量存在。因此，构建群众利益诉求和权益维护机制是我国社会治理创新的必然选择。

当前，构建群众利益诉求和权益维护机制，应着重把握好以下六个基本向度：

一是坚持马克思主义群众观与坚持党的群众路线的统一。如何认识和对待人民群众，历来是区分历史唯物主义与历史唯心主义、无产阶级政党与非无产阶级政党的试金石，也是构建群众利益诉求和权益维护机制的思想理论基础。历史唯物主义深刻揭示了人民群众是社会实践的主体、人类社会的主体，是社会变革和历史发展的决定性力量；强调需要和利益是人民群众推动社会变革和历史发展的原动力，人民群众不仅是社会物质财富和精神财富的创造者，同时也是这两者的享有者。因此，实现好、维护好、发展好人民群众的利益，是马克思主义政党的永恒追求。而党的群众路线，正是以毛泽东为代表的中国共产党人将马克思主义群众观点运用到党的全部实践活动中而逐步形成的工作路线，其核心就是“一切为了群众，一切依靠群众，从群众中来，到群众中去”。马克思主义群众观和党的群众路线，是对中国共产党人科学世界观和方法论的高度概括，前者是党制定路线方针政策的理论基础和根本出发点，是后者的思想来源；后者是党以前者为指导探索形成的根本工作路线和工作方法，是党立于不败之地的根本保证，二者相辅相成、有机统一。坚持马克思主义群众观和群众路线是我们党的优良传统，“我们党的最大政治优势是密切联系群众，党执政后最大的危险是脱离群众”。因此，不论在任何时候和任何情况下，既要牢固树立马克思主义群众观点，又要自觉贯彻党的群众路线，始终保持同人民群众的血肉联系。新时期新阶段，坚持马克思主义群众观点与党的群众路线相统一，必须做到：着力加强马克思主义群众观和党的群众路线教育，为更好地维护人民群众合法权益打牢思想基础；教育和引导党员干部永远牢记党的宗旨、永葆政治本色，始终坚持人民利益高于一切；时刻关注群众需求，进一步提高为群众解决实际问题的能力和水平；正确处理社会利益关系，切实兼顾好各方面群众的实际利益；加快制度建设步伐，使党员干部践行马克思主义群众观点和党的群众路线制度化、规范化和科学化。

二是坚持完善政治权益表达制度与完善日常权益维护制度的统一。群众政治权益表达制度，主要是保障公民、法人和其他社会组织依法对国家和社会事务等有效发表意见及要求的制度体系。日常权益维护制度，主要是维护群众劳动、就业、收入分配、生活保障、医疗保障、养老保障、对社会事务的监督管理以及个人人身安全、财产安全、人格、名誉等方面权利的制度体系。政治权益在群众权益中居于最高层次，它往往制约着日常权益的内容及其实现程度；日常权益则是人民群众最关心、最直接、最现实的权益，是政治权益在社会生活中的具体体现，它直接影响着人民群众对政治权益的态度。构建群众利益诉求和权益维护机制，必须做到完善政治权益表达制度与完善日常权益维护制度的有机统一。

三是坚持政府负责与充分发挥社会组织作用的统一。为人民服务是我们党和政府的根本宗旨。充分发挥政府的主导作用是实现群众利益诉求和权益维护的根本保证。为此，必须着力打造法治政府和服务型政府，切实提升各级政府及其公务人员依法行政的能力和水平；着力构建覆盖城乡、可持续的基本公共服务体系，进一步提高民生保障水平；着力创新社会治理体制机制，既充分发挥好各级政府的主导作用，又要调动好和引导好社会各方参与社会治理的积极性，实现政府治理和社会组织自我调节的有机结合；尽可能拓宽群众诉求表达和权益维护渠道，充分发挥现代社会组织在群众利益诉求和权益维护中的作用，确保群众的合理诉求通过规范畅通的渠道纳入公共决策过程，有效地化解社会矛盾；认真落实《信访条例》，及时就地解决好群众来信来访。与此同时，以城乡社区、企事业单位、人民团体和各类协会等为主体的现代社会组织，是党和政府联系群众、服务群众的桥梁和纽带，是基层政府进行社会管理和服务的重要补充，在反映和调节群众利益诉求、维护群众合法权益方面具有不可替代的重要作用。现阶段，要有效发挥社会组织的应有作用，必须切实推进城乡社区等群众自治组织和工会、共青团、妇联等群团组织以及企事业单位等的自身建设，特别是指导它们按照有关法律法规和各自的章程优化内部治理体系；必须大力推进体制和制度创新，完善城乡社区和各类群团组织在组织群众、服务群众、维护群众合法权益方面的职能；必须加快培育和发展经济类、服务类、慈善类、公益类以及行业性合法民间组织，为实现社会有序治理奠定组织基础；必须尽快制定和完善有关政策法规，为社会组织健康发展和有效履行服务与管理职能提供制度保障。

四是坚持依法维权与拓宽媒体表达渠道的统一。宪法和法律法规是维护人民群众正当权益最根本、最可靠、最有力的保障。依法维护人民群众正当权益，既是党的根本宗旨的具体体现，是国家权力机关和各级人民政府的根本职责，也是广大群众的必然要求。新时期新阶段，为更好地实现依法维护人民群众的合法权益，必须进一步加强群众利益诉求和权益维护领域的立法，为维护人民群众合法权益提供完备的法律保障；必须着力推进行政执法改革，健全决策权、执行权、监督权既相互协调又相互制约的权力结构和运行机制，构建职能集中、管理规范、上下协调、运行有效的综合执法体系，切实提高依法行政水平；必须紧紧围绕解决影响司法公正和制约司法能力的深层次矛盾和问题，深化司法改革，尽快优化司法职权配置，严格规范司法行为，大力推进司法公开，加快建设公正、高效、权威的司法制度，提高司法公信力；必须切实推进法治惠民工程，不断改进法制宣传的方式方法，建立健全法律援助和法律救助体系，为广大群众依法维权提供必要的帮助和支持。同时要充分发挥大众传媒在解决群众利益诉求和权益维护方面的作用。从实践来看，大众传媒具有分布广泛、操作简便、反应快捷、互联互通等显著特点，在实现群众利益诉求和权益维护中可以有效弥补主流媒体的不足。为此，要完善多形式多层次的大众传媒网络体系及制度体系，保证各类媒体规范有序运行，更好地发挥自身特色和优势；大力加强各级党委、政府、人大、政协、司法机关及其工作部门的网站建设，构建扁平、高效的利益诉求和权益维护专门通道，让广大群众的合理诉求直接进入到权力机关及决策层；通过开设“领导热线”电话、“专用电子信箱”、“举报信箱”等诉求和维权通道，为领导机关和领导干部掌握群众工作信息和处理热点难点问题提供直接路径，确保重要问题或重大事件得到快捷高效地解决。

五是坚持对党负责与对群众负责的统一。胡锦涛曾明确指出：“以人为本、执政为民是我们党的性质和全心全意为人民服务根本宗旨的集中体现，是指引、评价、检验我们党一切执政活动的最高标准。”① 实现好、维护好、发展好最广大人民的根本利益，是我们党一切工作的出发点和落脚点。可见，党的利益与人民群众的利益是完全一致的，对党负责与对人民群众负责在理论和实践上都是统一的。但在社会主义初级阶段，由于生产力整体水平还不够高、社会主义市场经济尚不够发达、民主法治建设有待于不断深化等因素，还存在着群众利益诉求实现不够充分甚至遭到侵犯的现象。各级党委、政府在统筹把握工作大局，大力推进改革发展的同时，如何构建群众权益维护体制机制，如何更好地维护广大群众的经济、政治、文化、社会等具体权益，亦即如何实现对党负责与对群众负责的统一，是现阶段必须认真加以解决的重大问题。当前，坚持对党负责与对群众负责的统一，应当建立健全能够体现执政为民和依法行政理念的科学决策机制，把决策建立在尊重群众和依靠群众的基础上，做到科学决策、民主决策、依法决策；切实推进依法行政，严格规范政府的行政行为和司法行为，不断完善政务公开、司法公开制度，让权力在法制的约束下运行；着力查处损害群众权益的案件，通过集中整治和建立长效机制相结合的方式，切实保护群众的合法权益不受侵犯；着力加强干部队伍作风建设，不断深化干部教育锻炼、选拔任用和管理制度改革，促使广大干部自觉抵制官僚主义、形式主义、享乐主义和奢靡之风，切实做到为民、务实、清廉。

六是坚持完善领导体制与健全管理评价机制的统一。首先，必须加强党的领导，充分发挥党总揽全局、协调各方的领导核心作用；其次，

---

① 《十七大以来重要文献选编》（下），中央文献出版社 2013 年版，第 441 页。

要健全工作机制，明确职责分工，加强组织协调，使各级人大、政府、政协、法院、检察院、各类群团组织和社会组织各司其职，形成强大合力；再次，要加强民主监督，充分发挥人民群众的监督主体作用，促使各级领导机关和领导干部增强依法行政和为民服务的自觉性和一贯性；最后，要建立科学的考核评价和责任追究制度，促使各级领导班子和领导干部强化责任担当，增强“底线”意识，自觉、扎实、有效、一贯地为人民服务。

（二）整合动力系统，强化机制运行的推动力量

1. *动力系统的内涵和基本要求*

所谓动力，主要是指事物保持存在、实现发展的推动力量。换言之，这种力量主要来自事物存在和发展的需要，也是事物自身功能发挥作用的必然要求。动力系统（或称动力机制），是指事物存在和发展的各种动力来源及其相互协调、有效发挥推动作用的内在机理。事物的发展是内因与外因相互作用、有机统一的结果，事物发展的动力也是内在动力与外在动力的相互作用和有机统一。就社会主义核心价值体系引领社会思潮而言，既有内在动力，亦有外在动力，是两种动力相互作用、有机统一的结果，两者缺一不可，否则，动力就难以激起，抑或难以持久。研究整合社会主义核心价值体系引领机制的动力系统，主要是研究解决“为什么引领”的问题。

社会主义核心价值体系引领社会思潮动力系统的构成，应当满足以下基本要求：一是社会主义核心价值体系引领工作的各种动力都能受到引领机制领导主体的高度重视，并在一定时段内能够对机制构建主体持续产生促进作用。当然，这些动力必须是引领机制构建的重要推动力量。在引领社会思潮的实践中，有挑战、有任务就会形成压力、责任和要求，而压力、责任和要求就会成为引领机制构建主体的工作动力。各种不同的动力在不同的时段内可能或强或弱，但应当是持续存在的。一旦主要的动力消失，动力系统（或称动力机制）将会随之消解。二是引领机制的动力系统对于该机制的正常运行必须具有足够的推动力量。否则，若动力系统力量不足，就难以对引领机制的管理主体产生促进或推动作用，引领机制也就难以启动运行，或者即使勉强启动也难以

持久。

2. 动力系统的主要动力来源

第一，巩固社会主义核心价值体系主导地位的内在要求。

在社会主义意识形态中，社会主义核心价值体系居于主导地位、发挥主导作用，这是不证自明的社会逻辑，也是核心价值体系引领机制能够正常运行、功能得以正常发挥的前提，更是机制运行的根本动力所在。然而，面对世界多种文明特别是东西方文化的交流、交融以至交锋，面对社会主义市场经济条件下多样化社会思潮的传播与挑战，社会主义核心价值体系要永保其主导地位并能发挥主导作用，其自身必须能够实现与时俱进，始终保持强大的优势与魅力。而这种优势与魅力的形成和保持，必须建立在社会主义核心价值体系自身不断创新发展的基础上。“没有先进的理论，就没有话语权和引领权。能否实现引领，能否有说服力、感召力，很大程度上取决于理论的创新。”① 可见，社会主义核心价值体系一方面必须始终保持与时俱进的精神状态，遵循认识发展的规律，坚持在价值实践中不断实现新概括和新发展；另一方面必须尊重意识形态建设规律，既要保持自身发展的特殊性，又要自觉体现整个人类文明发展进步的普遍性，坚持在广泛借鉴中不断增强自身的优势和吸引力、凝聚力。为此，要立足中国特色社会主义建设实际，深入贯彻“二为”方向和“双百”方针，在马克思主义指导下广泛借鉴历史与现实中的各种优秀思想文化资源，积极吸纳各种有益的人类思想文化成果，不断丰富和发展社会主义核心价值体系的思想内涵，不断增强其科学性和吸引力，使其永远焕发出理性和真理的光芒。

第二，推动社会主义核心价值体系认同机制建设的客观需要。

社会主义核心价值体系是否具有理论魅力，除了必须具有先进性和科学性之外，还必须具有实践性和广泛性。理论的实践性和广泛性，主要是指它满足社会需要的程度。要做到这一点，社会主义核心价值体系必须使广大群众在实践中能够感受到它在解决社会实际问题、在促进中国特色社会主义事业发展中的实践价值，并能够从中体会到自己合理的

---

① 朱士群：《当代中国社会思潮：回应与引领》，载《安徽师范大学学报》（人文社会科学版）2008 年第 4 期。

利益诉求。这样，它才能被绝大多数社会成员普遍认同、共同遵循并自觉践行。换言之，社会主义核心价值体系的主导地位能否得以确立与巩固，最终取决于广大社会成员对它的认同程度和自觉践行程度。如果没有广大社会成员的普遍认同，社会主义核心价值体系的主导地位也就无从谈起。因此，必须在构建社会主义核心价值体系大众认同机制上狠下功夫。

构建社会主义核心价值体系大众认同机制，要重点把握以下几点：一是不断优化社会主义核心价值体系传播机制，增强传播工作的计划性、规范性、稳定性和一贯性，为传播提供切实保证。二是站稳正确的传播立场，充分了解传播受众的行业与职业特点、工作和生活状态、核心价值诉求等，从思想、心理和感情上贴近群众，真正明确传播的出发点和落脚点。三是坚持多措并举、多渠道推进，充分利用思想理论教育、新闻宣传、文艺创作、品牌创建以及加强公益服务、完善社会保障等多种渠道，不断扩大传播范围，尽可能缩小时空差别。四是坚持贴近实际、贴近生活、贴近群众，不断改进传播方式方法，综合运用各种传统手段包括以新媒体为代表的现代手段，增强传播效果。五是加强科学管理，采取项目推进、典型示范、舆论引导、表彰激励、组织肯定等措施，充分调动传播积极性，有效引导和助推传播工作。

第三，应对和引领当代各种社会思潮、凝聚思想共识的需要。

社会思潮作为社会存在的一种特殊思想反映，尽管有其合理因素，但因其类别、性质、时代特点、社会影响各不相同，对人们的思想认识、社会稳定以及发展进步等都会产生不同的影响，特别是一些消极、错误或反动社会思潮，它们歪曲、否定马克思主义，诋毁社会主义制度，否定中国革命历史，对马克思主义和社会主义核心价值体系形成了严峻挑战。对此，我们必须从中国特色社会主义事业全局出发，把巩固和发展社会主义主流意识形态作为一项重大战略任务，认真贯彻落实“尊重差异、包容多样，又有力抵制各种错误和腐朽思想的影响”的方针，整合各种资源，汇集各方力量，着力提高社会主义主流意识形态建设水平，切实增强其引导力和凝聚力。

实现对多样化社会思潮的正确引领，最大限度地凝聚思想共识，就要求我们：一要准确把握国内外形势和时代特征，充分认识社会主义核心价值体系建设和引领社会思潮的必要性和紧迫性，切实增强引领工作的责任感和主动性。二要认真总结中国共产党加强意识形态建设的丰富经验，系统研究党在各个历史时期应对和引领社会思潮的经验教训，为有效引领社会思潮提供经验借鉴。三要深入研究当代社会思潮，不断创新研究思路和方式方法，科学分析和准确把握当代社会思潮的思想内涵、政治属性、传播方式、影响范围、基本走势等，牢牢把握应对和引领的主动权。四要不断创新体制机制和方式方法，切实提高引领能力。要积极探索以"工程化"方式构建引领社会思潮的长效机制，推进引领工作的规范化和科学化，努力增强引领效果。

第四，抵御资本主义价值观影响、彰显中华文化软实力的需要。

当今世界正处于大发展、大变革、大调整时期，伴随着全球经济形势的新变化、国际力量对比新态势的出现，包括价值观和价值体系在内的思想文化领域的激荡与交锋也较历史上任何时期都更加频繁而激烈，文化在综合国力中的地位和作用更加凸显。在这一国际背景下，随着我国对外开放的日益扩大，中国特色的思想文化与世界多种思想文化相互交流、相互激荡更是不可避免，这就使我国不得不长期面对国际思想文化的激烈竞争和巨大冲击。因此，维护我国文化安全、增强国家文化软实力、扩大中华文化国际影响力的任务也就更加艰巨。特别是以美国为首的西方资本主义大国，自"冷战"结束以来长期对社会主义国家实施"和平演变"战略，他们凭借自身雄厚的经济实力和现代科技手段，通过国际合作与交流等渠道，千方百计地对社会主义国家进行文化渗透特别是资本主义价值观念输出，始终对我们进行着一场"没有硝烟的战争"。对此，我们必须始终保持清醒的认识和高度的警惕，始终采取行之有效的措施加以应对。当前，在建设社会主义文化强国的新形势下，我们要着眼于实现社会主义文化大发展大繁荣和中华民族的伟大复兴，以高度的文化自觉和文化自信，不断深化文化体制改革，进一步解放文化生产力，"让一切文化创造源泉充分涌流，开创全民族文化创造活力持续迸发、社会文化生活更加丰富多彩、人民基本文化权益得到更好保障、人民思想道德素质和科学文化素质全面提高、中华文化国际影响力不断增强的新局面”①，切实增强中华文化的创造活力和国际竞争力。

（三）完善保障系统，为机制运行提供充分而必要的条件

1. 保障系统的内涵和基本要求

价值观和价值体系的引领机制如同其他社会机制一样，必须具有相应的保障系统作支撑。概括地说，社会主义核心价值体系引领机制的保障系统，是指为整个机制的构建及其运行提供物质和精神条件的系统。根据这一系统在机制中的功能，其构成既需要一定的物质因素，也需要一定的精神因素，是两方面因素的有机结合和统一，是引领机制不可或缺的重要组成部分。研究构建引领机制的保障系统，主要是解决“靠什么引领”的问题。

为满足保障系统在整个引领机制中的功能需要，这一系统的构成必须具备以下基本要件：一是用以引领的先进思想武器和价值系统。这是引领社会思潮的前提条件。如果没有先进的思想武器和价值系统，对社会思潮的引领就如同盲人骑瞎马，没有了正确方向和科学价值依据。二是组织和执行系统。这是保证引领机制正常运行的根本条件。社会管理的理论与实践充分表明，任何社会活动一旦失去相应的组织系统都将变得不可能。三是引领机制构建和运行所必需的载体、设施、经费等客观物资条件。四是保障引领机制运行所必需的制度规范。这是机制构建及其长期稳定高效运行的必然要求。

2. 保障系统的基本构成要素

第一，理论保障。

理论是行动的指南。毛泽东早就指出，“没有革命的理论就没有革命的行动”。作为社会主义意识形态本质体现的社会主义核心价值体系，是建立在对中国特色社会主义实践及其发展规律科学反映基础上的，它不仅内涵丰富、结构完整，而且相辅相成、有机统一，其中马克思主义既是中国特色社会主义事业的理论基础和根本思想保证，又是这一价值

---

① 《中国共产党第十八次全国代表大会文件汇编》，人民出版社 2012 年版，第 28—29 页。

体系的灵魂；中国特色社会主义是人民和历史的选择，既是中国人民的根本利益所在和共同奋斗目标，更是当代中国改革发展的旗帜；民族精神凸显了爱国主义这一核心内容，高度凝练了中华儿女普遍认同的优秀思想品质和传统价值取向，成为全民族团结奋进的精神纽带；以改革创新为核心的时代精神，是对包括中华儿女在内的全世界人民在当今时代条件下创造性实践的高度概括，是激励中国人民实现共同奋斗目标的强大精神动力；社会主义荣辱观有机融汇并科学归纳了中华民族的传统美德、革命道德及时代精神内涵，成为新的时代条件下指导人们开展道德实践活动的基本准则。社会主义核心价值体系四个方面的内涵构成了全社会团结奋斗的共同思想基础，因此也成为引领社会思潮的科学价值体系和强大思想武器。

永葆社会主义核心价值体系的生机活力和理论魅力，必须以高度的理论自觉着力构建科学的理论创新保障机制。具体而言，一要始终坚持以马克思主义为指导，保持我国意识形态的正确发展方向。这是马克思主义的科学性、政治性和我国的社会主义性质所决定的，也是建设社会主义先进文化和中国特色社会主义事业发展的必然要求。二要构建和实施社会主义核心价值体系创新发展工程，为推进理论创新提供有力的政策和制度保障。马克思主义及其中国化的每一个重大理论成果都充分表明，科学的理论源于实践，其价值也在于指导实践，同时又必须坚持与时俱进，在实践中不断丰富和发展。实现对社会思潮的正确引领，当然离不开社会主义核心价值体系在引领实践中的具体运用，但是更离不开这一价值体系自身的不断创新和发展。作为实践经验的概括和升华，实践不停步，理论创新也永无止境。在社会主义意识形态建设实践中，应当紧密结合我国改革开放和中国特色社会主义建设的生动实践，结合意识形态建设的新形势、新任务和新要求，加强理论建设规划，有计划有步骤地切实推进社会主义核心价值体系的创新发展。三要坚持正确的指导原则，在实践中实现社会主义核心价值体系的发展创新。要以正确的态度对待深厚的中国传统文化，坚持汲取精华、去其糟粕，在传统与现代的有机结合中实现价值整合，不断增强其亲和力和感染力；要正确处理社会主义核心价值体系建设与中国特色社会主义实践的关系，在服务中国特色社会主义事业中实现创新发展，不断增强其实践特色；要正确处理社会主义核心价值体系建设与西方文化的关系，以开放的心态、宽广的视野、批判的精神审视西方价值观念，在交流、交锋和借鉴中砥砺价值观念，推进体系创新，增强中国特色，不断取得文化交流的话语权；要正确处理社会主义核心价值体系建设与当今时代精神的关系，把握时代脉搏，适应时代要求，反映时代特征，在与时代大潮互动中实现建设水平的不断提升，不断增强其时代特色。在此基础上，永葆社会主义核心价值体系的科学性、先进性以及竞争力、说服力、影响力，始终站在时代前列，从而更好地解决“用什么引领”的问题。

第二，主体保障。

引领机制的主体，是在引领机制中处于主导地位，担负政策制定、组织指挥、工作协调及推动机制运行、开展各项引领及引领评价激励工作的各级组织和个人，是推动引领机制构建并保证其正常运行的根本。引领社会思潮是一项复杂的系统工程，仅靠某一级组织、某一部门、某一单位或个人都是无法完成的。因此，引领机制的主体应当是各级党委、政府及其职能部门，同时还应当包括各人民团体和各种社会组织。其中，各级党委是引领工作的领导机构，各级政府及其所属组织是引领工作的实际落实机构，协同参与者主要是包括工会、共青团、妇联等在内的各级人民团体和各种行业组织、社会中介组织、民众自治组织等，广大党员干部、思想理论工作者、教育工作者等是引领工作的具体组织者和实施者。以上各级各类组织和个人在各级党委领导下，在引领机制的协调和制度规范下各司其职、各负其责，相互支撑、密切配合，共同发挥引领工作的主体功能。

从新时期我国意识形态建设特别是引领社会思潮的现实情形来看，加强引领机制的主体保障体系建设，主要应把握以下几点：

一要加强中国共产党的领导，强化引领社会思潮的政治保障。中国共产党是领导中国革命、建设和改革的核心力量，当然也是引领社会思潮的核心力量。党的建设经验、党的执政经验、社会主义建设经验都充分表明，加强党对意识形态领域的领导这条重要原则，不论在任何时候和任何情况下都不能动摇。正如江泽民所指出的，“要把十几亿人的思想和力量统一和凝聚起来，共同建设有中国特色社会主义，没有中国共产党的统一领导是不可设想的”[1]。新时期新阶段，面对多样化社会思潮和改革开放的新形势新要求，各级党组织必须从战略高度对社会思潮引领工作给予高度重视，切实加强领导，牢牢掌握我国思想文化建设的领导权和正确方向。其中要特别注重建立健全领导机制，形成坚强有力、运转灵活高效的组织领导体系，为引领工作提供坚强组织保证；要大力推进相关政策法规和制度建设，为引领工作提供切实的政策支持和制度保证；要大力加强党员干部队伍的理论武装工作，着力提高广大党员干部的马克思主义理论水平和思想政治素质，强化其主体意识和责任意识，以便充分发挥他们的组织领导作用和示范带动作用。

二要加强基层主体建设，有效发挥基层主体的实际引领作用。基层是引领和整合社会思潮的最前沿，基层主体作用的发挥程度直接关系着引领工作的实际效果。“基础不牢，地动山摇。”党的理论创新成果和路线方针政策的贯彻落实，必须紧紧依靠基层主体作用的充分发挥，紧紧依靠基层引领实践的不懈探索和扎实推进，否则，对社会思潮的引领就很难实现“贴近实际、贴近生活、贴近群众”。当下，我们的思想政治教育在一些地方之所以存在着“上强下弱、上紧下松、上实下虚”现象，而宗教活动甚至封建迷信却大行其道，究其原因，主要是一些基层组织对思想领域的工作重视不够，缺乏相应的队伍以及必要的设施、经费等条件，宣传教育工作单一化、形式化、浅表化。对此，必须切实加以纠正。

三要着力培养造就一批素质高、能力强、有事业心的思想理论和文艺工作者队伍，为引领工作提供可靠的人才保障。从根本上说，有没有一批规模适当、素质较高、结构合理、爱岗敬业的理论、宣传、思想、文化、艺术等方面的人才队伍，决定着引领工作的成败。因此，要通过大力实施人才培养工程，特别是要注重通过项目支持、基地构建、名家评选、制度引导、政策激励等措施，着力营造人才成长的良好社会环境，引导和激励大批优秀思想理论和文化教育工作者致力于社会主义文化事业，献身社会主义意识形态建设。其中，既要注重培养造就一批学贯中西、享誉中外的思想理论大家，又要积极扶持一大批热爱本职、业

---

① 《江泽民文选》第2卷，人民出版社2006年版，第262页。

务突出的教学研究骨干，既要注重培养造就大批思想理论和教育工作者队伍，又要注重扶持大批新闻宣传、现代传媒、文学艺术骨干队伍，充分发挥他们在社会主义先进文化建设和意识形态建设中的主力军作用和在全社会的示范带动作用。

第三，载体保障。

引领载体主要是指用以承载社会主义核心价值体系引领工作的各种渠道、阵地、活动以及其他方式，比如党校、普通高校、中小学、互联网站、博客、微信、出版物、研讨会、报告会、主题创建活动、文化艺术品牌等等，因此，也可将其划分为物质载体、精神载体、活动载体等。各种载体的选择、打造和利用，都是社会主义核心价值体系引领作用发挥中不可或缺的重要保障条件。

新时期新阶段，实现对社会思潮的有效引领和整合，应突出抓好以下主要载体建设：

一要加强对高等学校和哲学社会科学界的科学管理，充分发挥其人才培养、文化传承、理论创新高地的作用。高校和哲学社会科学界既是人才培养、文化传承、理论创新的重要阵地，同时也是社会思潮产生和传播的主要场所，因而也是引领社会思潮工作的主阵地。新中国成立以来特别是改革开放以来，高校和哲学社会科学界学术报告会、理论研讨会、讲座、论坛等管理经验告诉我们，只要我们坚持科学管理，高校和哲学社会科学界就能够有效发挥正能量，实现理论的不断创新发展和哲学社会科学的繁荣进步；反之，如果放松管理，则容易出现各种杂音噪音，甚至导致错误或消极思潮流传蔓延；如果矫枉过正、管理过严，又容易阻碍正常的学术研究与交流，不利于理论的创新发展和文化的繁荣进步。因此，要牢牢坚持“二为”方向和“双百”方针，坚持从实际出发，尊重哲学社会科学研究和交流的基本规律，坚持“学术研究无禁区，讲课、交流有纪律”，不断完善管理政策，真正使学术报告会、理论研讨会、讲座、论坛等成为交流学术成果、激发思想理论创新的平台，绝不能使其成为错误思想的集散地，更不能成为社会思潮滋生和传播的场所。

二要强化学校德育体系建设，充分发挥其引领主渠道作用。各级各类大中小学校是青少年品德培养和思想政治教育的主渠道和主阵地，是培养社会主义事业合格建设者和可靠接班人的摇篮。要认真贯彻“育人为本、德育为先”的原则，把社会主义核心价值观和核心价值体系的宣传教育纳入学校教育总体规划，融入各级各类学校德育特别是思想政治教育的全过程和各方面、各环节，着力形成课堂教学、校园文化、社会实践等多位一体的品德培养和思想政治教育体系。要“适应青少年身心特点和成长规律，深化未成年人思想道德建设和大学生思想政治教育，构建大中小学有效衔接的德育课程体系和教材体系，创新中小学德育课和高校思想政治理论课教育教学，推动社会主义核心价值观进教材、进课堂、进学生头脑”①。要根据教学任务、立足青少年身心特点和成长规律，不断创新教育载体及方式方法，广泛开展志愿服务、孝老爱亲、义务劳动等道德实践活动，争当文明学生、争创文明班级等精神文明创建活动，节庆宣传、优良传统教育等文化传承活动，同时要打造人文关怀和心理健康教育活动载体，努力增强活动的吸引力、凝聚力和教育效果。

三要加强现代传播媒体建设，充分发挥其舆论引导优势。以广播、电视、互联网、手机、博客、微博、微信等为代表的现代传播媒体，是当今社会的重要媒介，也是宣传群众、引导群众、引领社会思潮的重要载体。仅以互联网为例，目前我国已有网站近 400 万家，网民超过 6 亿，互联网对人们生活的影响之广已不言而喻。多年来，我国在新闻出版和媒体管理中积累了许多宝贵经验，如党管媒体原则、坚持“二为”方向等，我们都要认真总结和坚持。在此基础上还要根据新形势新任务的要求，突出抓好以下几点：一是在传播方式方法上不断创新和发展，进一步增强各种传播媒体特别是主流媒体的可读性、层次性、互动性、针对性，不断增强吸引力，扩大影响力。如中央新闻媒体近几年相继推出的“永远的丰碑”“时代先锋”“感动中国”年度人物评选、“寻找最美女教师”“寻找最美乡村医生”等栏目或主题活动，使人们在艺术欣赏和娱乐互动中走近英模人物和先进典型，自觉弘扬社会主义核心价值观，引起了社会的强烈反响。二是积极引导各媒体建设特别是主流媒

---

① 中共中央办公厅：《关于培育和践行社会主义核心价值观的意见》，载《人民日报》2013 年 12 月 24 日。

体建设明确自身定位，突出自身特色，形成优势互补和强大合力。三是适应新媒体快速发展的新形势，切实加强有关法律法规建设，依法依规加强对各类新媒体的管理，保证各类媒体规范有序运行、充分发挥正能量，不给各种错误思想传播以可乘之机。

四要发掘和树立先进典型，切实发挥好榜样的激励引导作用。在学习、宣传和践行核心价值体系及引领社会思潮实践中涌现出来的先进个人和先进集体，由于深深植根于社会现实，与广大社会成员的生活、思想、情感、观念等息息相通，与中华优秀传统文化和时代精神相契合，对群众具有重要的精神感召作用、价值引导作用和示范激励作用，因而也是引领社会思潮的重要载体。发挥先进典型的示范和引导作用，是我们党思想政治工作的重要方式方法。《中共中央关于加强和改进思想政治工作的若干意见》明确提出，要注重运用先进典型影响和带动群众，要求“各行各业都要注意发现和总结自己的先进典型，做到学有榜样、赶有目标，在全社会形成崇尚先进、学习先进、争当先进的良好风气”①。在全面深化改革、实现中华民族伟大复兴“中国梦”的新时期，培育和打造社会主义核心价值体系引领社会思潮的先进典型，应注重把握以下几点：一是坚持典型的先进性与社会发展需要相统一。先进典型既要符合社会主义核心价值观的科学理念，又能够反映广大群众和社会发展的价值取向，这样的典型才能与社会实际和广大群众的价值要求相呼应，才能被广大群众和社会所认可和接受。二是先进典型必须源于生活、真实可信。先进典型的发掘和选定必须立足社会实际和社会生活，紧扣时代脉搏，真实、具体、生动，既源于生活又高于生活，这样的典型才可感、可亲、可信、可敬、可学，深受群众欢迎。那种“高大全”“假人空”的典型是不可能与群众产生共鸣的。三是先进典型的树立必须坚持走群众路线。群众公认的先进典型，才有说服力，才能成为群众学习的榜样，才能产生示范引导作用。四是宣传和学习先进典型必须坚持贴近实际、贴近生活、贴近群众。“理论是灰色的，而生活之树常青”。先进典型源于实践、源于生活、源于群众，而学习先进、争当先

① 参见《中共中央关于加强和改进思想政治工作的若干意见》，中发〔1999〕17号文件。

进同样离不开社会实际和生活。因此，对先进典型的宣传以及对宣传学习效果的评价，都必须坚持贴近实际、贴近生活、贴近群众。五是着力营造“崇尚先进、学习先进、争当先进”的良好社会环境。要认真总结经验，着力推进制度创新，对符合社会主义先进文化建设和核心价值观建设的先进典型以及学习先进、争当先进的先进个人和单位，应当给予充分地肯定、宣传、褒奖，提供相应的社会保障，真正使先进典型在社会上受尊重、得实惠、有地位，以推动良好社会风尚的进一步形成。

五要着力打造文化艺术品牌，增强社会主义核心价值体系的感召力和渗透力。文化艺术品牌，是指那些在长期的文化艺术建设实践中形成的体现社会主义核心价值理念、文化艺术品位高、深受广大群众欢迎的文化艺术形式。繁荣发展文化艺术，既需要产品的极大丰富，更需要品牌的有力支撑。唯有品牌，才能提高核心竞争力，才能在激烈的竞争中立于不败之地。具体来说，打造文化艺术品牌，对于增强文艺作品的感染力和渗透力，提高群众文化素质和文明程度，繁荣发展社会主义文化，培育和践行社会主义核心价值观念，对于提高一个地区、一个民族乃至国家的知名度、美誉度，提升文化软实力，以及促进经济社会发展都具有十分重要的作用。在繁荣发展社会主义文化的实践中，打造文化艺术品牌须把握以下几点：一要认真制定实施文化艺术品牌建设规划和发展战略。切实加强对文化艺术品牌建设的领导，坚决克服急功近利思想和短期行为，大力支持和认真组织实施品牌发展战略。二要坚持社会主义先进文化的正确方向。深入贯彻落实“二为”方向和“双百”方针，坚持思想性和艺术性的统一，号召和引导广大文艺工作者把社会主义主流价值观的精神实质融入相应的艺术创作和艺术品牌创建之中，进而渗透到人们的日常生活和社会实践之中，潜移默化地引导人们的心理、情感、认知、价值判断、价值选择和行为取向。三要通过国家立法、政策扶持和市场化运作等方式，引导和鼓励广大新闻、出版、文化、艺术工作者积极投身文化生产和文艺创新实践，着力打造能够充分体现社会主义核心价值观念的精品力作，不断提升文化艺术品牌的影响力和感召力。四要积极贯彻落实国务院《关于加快发展对外文化贸易的意见》，把更多具有中国特色的优秀文化产品推向世界。世界经济文化强国对本国文化艺术品牌的对外输出都十分重视，如美国一直向世界强力推销好莱坞电影，日本的动漫早已风靡荧屏和网络，韩国也在着力打造韩剧和流行音乐等。当前，要做好国内和国际两个市场及两种资源的统筹工作，通过加强政策支持和引导、不断优化市场环境，积极壮大市场主体，在更大范围、更广领域和更高层次上参与国际文化合作与竞争。

第四，制度保障。

作为一项复杂的系统工程，社会主义核心价值体系引领机制及其实施、动力、保障等各系统要充分而有效地发挥作用，必须有规范而系统的制度作保障，否则，不仅引领工作难以扎实、深入、持久地进行下去，而且就连机制自身也很难协调运行。加强制度保障，就是要在党的引领方针指导下，建立健全与引领机制功能相对应的引领政策、法律法规和制度体系，以此确保党的引领方针的贯彻、引领工作顺利开展和引领目标的实现。在长期的意识形态建设实践中，中国共产党积累了丰富的实践经验，为引领机制的构建奠定了坚实基础。新时期新阶段，特别是在大力推进社会主义文化大发展大繁荣的新形势下，贯彻落实引领社会思潮的基本方针，尤其需要大力加强诸如解决思想问题、规范学术交流问题的政策法规和制度建设，并以系统规范的政策、法规和制度来构建引领社会思潮的长效机制，以保证党的引领方针的有效落实。

新时期新阶段，加强引领机制的制度体系建设，应着重把握好以下几点：

一要准确把握制度体系的基本内容。社会主义核心价值体系引领机制的制度，按其性质划分，可以分为方针政策类制度、法律法规类制度和一般规章制度。按其职能作用划分，又可以分为体制类制度和具体制度两个方面。就这两方面的制度而言，前者主要包括领导体制、工作机制及其权力配置和运作方式的规章制度；后者主要包括各系统、各层面具体的规章制度（如党和国家方针政策贯彻落实、科学理论的宣传普及、舆情监测、社会思潮规约等方面的制度）。从两方面制度的功能来看，前者在整个机制中起着支撑和保证作用，保障机制的正常启动和具体制度的正常执行，属根本性制度。如果没有根本制度的体制制约和保证，机制如何启动、具体制度能否有效执行就存在不确定性，甚至在很大程度上需要依赖各级引领主体的自觉来完成；而具体制度则服从和服务于根本制度，是根本制度的具体体现，是党和国家方针政策得以有效落实、引领工作得以有效开展的直接依据。可见，在引领机制的制度体系中，根本制度和具体制度是相辅相成、相互作用和有机统一的，它们共同构成这一机制的制度体系，保证机制的有效运行。

二要把制度建设贯穿于引领机制构建的各方面和全过程。鉴于制度在社会主义核心价值体系引领机制中的根本性作用，制度建设既要贯穿于机制构建的各方面，又要贯穿于机制构建的全过程。因此，在引领机制的制度建设中，一方面，要坚持从实际出发，切实加强机制实施系统、动力系统、保障系统等各方面的制度设计，为各系统的构建及其功能发挥提供可靠的制度保证；另一方面，还要切实抓好制度的贯彻执行及监督检查等方面的制度建设，以保证各方面的制度能够有效地贯彻执行，保证机制的有效运行。为此，首先要特别注意制度的配套、衔接和完善，充分发挥制度的整体作用。要保证引领机制成为一个有机整体，各项具体制度既要各有侧重、各司其职、各尽其责，又要相互配套、有效衔接、形成合力，避免彼此孤立或互相冲突。其次，要加强制度的宣传教育，切实提高各级干部和广大群众遵守制度的自觉性。只有加强制度的宣传教育，在机制内外形成自觉遵守和执行制度的良好氛围，才有利于制度的贯彻执行，否则，再多再好的制度也容易形同虚设。

三要建立健全与引领机制功能相一致的引领工作评价和激励制度。对引领工作的评价，概括地说就是对引领机制运行情况和运行效果的检验和评价。具体而言，主要是基于引领机制的功能设计、引领的目标要求、社会思潮的传播现状及其影响程度等，对引领机制的运行情况、对人们的思想认识特别是对社会主义核心价值体系和社会思潮的认识程度等，有计划地进行科学检验和评价。因此，加强引领工作评价制度建设，主要应以引领机制的功能发挥情况、引领目标的实现程度特别是社会成员对社会主义核心价值体系的接受及践行程度为重点进行制度设计，为引领工作评价提供科学的评价标准和评价实施规则。同时，在引领评价工作的基础上，还必须建立健全引领工作奖惩激励制度和引领机制矫正制度，为实施相应的奖惩激励、机制及其运行状况的调整优化提供科学依据，进而增强引领的内生动力，并使引领整合机制始终能够适应引领形势的发展变化和引领工作的新要求，保证机制的高效运行和引领工作的可持续开展。总之，建立引领工作评价矫正和奖惩激励制度，是检验引领机制构建是否科学、机制运行效果是否达标的客观需要，也是推动引领工作持续健康开展、不断增强引领工作实际效果的关键环节，必须坚持从实际出发，认真总结我国社会主义意识形态建设的成功经验，根据引领机制的功能设计和对社会思潮引领的目标要求等，对评价和激励的内容、标准以及方式方法等进行认真研究、科学论证、精心设计，以确保评价激励工作的科学性、可行性和实效性。

第七章　优化引领社会思潮的社会条件

增强引领社会思潮工作的科学性、实效性和可持续性，既需要在思想文化领域以正确的指导思想、科学的体制机制、行之有效的方法途径大力推进，又必须根据时代发展要求，在中国共产党领导下全面深化包括中国特色社会主义经济、政治、社会等各领域改革，着力提高社会主义现代化建设水平，为引领工作创造良好的社会条件，从而实现先进的思想文化引领与优良的社会条件相支持的有机结合。

一　社会存在是引领社会思潮的客观物质基础

首先，社会存在是社会思潮赖以形成和传播的现实基础，引领社会思潮必须建立在现实社会条件基础上。马克思、恩格斯在《共产党宣言》中明确指出："人们的观念、观点和概念，一句话，人们的意识，随着人们的生活条件、人们的社会关系、人们的社会存在的改变而改变。"① 从历史唯物主义基本观点出发，包括社会思潮在内的任何社会意识都是由一定历史时期的社会存在所决定的，而不可能游离于社会存在和社会历史；同时，包括社会思潮在内的社会意识又是对社会存在和社会历史的能动反映，对后者具有反作用。因此，解决意识形态领域的问题，必须遵循社会意识的形成和发展规律，既充分发挥核心价值体系的主导和引领作用，着力形成思想共识，同时又必须从社会实际出发，用核心价值体系指导和引领社会改革和社会建设，着力提高社会生产力和社会文明和谐程度，为实现核心价值认同和思想共识创造有利的社会

① 《马克思恩格斯选集》第 1 卷，人民出版社 1995 年版，第 291 页。

条件。否则，意识形态建设必然脱离社会实际，会有凌空蹈虚之感。

其次，实现社会主义核心价值体系对社会思潮的有效引领，必须着力优化以社会主义经济、政治、文化、社会以及生态文明为主要内容的社会条件。马克思主义社会结构理论告诉我们，任何社会形态都是一个有机的统一体。作为社会上层建筑重要组成部分的意识形态，必定建立在一定的经济基础及其相应的社会存在之上，同时也不可能离开上层建筑其他方面的支持与配合。在我国社会主义制度条件下，不仅核心价值观及核心价值体系建立在社会主义基本经济制度的基础上，作为社会利益诉求或发展愿景的社会思潮同样建立在我国社会现实的基础上。因此，在推进和加强社会主义意识形态建设实践中，深入开展社会思潮引领工作，丝毫不可能离开中国特色社会主义的经济、政治、文化、社会以及生态环境建设，特别是这些方面条件的改善和优化。

从根本上说，社会主义核心价值体系的形成和建设，虽然离不开对优秀传统文化的继承和对世界先进文化的借鉴，但最直接、最现实、最根本的基础和条件还是具有中国特色的社会主义制度及其改革发展。如果离开了这一点，或者说如果没有中国特色社会主义经济、政治、文化、社会和生态文明建设的发展进步，没有人民群众实际生活水平的提高和社会环境的不断改善，就难以形成科学合理的社会主义核心价值体系，即使形成之后也难以为广大人民群众普遍信服和认同，更难以巩固和发展，当然也就难以实现对社会思潮的有效引领与整合。因此，不断深化改革，着力推进社会主义经济、政治、文化、社会和生态文明建设，既可以为社会主义核心价值体系自身的建设和发展奠定良好的社会基础，又可以从根本上消除消极和错误思潮产生或传播的不良社会土壤，进而为社会主义核心价值体系引领与整合多样化社会思潮创造良好的社会环境。

最后，加强引领社会思潮问题的研究，在注重通过思想理论引领的同时，应当加强通过优化社会条件进行引领的研究。近年来，对于如何实现用社会主义核心价值体系引领社会思潮，学术界为此做出了不懈努力，发表了大量文章，出版了不少学术著作，取得了丰硕成果，为大力推进社会主义核心价值体系建设，为实现对社会思潮的有效引领奠定了坚实的思想理论基础，也为之后的理论研究打下了坚实的基础。但也毋庸讳言，在用社会主义核心价值体系引领社会思潮的认识和把握上，目前大多囿于思想文化领域，而从社会意识与社会存在的最基本关系出发，特别是从社会主义意识形态建设与中国特色社会主义经济建设、政治建设、文化建设、社会建设和生态文明建设及其内在关系中探讨引领社会思潮问题，目前仍比较欠缺。如果仅就社会思潮本身来谈思潮，仅就思想文化领域来谈引领，往往容易陷入就事论事、众人同向的境地。虽然这是思想文化界的本职，但这毕竟只是引领工作的一个方面，因此，在搞好思想理论自身建设的同时，还应当把目光投向社会实际，以期在理论和实践上形成引领的合力，进而增强引领效果。

本章坚持以辩证唯物主义和历史唯物主义为指导，力求从我国社会实际出发，用马克思主义联系和发展的观点，尝试在加强思想理论引领研究的同时，坚持思想引领与解决社会实际问题相结合，坚持继承优良传统与改革创新相结合，既继承党引领社会思潮、加强意识形态建设的优良传统和经验，又紧密结合当前中国特色社会主义经济、政治、文化、社会、生态建设实际，积极探索新时期引领社会思潮的新途径新方法，努力使引领工作体现时代性、把握规律性、富于创造性、增强时效性。

二 着力优化引领社会思潮的社会条件

作为中国特色社会主义事业的重要组成部分，当今中国的经济建设、政治建设、文化建设、社会建设和生态文明建设，既是社会主义核心价值体系形成和发展的现实社会基础，也是当代各种社会思潮形成和传播的现实社会基础。优化引领各类思潮的社会条件，就是要在马克思主义及其中国化理论成果的正确指导下，从中国特色社会主义建设实际出发，着力提高我国社会主义经济、政治、文化、社会、生态文明建设的质量和水平，以更好地为引领社会思潮服务。

（一）进一步解放和发展生产力，不断提高经济建设质量和水平，为引领社会思潮创造坚实的物质条件

如何实现对社会思潮的引领，似乎主要是意识形态领域的问题，与经济发展似乎关系不大。而事实恰恰相反，在当今中国，除了关乎

“主义”以及“制度”优劣问题之争以外，走什么样的经济发展道路、采取怎样的发展方式和怎样的经济管理手段来实现经济的科学发展、造福于本国人民或各阶层群众，正是不少社会思潮争论的焦点。因此，坚持以科学发展观和“创新、协调、绿色、开放、共享”新发展理念为指导，通过加快完善现代市场体系和宏观调控体系，加强统筹协调和宏观调控、加快转变经济发展方式和优化经济结构来实现国民经济又好又快发展的改革实践，自然也是用发展着的马克思主义引领当今社会思潮的一条重要途径。

近年来，随着我国经济社会改革发展的进一步深化，城乡差别、区域发展差别、环境污染和资源浪费、就业压力增大以及社会管理滞后等问题更加突出。这些问题的存在已经成为我国经济社会发展的制约因素，也是影响我国社会主义意识形态建设与和谐社会建设的根本因素。对此，胡锦涛在中共十七大报告中明确指出：“必须坚持统筹兼顾。要正确认识和妥善处理中国特色社会主义事业中的重大关系，统筹城乡发展、区域发展、经济社会发展、人与自然和谐发展、国内发展和对外开放，统筹中央和地方关系，统筹个人利益和集体利益、局部利益和整体利益、当前利益和长远利益，充分调动各方面积极性。”① 中共十八届三中全会进一步指出：“紧紧围绕使市场在资源配置中起决定性作用深化经济体制改革，坚持和完善基本经济制度，加快完善现代市场体系、宏观调控体系、开放型经济体系，加快转变经济发展方式，加快建设创新型国家，推动经济更有效率、更加公平、更可持续发展。”② 现阶段，实现社会价值认同和社会共识，在推动经济持续健康发展，在加快转变经济发展方式、提高自主创新能力和扩大对外开放的同时，必须着力解决好以下几个问题：

1. 增强贯彻落实以人为本理念的自觉性，更好地实现发展为了人民、发展依靠人民、发展成果由人民共享

科学发展观的第一要义是发展，核心是以人为本。新发展理念坚持

---

① 《中国共产党第十七次全国代表大会文件汇编》，人民出版社 2007 年版，第 16 页。

② 《中共中央关于全面深化改革若干重大问题的决定》，《人民日报》2013 年 11 月 16 日。

人民主体地位原则，强调以人民为中心的发展思想，把增进人民福祉、促进人的全面发展作为发展的出发点和落脚点。贯彻落实科学发展观和新发展理念，就要求我们的各级党委、政府特别是领导干部牢固树立以人为本理念，始终坚持人民主体地位，认真践行全心全意为人民服务宗旨，真正把实现好、维护好、发展好最广大人民的根本利益作为一切工作的出发点和落脚点，做到以长远的眼光谋划发展，从全局的高度统筹发展，以科学的态度和方法推动发展，让人民群众在科学发展的实践中加深对科学发展观和新发展理念的理解和认同，进而自觉地投身于新时期的改革发展和中国特色社会主义建设实践。

2. 加大城乡统筹发展力度，实现城乡一体化发展

中共十八大明确提出："解决好农业农村农民问题是全党工作重中之重，城乡发展一体化是解决'三农'问题的根本途径。"① 当今中国，发展进入新阶段，改革进入攻坚期和深水区，要进一步加大统筹城乡发展力度，切实把解决"三农"问题、实现农业科学发展作为经济社会发展和现代化建设的重中之重，必须坚持城乡统筹考虑、巨细综合施策，坚持工业反哺农业、城市支持农村，从帮助农民群众脱贫致富特别是惠农富农强农的视角，研究出台一系列综合性政策措施，从根本上提升和焕发广大农民参与现代农业及小康社会各方面建设的积极性和创造性，促进农业基础稳固、农村和谐稳定、农民安居乐业。要在坚持和完善农村基本经济制度的前提下，通过实施政策倾斜、资金扶持、人才培养、技术指导、优化服务以及项目带动、示范引导等惠农措施，促进农业产业化，着力解决农民增收和农业现代化问题，不断增强农村发展活力。要把国家基础设施建设和社会事业发展重点向农村转移，加快农业基础设施建设步伐，大力实施新农村建设工程，着力改善农村生产生活条件。要充分发挥城市在经济、科技、教育、文化、卫生等方面的优势，实现对农村的辐射带动。通过推进城乡一体化改革，特别是通过实现城乡规划、基础设施、公共服务等方面的一体化，以及户籍管理、劳动就业、义务教育、税收和社会保障等制度改革，完善城乡劳动力、土地、资本等生产要素市场体系，实现城乡要素的平等交换、有序流动与

---

① 《中国共产党第十八次全国代表大会文件汇编》，人民出版社2012年版，第21页。

公共资源均衡配置，构建城镇化与新农村建设良性互动的新格局，推动实现城乡协调发展。

3. 大力实施区域发展战略，切实促进区域协调发展

一要着力推动国家促进区域协调发展战略的有效实施。推动我国不同区域的协调健康发展，既是增强各区域核心竞争力的重大举措，更是全面建成小康社会、加快社会主义现代化建设步伐的战略任务，是党和国家着眼于我国社会主义现代化建设全局作出的重大战略部署。中共十八大报告明确指出："优先推进西部大开发，全面振兴东北地区等老工业基地，大力促进中部地区崛起，积极支持东部地区率先发展。"① 对此，必须持之以恒大力推动实施。二要坚持分类指导、分区施策。在全面深化改革、扩大对外开放、综合国力显著增强、区域发展仍不平衡的现阶段，要把实施西部大开发战略摆在国家发展更加突出的位置，通过加大政策鼓励、重大项目安排、基础设施建设力度等，着力推动西部大开发战略实施。应从市场经济规律出发，通过大力实施中原经济区建设、老工业基地改造等，积极培育、大力发展新的经济增长带。同时应切实加大对革命老区、民族和边疆地区、贫困地区发展的扶持力度，促进此类地区实现跨越发展。要加强政策引导，促进各地大力发展优势产业和特色经济，形成各自比较优势和核心竞争力。三要建立健全区域发展协调机制。推动区域协调发展是一项长期、艰巨而复杂的系统工程，必须建立健全协调机制，以改革创新的精神不断完善政策法规，有效促进中东西部地区合理分工、优势互补、良性互动和一体化发展。

4. 进一步完善我国基本经济制度和现代市场体系，实现各种所有制经济平等竞争和相互促进

中共十七大报告明确提出，要"坚持和完善公有制为主体、多种所有制经济共同发展的基本经济制度，毫不动摇地巩固和发展公有制经济，毫不动摇地鼓励、支持、引导非公有制经济发展"，"形成各种所有制经济平等竞争、相互促进新格局"②。中共十八大报告在充分肯定十七大报告中两个"毫不动摇"的基础上，进一步提出要"全面深化

① 《中国共产党第十八次全国代表大会文件汇编》，人民出版社 2012 年版，第 21 页。

② 《中国共产党第十七次全国代表大会文件汇编》，人民出版社 2007 年版，第 25 页。

经济体制改革”，“处理好政府和市场的关系”这个核心问题。[①] 根据党的十七、十八大以及十八届三中、四中、五中全会精神，实现我国经济持续向好发展，着力提升我国经济发展水平和整体经济实力，一是必须坚持和完善公有制为主体、多种所有制经济共同发展的基本经济制度。社会主义基本经济制度理论的创新，实质就是为了促进生产力更好更快地发展。从 1978 年至 2011 年，我国的国内生产总值由 3645 亿元增长到 471564 亿元，年均增速不仅明显高于 1953 年至 1978 年间 6.1% 的速度，而且高于日本、韩国经济起飞阶段。[②] 我国基本经济制度之所以能够激发活力、展现出巨大的优越性，一方面是它坚持了改革的社会主义方向，维护了最广大人民的根本利益。通过调整国有经济战略布局，不断探索公有制的有效实现形式以及改革重组和布局调整，从而使公有制经济活力不断增强，集中力量办大事的优势也得到进一步凸显。另一方面是它立足于我国社会主义初级阶段基本国情，鼓励、支持和引导非公有制经济发展，调动了各方面的积极性，有效地发挥了各方面的发展优势。二是加快完善统一开放、竞争有序的现代市场体系。这是有效发挥市场在资源配置中的决定作用的需要。因此，应当根据繁荣社会主义市场经济的需要，在坚持我国基本经济制度的基础上，加快完善现代市场体系，着力清除市场壁垒，以实现全国各地城乡市场紧密结合、国内市场与国际市场相互衔接，进而拓展资源配置和商品交换空间，提高资源配置和商品交换效率，形成各种所有制经济平等竞争、相互促进、共同发展的新格局，实现社会主义市场经济持续健康发展，在此基础上使各种所有制经济从业人员真正从中认同社会主义市场经济和社会主义核心价值体系。

（二）发展社会主义民主政治，推进法治中国建设，在促进和实现社会公平正义中优化引领社会思潮的政治条件

社会公平正义，主要是指社会各方面的利益关系得到妥善协调，人民内部矛盾和其他社会矛盾得到正确处理，全体公民享有平等的政治地

---

① 《中国共产党第十八次全国代表大会文件汇编》，人民出版社 2012 年版，第 19 页。

② 参见《“两个毫不动摇”推助中国崛起》，载《人民日报》2012 年 5 月 18 日。

位和社会地位，社会公平和正义得到切实维护和实现。① 公平正义是人类社会的共同理想和普遍追求，也是马克思主义的重要价值观之一。实现社会公平正义是中国共产党的一贯政治主张和始终不渝的奋斗目标，是立党为公、执政为民的本质要求和重要体现。作为一种社会理念和价值追求，公平正义也是引领社会思潮、实现社会价值认同的重要思想基础。

中共十七大把“扩大社会主义民主，更好保障人民权益和社会公平正义”，确定为实现全面建设小康社会的奋斗目标之一。中共十八届三中全会进一步提出要“以保证人民当家作主为根本”，“发展社会主义民主政治”，“推进法治中国建设”，更好地维护人民权益。可见，加强民主法制建设，促进社会公平正义，这是新的历史条件下中国共产党对社会主义民主法治建设作出的又一重大部署。现阶段，应着重抓好以下几点：

1. 扩大社会主义民主，保障人民群众的知情权、参与权、表达权和监督权

人民当家作主是社会主义民主政治的本质和核心，是社会主义政治文明的重要标志，也是社会主义民主法制建设的目的和归宿。因此，着眼于增强党和国家活力、调动人民群众积极性，要不断健全民主制度，拓宽民主渠道，丰富民主形式，依法实行民主选举、民主决策、民主管理、民主监督，保障人民的知情权、参与权、表达权和监督权。现阶段，要在坚持和完善人民代表大会制度、中国共产党领导的多党合作和政治协商制度、民族区域自治制度等基本民主制度的基础上，大力推进基层民主，保证群众直接管理基层公共事务和公益事业。基层民主是社会主义民主的基础性工程。要通过完善基层群众自治和民主管理制度，进一步扩大基层群众自治范围，切实推进企事业单位民主管理，加强基层政权建设，完善政务公开、村务公开等制度，实现群众的自我管理、自我服务、自我教育、自我监督，保障群众的民主权利和合法权益。

2. 全面落实依法治国方略，着力建设社会主义法治国家

依法治国是党领导人民治理国家的基本方略，也是社会主义民主政

① 参见《十七大报告辅导读本》，人民出版社2007年版，第219页。

治的基本要求。建设社会主义法治国家，归根结底是为人民当家作主和社会公平正义提供法律和制度保障。新中国成立之后特别是改革开放以来，我国在加强社会主义民主法制建设、维护和促进社会公平正义方面取得了历史性成就，建成了中国特色社会主义法律体系，保障人民民主权利的法律法规日趋完备。但是，“民主法制建设与人民民主不断扩大的客观要求还不相适应，人民群众的知情权、参与权、表达权、监督权还有待逐步实现，人民群众的有序参与、有序表达还未形成相应完备的法律秩序，侵犯人民民主权利的问题还时有发生”。[①] 因此，当前一要加快行政管理体制改革步伐，着力建设法治政府。各级政府应当按照结构合理、配置科学、程序严密、制约有效的原则和决策权、执行权、监督权既相制约又相协调的要求，进一步优化权力结构和组织机构，科学划分和配置各级各部门各系统的权力和职能。应切实转变政府职能，真正实现政企分开、政事分开，让政府履行好经济调节、市场监管、社会管理和公共服务的职责。二要大力推进依法行政。必须进一步规范行政行为，严格按照法定权限、法定程序和法定要求行使职权、履行职责。三要深化司法体制改革，实现公正司法。要通过优化职权配置、规范司法行为、完善诉讼制度、加强司法监督，大力推进司法体制改革。要有效落实司法保障措施，保证审判机关、检察机关依法独立公正地行使职权。要进一步加强政法队伍建设，着力提高他们的思想政治素质和业务能力，真正建设一支政治强、业务精、作风正的政法队伍。

3. 加强对权力运行的制约监督，保证人民赋予的权力用来为人民谋利益

我国宪法明确规定，国家的一切权力属于人民。人民是国家、社会和自己命运的主人。因此，一切权力的行使必须代表人民，一切权力的运用必须受人民监督。实践充分证明，缺少制约监督的权力必然产生腐败。当前，加强对权力运行的制约和监督，一要有效加强党内监督。要以切实有效的党内监督带动行政监督和社会监督。二要完善制约监督机制。要坚持党内监督与党外监督、专门机关监督与群众监督相结合，发挥好舆论监督作用，通过全社会的共同努力，增强监督合力。三要切实

① 王胜俊：《加快建设社会主义法治国家》，载《求是》2008 年第 1 期。

加强对监督结果的运用。要认真落实干部管理的各项政策法规，坚持对干部从严管理，严格执行领导干部问责制，对那些不负责任、不思进取、不讲原则的干部及时作出调整，对那些失职渎职、专权舞弊的公务人员要严肃查办，促使其自觉依法行使职权。

（三）坚持“二为”方向和“双百”方针，不断增强社会主义文化软实力，在实现文化大发展大繁荣中优化引领社会思潮的文化条件

当今时代，文化越来越成为民族凝聚力和创造力的重要源泉，越来越成为综合国力竞争的重要因素，丰富精神文化生活也越来越成为我国各族人民的热切愿望。只有发展和繁荣社会主义文化，才能为引领社会思潮奠定坚实的社会文化基础，进而增强社会成员的文化认同感和凝聚力。当前，繁荣社会主义文化、实现对社会思潮的有效引领，应突出抓好以下几点：

1. 加强社会主义核心价值体系建设，在推进理论创新和开展学术交流中实现有效引领

引领和整合社会思潮的一个重要前提，就是必须不断增强社会主义核心价值体系的生机活力和理论魅力。现阶段，一要高度重视并大力加强社会主义核心价值体系建设研究，推动实现社会主义核心价值体系与时俱进，以增强其先进性、时代性、说服力和引导力。二要积极开展理论批判，坚持以马克思主义科学理论对各种错误思想和社会思潮及时作出正面回应，对各种社会热点问题及时作出科学回答。通过科学的理论批判和思想交锋，挫败各种消极、落后社会思潮的不良影响，保证我国思想文化的正确方向。三要加强社会热点和重大理论问题研究。有计划地组织优秀社科专家，通过科研立项、委托研究等方式开展学术研究，回应、破解社会热点和重大理论问题。四要加强对社会思潮的研究。深入研究国内外社会环境，充分认识社会思潮形成和发展的历史必然性，同时要充分认识各国文化之间的差异，警惕文化交流中的盲目排异和文化霸权。要加强对社会思潮基本问题的研究，为科学引领社会思潮奠定理论基础。要加强对当前具体社会思潮研究，以增强引领的针对性和有效性。要加强对中国共产党引领社会思潮的经验研究，积极探索引领社会思潮的基本规律。

2. 切实推动社会主义文化大发展大繁荣，增强文化认同感和凝聚力

要牢固坚持“二为”方向和“双百”方针，“兴起社会主义文化建设新高潮，激发全民族文化创造活力，提高国家文化软实力，使人民基本文化权益得到更好保障，使社会文化生活更加丰富多彩，使人民精神风貌更加昂扬向上”①。具体而言，一要大力弘扬中华各民族优秀传统文化，突出文化的民族特色、地域特色和传统特色，增强优秀传统文化的亲和力、感染力和凝聚力。二要坚持与时俱进，着力实现文化创新。文化创新是实现文化繁荣发展的内在动力和必然要求。为此，要用时代的眼光和标准审视、弘扬传统文化，用马克思主义中国化的科学成果指导文化创新，大力推动新时期文化内容、文化形式、文化技术的全面进步，增强文化作品的时代性和科学性。三要根据社会实际需求，增强文化作品的群众性和层次性。通过大力促进文艺创作、打造文化精品等，努力以多种文艺方式和多层次的文化活动满足不同层次社会群体的文化需求，使他们在潜移默化中受到教育和熏陶。四要积极深化文化管理体制改革，大力扶持公益性文化事业，积极发展文化产业，着力营造出精品、出人才、出效益的社会环境，充分调动各方面参与文化事业、文化产业、文化创新、文化服务的积极性，增强新时期文化发展和文化服务的活力与创造力。

3. 把握规律性，实现“三贴近”，增强宣传思想文化工作的渗透力和吸引力

注重舆论宣传和思想政治工作，这是中国共产党的优良传统和政治优势，也是新时期引领社会思潮、加强意识形态工作的基本要求。江泽民曾强调指出：“越是改革开放，越要动员和团结群众，越要重视宣传思想工作。”② 新时期新阶段，胡锦涛进一步指出：“做好新闻宣传工作，关系党和国家工作全局，关系改革和经济社会发展大局，关系国家长治久安。”③ 当前，我们的宣传思想文化事业实现了前所未有的大发展，积累了宝贵的经验，但是与新形势新任务的要求相比，还明显地存

① 《中国共产党第十七次全国代表大会文件汇编》，人民出版社 2007 年版，第 32—33 页。

② 《江泽民论社会主义精神文明建设》，中央文献出版社 1999 年版，第 398 页。

③ 胡锦涛：《在人民日报社考察工作时的讲话》，载《人民日报》2008 年 6 月 21 日。

在着一些不适应、不符合的问题，严重影响着宣传教育效果。加强新时期的宣传思想文化引领工作，要在牢牢把握正确导向的基础上，着力抓好以下几点：一是在“贴近实际、贴近生活、贴近群众”上下功夫，切实增强宣传教育的亲和力和感染力。要坚持以人为本和以人民为中心的理念，紧密联系群众的工作、学习和生活，多反映群众的利益诉求，多宣传群众中涌现出来的先进典型，同时贴近人们的心理、情感和思想，从心灵深处加以引领，让群众喜闻乐见。二是紧跟科技发展步伐，实现宣传教育方法手段的现代化。既要切实发挥好传统载体的优势，巩固、提升传统载体引领能力，又要与时俱进，积极占领、充分利用各类新兴传媒阵地，发挥各类媒体优势，增强各自特色，形成强大合力。三是加强交流互动。要积极引导教育客体参与宣传教育全过程，发挥他们的主观能动性，并以其喜闻乐见的方式加强交流和互动，以增强引领的针对性和实效性。四是大力营造尊重、厚待宣传思想文化工作的政策和社会环境，建设一支强大的高素质人才队伍。

4. 搭建平台，创新载体，深入开展和谐创建活动

实现价值认同、形成思想共识，还要紧密结合群众的生产、生活和社会实际积极搭建活动平台，吸引群众广泛参与，增强社会成员的集体荣誉感和社会凝聚力。现阶段，可以根据各地区各单位实际，组织群众广泛开展文明城市、卫生城市、宜居城市、文明村镇、文明单位、和谐社区、文明家庭等精神文明创建活动、志愿服务活动等，把社会主义核心价值体系内涵融入活动内容，渗透到广大群众日常学习、工作和生活之中，使广大群众时时处处感受到社会主义核心价值观的影响和要求，进而使之成为人们日常生产生活的价值取向、基本准则和自觉行动。

（四）加快社会事业改革，提高社会治理水平，不断优化引领社会思潮的社会条件

作为中国特色社会主义的重要组成部分，我国社会建设主要包括发展社会事业、扩大公共服务、协调利益关系、完善社会管理、调处社会矛盾、促进社会公平正义以及这些方面的改革和建设。[①] 社会建设与人

① 参见《十七大报告辅导读本》，人民出版社 2007 年版，第 301 页。

民幸福安康息息相关。实现对社会思潮的有效引领，必须坚持解决思想问题与解决社会实际问题相结合，坚持以人为本，加快推进以改善民生为重点的社会建设，切实提高社会保障能力，努力扩大引领的群众基础和社会基础。

当前，我国社会正处于转型发展的关键时期，一方面，全面建设小康社会的伟大事业取得重要进展，人民群众生产生活条件得到很大改善；另一方面，经济社会发展中仍面临不少矛盾和问题，如城乡、区域、经济社会发展仍不平衡，劳动就业、收入分配、社会保障、教育卫生、居民住房、社会治安等关系群众切身利益的问题仍然较多，等等。对此，必须坚持以科学发展观和新发展理念为指导，在大力实施教育优先发展战略、积极深化收入分配制度改革和切实增加居民收入、建立覆盖城乡居民的公共医疗卫生保障体系的基础上，着力抓好以下社会事业，使广大人民群众共享改革发展成果。

1. 实施更加积极的就业政策，着力扩大就业规模

就业是民生之本，也是全面建成小康社会、构建社会主义和谐社会的根本要求。作为劳动力资源大国，我国当前面临着严峻的就业形势。现阶段，必须把扩大就业放在经济社会发展的突出位置，下大力气切实加以解决。要坚持劳动者自主择业、市场调节就业、政府带动和促进就业的方针，着力实施更加积极的就业政策。要通过大力发展劳动密集型产业和中小企业，积极扩大政府投资和重大项目带动就业，鼓励、支持和引导非公有制经济发展，积极推动小城镇建设，加快县域经济发展等，千方百计扩大就业渠道和容量。要积极实施就业援助政策，多渠道开发、设置公益性就业岗位。通过完善税费减免、岗位补贴、培训补贴、社会保险补贴等政策，调动各类企事业单位吸纳高校毕业生、农村转移劳动力、城镇就业困难人员就业。要通过完善担保贷款、财政贴息、设立创业投资基金和小型创业项目等政策，出台“创业促进法”等法律法规，鼓励、促进各类群体和个人自主创业，以创业带动就业。同时可以鼓励开展对外劳务合作，有序组织劳务输出。要通过健全规范高效的人力资源市场，完善城乡公共就业服务体系，为劳动者提供优质高效的就业服务。要加强创业和职业技能培训，为广大劳动者创业就业提供职业技能服务和政策指导。

2. 加快建立覆盖城乡居民的社会保障体系，切实保障人民群众基本生活条件

社会保障是社会稳定和国家长治久安的重要保证，被视为群众生活的“安全网”和社会运行的“稳定器”，是国家的一项重要社会制度，必须切实加以建设。经过多年来的实践探索，我国社会保障体系建设取得重要进展，基本形成了多层次的体系框架，发挥了非常重要的保障作用。但总的看仍不够完善，还存在着覆盖面不够宽、保障水平低、制度不健全以及区域发展不平衡等问题。按照全面建成小康社会的新要求，我国新时期的社会保障体系建设要坚持全覆盖、保基本、多层次、可持续的方针，统筹推进、覆盖城乡。① 要重点在以下几方面着力：一是加快完善多层次社会保障体系。要以社会保险、社会救助、社会福利、慈善事业为基础，加快完善以基本养老保险制度、基本医疗保险制度、最低生活保障制度、住房保障制度为重点，以社会保险、商业保险为补充的社会保障体系，把全社会成员纳入保障范围。二是加快完善社保财政投入和基金监管等保障机制。一方面要规范政府社保预算制度，充分发挥公共财政的主体保障作用。另一方面要加强社会保障基金的筹措与管理，确保基金安全和保值增值。要着眼于社保基金的长期平衡，着力扩大社保基金筹资渠道，进一步充实全国社会保障战略储备基金，保证基金随着经济社会发展不断增长。同时要建立健全社保基金投资运营制度，在确保养老金如期发放和基金安全的前提下，规范基金监督管理，积极稳妥推进基金投资运营，尽可能实现保值增值。三是完善社保管理体制，构建规范、高效、便捷的社保服务体系。要进一步理顺社保行政管理体制，通过整合管理资源、完善基层社保服务平台建设，着力提高管理服务水平和效率。要通过社保系统的规范化、信息化、专业化建设，尽快建立起标准统一、全国联网的社保管理信息系统，方便参保人员在全国范围内流动就业和生活。四是着力提高住房保障水平。住房是一个重要的民生问题，也是当前人民群众十分关注的社会热点问题之一。要加快

① 参见《中国共产党第十八次全国代表大会文件汇编》，人民出版社2012年版，第33页。

建立市场配置和政府保障相结合的住房制度，加快完善符合我国国情的住房体制机制和政策体系。当前，应当立足满足困难家庭基本需求、引导合理消费，加快构建以政府为主提供基本保障、以市场为主满足多层次需求的住房供应体系，实现广大群众住有所居。

3. 加强和创新社会治理，实现社会和谐稳定和长治久安

毛泽东在《关于正确处理人民内部矛盾的问题》一文中明确提出，正确处理人民内部矛盾是社会主义国家政治生活的主题，强调要调动一切积极因素化解各种矛盾和问题。2004 年，中共十六届四中全会着眼于构建社会主义和谐社会，首次提出“加强社会事业建设”“完善社会管理”并作出专题部署。2006 年，中共十八届三中全会通过的《中共中央关于全面深化改革若干重大问题的决定》着眼于推进国家治理体系和治理能力现代化，进一步提出“创新社会治理”的命题，并就改进社会治理方式、激发社会组织活力、创新有效预防和化解社会矛盾体制、健全公共安全体系等问题提出明确要求，这就为实现新时期的社会治理和引领社会思潮研究指明了方向，提供了指导原则和方法。

新时期新阶段，加强和创新社会治理，一是必须树立现代社会治理理念。改革开放以来，我国社会主义市场经济的深入发展、社会的深刻变革和利益格局的深刻调整，在给经济社会发展带来巨大活力的同时，不可避免地引起了这样那样的社会矛盾和问题，使社会管理面临多种矛盾叠加、风险隐患增多的严峻挑战。而在社会管理实践中，人们日益认识到社会的构成不只是政府与群众的关系，还有包括广大企业、事业单位、行业组织、群团组织等在内的社会组织与群众的关系。在繁重的改革和复杂的社会组织面前，政府不论是对社会事务过多包揽（越位）或管理跟不上（缺位、不到位），都会影响群众正当利益的实现以及对改革发展成果的公平分享。因此，加强和创新社会治理，就成为维护社会安定、促进社会和谐、实现社会文明进步的重要任务。二是明确社会治理总体目标。应按照最大限度激发社会活力、最大限度增加和谐因素、最大限度减少不和谐因素的总要求，以构建社会和谐为目标，以解决关乎人民群众切身利益与影响社会和谐的突出问题为突破口，以完善社会服务为重点，以创新社会治理为动力，以动员社会参与为基础，以

优化社会环境为保障，建设中国特色社会主义社会治理体系，开创具有时代特征、中国特色、地方特点的社会建设新局面。三是着力构建共建共享的社会治理格局。推进社会治理，目的就是实现社会善治。因此，政府和社会应各归其位、各负其责。应积极创新和构建基层社会治理的体制机制，完善党委领导、政府主导、社会协同、公众参与、法制保障的社会治理新格局。目前，鉴于我国社会组织发展滞后，应积极推进社会组织创新发展，激发其内在治理活力，提高其参与社会治理的能力，进而推进基层社会治理创新。四是完善保障措施。应进一步加强组织领导，认真制定总体规划及实施方案，理顺体制机制，按照社会发展规律推进社会建设特别是基层社会治理的有序有效进行。要大力推进社会建设政策和法律法规的制订与实施，为社会治理创新提供可靠的政策和法制保障。要加强理论研究及实践经验的总结与推广，为深化社会治理提供理论参考和经验借鉴。同时不断创新宣传方式方法，加强舆论引导，为创新社会治理提供良好的舆论氛围。

（五）在全社会树立生态文明理念，大力推进生态文明建设，为引领社会思潮提供良好的生态条件

面对资源约束趋紧、环境污染严重、生态系统退化的严峻形势，中共十八大明确提出：“必须树立尊重自然、顺应自然、保护自然的生态文明理念，把生态文明建设放在突出地位，融入经济建设、政治建设、文化建设、社会建设各方面和全过程，努力建设美丽中国，实现中华民族永续发展。”① 中共十八大对生态文明建设所做的专题论述，不仅体现了中国共产党对生态文明建设的高度重视，更体现了中国共产党对人类社会发展规律和社会主义建设规律的新认识，具有重大的理论和实践意义。贯彻落实党的十八大精神，大力推进生态文明建设，就社会层面来讲，应着重把握以下几点：

1. 切实提高对生态文明建设重要性的认识

继十七大之后，中共十八大将生态文明提升到了人类社会发展的一个特定时代高度，首次把生态文明建设纳入社会主义事业总体布局

---

① 《中国共产党第十八次全国代表大会文件汇编》，人民出版社2012年版，第36页。

之中，并且独立成篇，集中进行论述，首次提出建设“美丽中国”的目标，这是新时期新阶段中国共产党关于生态文明建设的又一次理论创新，表明我们党对生态文明的认识有了进一步深化。

中共中央之所以把生态文明建设摆在如此重要的战略地位，第一，是为了保证我国经济持续健康发展。现阶段以来，我国的经济发展已经面临着严峻的资源环境因素，最突出的表现就是环境污染越来越严重，资源过度开发以及资源浪费现象明显，遏制生态系统退化任务依然艰巨。这些既有我国发展的阶段性因素和体制机制方面的因素，又有需求结构、产业结构、要素投入结构等发展方式的因素。因此，要从源头和根本上解决资源约束和环境破坏的瓶颈问题，既要加快经济发展方式的转变，又必须大力推进生态文明建设。第二，是提高人民生活质量的需要。生态环境、生态产品是生态文明建设的核心概念。改革开放 30 多年来，我国物质产品的生产能力大大增强，但生态环境遭到了严重破坏，生态产品的生产能力在不断减弱。而随着生活水平的提高，人们对良好生态环境、优质生态产品的需求却越来越迫切。根据这一需求的新要求，生产结构和发展方式也必须随之发生变化。第三，是实现中华民族永续发展的需要。对于资源和生态环境来说，既是我们这一代人的，也是后代人的。我们既要考虑当代人发展经济、增加财富、过上好日子的需求，也要考虑满足后代人生存和发展的需要。因此，推动经济社会发展，不仅要正确处理人民群众日益增长的物质文化需要与相对落后的生产力水平之间的关系，而且还必须以改革的方式解决好人民群众日益增长的物质文化需要同相对落后的社会生产方式之间的关系，加快推进资源节约型、环境友好型社会建设，从而保证中华民族世世代代永续发展。

2. 不断深化生态文明宣传教育

人与自然的关系本质上是相互作用、相互制约的关系，这种关系一方面表现为人类本身就是自然界的产物，人类的生存与发展不可能离开自然，并且在生产生活中时刻同大自然进行着能量交换；另一方面表现在人类对自然界具有巨大的能动作用，可以认识自然、利用自然、改造自然，不断改进人类的生存和发展方式。人类在与自然交互作用的过程中，形成了超越其他物种的智慧和能力，并随着认识自然、利用自然和改造自然能力的增强，也对自然界造成了一定的伤害或破坏。特别是工业革命以来，随着生产力水平的不断提高，人类创造了历史上从未有过的经济奇迹，积累了巨大的物质财富，但也饱尝了高增长带来的苦果，诸如能源紧张、资源短缺、生态退化、环境恶化、灾害频发等。这些都促使人们重新思考人类与自然的关系，重新思考和调整人类行为的准则。① 而要在全社会唤起人们对自然、生态和生态文明建设重要性的认识，真正树立生态文明新理念，正确处理好人与自然的关系，必须大力加强生态文明宣传教育。

扎实深入、持续不断地开展生态文明宣传教育工作，必须坚持从各行各业、不同人群的实际出发，统筹协调，分类实施。具体而言，一要加强生态文明知识创新和理论研究工作，为生态文明教育提供科学、系统、管用的内容保障。二要充分发挥各级各类干部教育培训学校的主渠道和主阵地作用。各级各类干部是生态文明建设和中国特色社会主义事业的组织者、领导者和践行者，他们的认识水平和思想观念在生态文明建设中具有直接决定作用。因此，加强对各级各类干部的教育培训，对于深入推进生态文明建设具有根本意义，应当抓紧抓好，切实抓出成效。三要充分发挥学校教育的系统教育作用。各级各类学校是青少年科学知识和思想品德培养的主渠道和主阵地，是培养社会主义事业建设者和接班人的摇篮。要根据青少年身心特点和各阶段培养要求，把生态文明教育融入各级各类学校教育的各方面、各环节和全过程，着力形成生态文明教育体系。四要充分发挥传统媒体和现代传播媒体的强大舆论引导作用。要根据新形势、新任务和生态文明建设的新要求，不断创新传播方式方法，不断增强吸引力，扩大影响力；要充分发挥各类媒体的自身优势和特色，形成优势互补和强大合力。五要发掘生态文明建设中的先进典型，有效地发挥其激励引导作用。“各行各业都要注意发现和总结自己的先进典型，做到学有榜样、赶有目标，在全社会形成崇尚先进、学习先进、争当先进的良好风气。”② 要注意在各行各业发现和树立自己的先进典型，通过先进个人、先进单位、先进地区的先进事迹和

① 参见杨伟民《大力推进生态文明建设》，载《人民日报》2012 年 12 月 12 日。

② 《中共中央关于加强和改进思想政治工作的若干意见》，见中发〔1999〕17 号文件。

典型经验教育和带动全社会。六要着力打造生态文化艺术品牌，增强社会主义生态文明的感染力和渗透力。要通过一系列扎扎实实的宣传教育工作，广泛普及生态文明知识，使生态文明的理念不断深入人心，努力在全社会形成"尊重自然、顺应自然、保护自然"的共识和良好风尚。

3. 积极促进思维方式、发展方式和消费方式的根本转变

生态文明建设关系人民福祉，关乎民族未来，同时又涉及社会生活方方面面，因此，需要多措并举、综合施策，需要全社会凝聚共识、共同努力。

首先，要切实转变思想观念和思维方式。要从理性认识人与自然的关系入手，对"征服自然""改造自然""人定胜天"等传统观念进行深刻反思，汲取其合理的精神因素，摈弃其错误思想因素，逐步树立起"尊重自然、顺应自然、保护自然"的新理念。要准确把握生态文明的本质要求，在社会实践中始终做到既尊重自然、顺应自然，又科学利用自然、保护自然，始终保持经济、人口、资源、环境之间的动态平衡，不断提升"人与自然和谐相处"的文明程度，实现中华民族的永续发展。在推进生态文明建设实践中，"就是要按照科学发展观的要求，走出一条低投入、低消耗、少排放、高产出、能循环、可持续的新型工业化道路，形成节约资源和保护环境的空间格局、产业结构、生产方式和生活方式"①；"建设以资源环境承载力为基础、以自然规律为准则、以可持续发展为目标的资源节约型、环境友好型社会"②。

其次，推动全社会从根本上转变经济发展方式。转变经济发展方式，简单地说，就是转方式、调结构、促转型，其中最根本的，就是从依赖资源消耗、不惜破坏环境的粗放型生产方式，向降低资源消耗、减少环境损害、增强生态效益的生产方式转变，形成有利于生态文明建设的现代产业体系。为此，一要加快调整产业结构。要通过制定产业发展规划和分步实施等措施，大力发展服务业和以新能源新材料为重点的战略性新兴产业，提高其在国民经济中的比重。要加快淘汰落后产能、化

① 马凯：《坚定不移推进生态文明建设》，载《求是》2013 年第 9 期。

② 《〈中共中央关于制定国民经济和社会发展第十二个五年规划的建议〉辅导读本》，人民出版社 2010 年版，第 165 页。

解过剩产能，严禁核准产能严重过剩行业新增产能项目，坚决抑制高能耗、高排放产业过快增长。要充分发挥政府引导作用和市场机制作用，按照尊重规律、分业施策、多管齐下、标本兼治的原则，消化一批，转移一批，整合一批，淘汰一批，促进产业向战略性新兴产业、先进制造业和现代服务业调整。二要节约集约利用资源。要着眼于资源节约和破解资源约束，加强全方位全过程资源节约和综合利用，大幅降低能源、水、土地等资源消耗，有效控制用水量，合理开发矿产资源，严格管制土地用途。推动能源生产和消费革命，大力发展新能源和可再生能源，控制能源消费总量，保障国家能源安全。三是推行绿色、循环、低碳生产方式。各行各业都应本着节约资源、保护环境的原则，积极实施生产方式的转变。要通过制度约束和政策引导，促使工业生产彻底抛弃高投入、高污染的粗放式增长方式，大力发展循环经济，降低对碳基能源的过度依赖。要鼓励和引导农业生产发展生态农业和有机农业，稳定提高农业综合生产能力，特别要大幅度降低农药、化肥使用量，改善农业生态环境。要持续强力推进节能减排，加大对水、大气、土壤等污染的综合治理力度，大力推行清洁生产。

最后，促进社会消费方式的根本转变。从一定意义上说，生态文明建设需要依靠消费文明来促进。研究表明，奢华消费不仅加大自然界的资源浪费，而且超出人的生理需要、加重人的身心负担，在增加资源与环境负荷的同时，已经成为导致人类退化的重大隐患。中国是一个人口众多、资源相对稀少的大国，这也决定了我们必须在全社会尽快树立起生态文明理念，积极倡导并推动形成节约、低碳、绿色、健康的消费方式，以消费方式的根本性转变促进生态文明建设。为此，一要加快培养公众的生态文明价值观。看似小事的消费行为和生活方式，却直接关系着生态文明建设的大问题。只有大家的生态文明意识增强了，才会有参与的积极性和自觉性。因此，要通过深入细致、持之以恒的宣传教育，积极引导社会公众从自身做起、从一点一滴做起，自觉节约一滴水、一度电、一粒粮，反对奢侈浪费、相互攀比之风，着力营造“节约环保光荣、浪费污染可耻”的社会风尚，逐步树立起科学的生态价值观。二要倡导绿色文明生活方式，培养科学合理的消费习惯。建设生态文明，必须从改变不科学、不合理的消费习惯和生活方式做起。要积极引导公众理性消费、适度消费、科学消费，鼓励购买绿色、低碳、可循环利用的产品，形成节俭办事、减少污染、有益健康的生活方式。要通过加强城乡公共服务能力建设和价格手段，调节和引导居民绿色居住和出行。要通过开展绿色低碳社区、家庭、科室、班级建设等，推动资源节约型、环境友好型社会建设。三要着力创造节能、清洁、环保的生活环境。大力推广天然气、沼气、太阳能、风能等清洁能源，推行垃圾分类回收和循环利用，改造地下排污管网，提高危险废弃物集中处理能力，积极推进“居住集中化、环境生态化、服务功能化”的农村新社区建设，不断绿化、美化、净化生活环境。

4. 大力推进科技创新

解决资源、环境面临的问题，推进生态文明建设，必须充分发挥科技创新的支撑作用，以科技创新促进生产力发展水平。当下，要有效解决提高资源利用效率、控制污染物排放、提高废弃物资源化利用能力等问题，应着重在以下几方面多加努力：

一是加快重点领域技术创新。要根据生态文明建设需要，在密切跟踪国际新技术新进展的基础上，加强基础研究和应用研究，努力攻克主要耗能领域的节能、清洁能源、大气污染控制、水体污染治理、废弃物资源化利用等关键技术，力争抢占国际新技术竞争制高点，培育产业竞争新优势。要积极发展先进煤电、核电等重大装备制造核心技术，重污染行业清洁生产集成技术等，使主要工业产品单位能耗指标和排放指标达到或接近世界先进水平。

二是加大先进技术推广应用。要加强技术创新和应用推广的有机衔接，建立以企业为主体的产学研合作机制。通过制定配套政策，促进太阳能、风能、生物质能源等可再生能源低成本、规模化开发利用。运用价格调节、加速折旧、财政补贴等措施加快落后产能技术的淘汰更新，有效促进节能产业、资源循环利用产业、环保产业、可再生能源产业等绿色产业发展，使企业从技术的转化和应用中获利，使人们广泛享受到科技进步带来的生态效益。

三是大力实施创新驱动发展战略。这是中共十八大放眼国际经济和科技发展形势，从中国特色社会主义事业全局出发，从提高我国生产力水平的战略高度做出的重大部署。实施这一发展战略是一项复杂的系统工程，首先要增强责任感和紧迫感。既要看到我们的优势，更要看到我们的不足；既要看到已经取得的成绩，更要看到我们与发达国家之间的差距，必须以只争朝夕的精神大力推进这一发展战略的有效实施。其次要大力加强创新型人才队伍和科技创新体系建设。真正把创新型人才队伍建设和人才资源开发利用放在科技创新的优先地位，着力培养造就一批世界一流的科学家及科技工作者队伍。要坚持市场导向、产学研用有机结合，鼓励企业与国内外大型企业集团、著名科研机构、高等院校合作攻关，推动以重点企业为龙头开展产业技术协同创新，探索构建"产学研用"集成新模式，不断增强科技创新能力和产业企业的核心竞争力。最后要积极深化科技体制机制改革，加快政府职能转变，充分发挥企业的主体作用和市场在资源配置中的决定作用，切实推动科技与经济社会发展的有机融合，形成创新驱动发展的更大合力。

5. 以制度建设推动生态文明建设

健全的生态文明制度体系既是生态保护的重要保障，也是生态文明的重要标志。党的十八大报告明确提出："要把资源消耗、环境损害、生态效益纳入经济社会发展评价体系，建立体现生态文明要求的目标体系、考核办法、奖惩机制。建立国土空间开发保护制度，完善最严格的耕地保护制度、水资源管理制度、环境保护制度。深化资源性产品价格和税费改革，建立反映市场供求和资源稀缺程度、体现生态价值和代际补偿的资源有偿使用制度和生态补偿制度。积极开展节能量、碳排放权、排污权、水权交易试点。加强环境监管，健全生态环境保护责任追究制度和环境损害赔偿制度。"① 这些都为生态文明制度建设指明了方向、提出了具体要求。

我国是人口大国、幅员大国和最大的发展中国家，正面临着巨大的环境、资源和生态压力。目前虽已建成以环境保护法为核心，由自然保护法、污染防治法、自然资源法、循环经济法等构成的生态法律框架，但因我国环境法制建设起步较晚，目前仍不系统不完善，仍然存在着司法功能弱化、法律监督不严、立法转型滞后等问题，特别是缺乏严厉的

① 《中国共产党第十八次全国代表大会文件汇编》，人民出版社2012年版，第37—38页。

责任追究和赔偿制度，在环境、资源和生态保护中仍显乏力，与生态文明建设的要求存在较大差距。当前和今后一个时期，实现生态文明建设制度化，必须深入贯彻中共十八大和十八届三中全会精神，通过全面深化改革和全面依法治国，着力构建结构合理、高效运行的领导体制和工作机制，尽快建立健全有关政策和法律法规体系，为生态文明建设提供根本制度保障。

一要创新管理体制机制，优化各级党委、政府的主体职能，强化其主体责任。各级党委、政府在社会管理中负有不可推卸的责任，而优化其主体职能、强化其主体职责是搞好生态文明建设的关键。当前，应根据生态文明建设的要求，着眼于提高行政管理效率，重新整合各级行政资源，合理设置行政管理机构、理顺工作关系、划分职责权限，切实解决部门职责不清、职能交叉、政出多门、推诿扯皮现象，在此基础上建立健全由各级政府直接负责和统一监管、相关职能部门协作联动、上级政府负责评价奖惩的领导体制和工作机制，以更好地发挥各级政府在生态文明建设中的领导和统筹协调作用。

二要从我国生态保护实际和生态法律建设实际出发，尽快建立系统完整的生态文明制度体系，用制度保护生态文明建设。要把握根本，建立健全自然资源资产产权制度、国家自然资源资产管理体制、自然资源监管体制等源头严防制度体系；要抓住关键，建立健全资源有偿使用制度、生态补偿制度、资源环境承载能力监测预警机制、污染物排放许可制度等过程严管制度体系；要有效发挥市场调节作用，建立健全生态补偿制度、资源有偿使用制度、排污权有偿使用和交易制度、环保税收制度等经济引导制度体系；要强化惩处，建立生态环境损害责任终身追究制度、生态环境损害赔偿制度、重大责任依法追究制度等后果严惩制度体系。①

三要以强化行政执法为重点，加大环境保护执法力度。目前，我国一些破坏生态、污染环境的行为之所以得不到有效遏制，症结就在于执法不严、惩处不力，环境执法力度较弱，环境违法成本较低。因此，在

① 参见杨伟民《建立系统完整的生态文明制度体系》，载《光明日报》2013 年 11 月 23 日。

加快环境保护立法步伐的同时，必须加大环保执法力度，真正做到有法必依、执法必严、违法必究。在具体实践中，应当依法授予环保部门强制执行权，使他们能够更加有效地履行环保职责，加大环保执法检查力度和违法惩处力度。应努力实现环境执法与刑事司法的有机结合，以强有力的环境执法和司法钳制环境违法行为，提高环境违法成本，调节和规范社会行为。

四要完善考核评价和奖惩机制，强化生态文明建设引导工作。要改进政绩考核制度，建立绿色 GDP 考核评价体系。根据生态文明建设的总体部署，应当着眼于降低资源消耗、减少环境损害、增强生态效益，统筹制定和不断完善地方各级党委政府工作考评体系和领导干部任期目标考核制度。要坚持因地制宜，尽快建立和实施差别化考评制度，特别是对那些限制开发或生态脆弱的区域，不应简单地考核其生产总值。要从实施生态文明建设战略要求出发，尽早建立党政领导干部任期责任制及责任终身追究制，对造成生态环境严重损害的地区，要终身追究其各级领导干部的责任，视具体情况，或不得提拔重用，或追究其法律责任。要加强监督、严格管理，使各项制度成为硬约束。

用社会主义核心价值体系引领多样化社会思潮是一项长期、复杂而艰巨的任务，只有在中国共产党正确领导下，坚定不移地走中国特色社会主义道路，坚持中国特色社会主义理论体系和中国特色社会主义制度不动摇，坚持改革开放不动摇，着力将我国建设成为一个经济发达而公平的社会、一个政治民主而清明的社会、一个文化繁荣而强大的社会、一个团结和谐而稳定的社会，一个生态良好而美丽的社会，才能为社会主义核心价值体系引领社会思潮创造更加有利的社会条件，才能更好地在全社会形成思想共识，凝集各方力量，汇聚成建设中国特色社会主义的强大合力。

参考文献

1.《马克思恩格斯选集》第1—4卷，人民出版社1995年版。

2.《列宁选集》第1—4卷，人民出版社1995年版。

3.《马克思 恩格斯 列宁论意识形态》，人民出版社2009年版。

4.《毛泽东文集》第1—8卷，人民出版社1993—1999年版。

5.《毛泽东选集》第1—4卷，人民出版社1991年版。

6.《邓小平文选》第1—2卷，人民出版社1994年版。

7.《邓小平文选》第3卷，人民出版社1993年版。

8.《江泽民文选》第1—3卷，人民出版社2006年版。

9.《江泽民论有中国特色社会主义》（专题摘编），中央文献出版社2002年版。

10.《江泽民论社会主义精神文明建设》，中央文献出版社1999年版。

11. 江泽民：《论党的建设》，中央文献出版社2001年版。

12.《十三大以来重要文献选编》（下），人民出版社1993年版。

13.《十四大以来重要文献选编》（上），人民出版社1996年版。

14.《十四大以来重要文献选编》（中），人民出版社1997年版。

15.《十四大以来重要文献选编》（下），人民出版社1999年版。

16.《十五大以来重要文献选编》（上），人民出版社2003年版。

17.《十六大以来重要文献选编》（上），中央文献出版社2005年版。

18.《十六大以来重要文献选编》（中），中央文献出版社2006年版。

19.《十六大以来重要文献选编》（下），中央文献出版社2008年版。

20.《十七大以来重要文献选编》（上），中央文献出版社2009年版。

21.《中国共产党第十六次全国代表大会文件汇编》，人民出版社2002年版。

22.《中国共产党第十七次全国代表大会文件汇编》，人民出版社 2007 年版。

23.《中国共产党第十八次全国代表大会文件汇编》，人民出版社 2012 年版。

24. 中共中央文献研究室：《习近平总书记重要讲话文章选编》，中共党史出版社、党建读物出版社 2016 年版。

25.《十七大报告辅导读本》，人民出版社 2007 年版。

26.《十八大报告辅导读本》，人民出版社 2012 年版。

27.《〈中共中央关于制定国民经济和社会发展第十二个五年规划的建议〉辅导读本》，人民出版社 2010 年版。

28.《〈中共中央关于全面深化改革若干重大问题的决定〉辅导读本》，人民出版社 2013 年版。

29.《〈中共中央关于深化文化体制改革推动社会主义文化大发展大繁荣若干重大问题的决定〉辅导读本》，人民出版社 2011 年版。

30.《中国共产党历史》第 1—2 卷，中共党史出版社 2011 年版。

31.《中共中央关于加强和改进思想政治工作的若干意见》，中发〔1999〕17 号文件。

32.《中共中央关于构建社会主义和谐社会若干重大问题的决定》，《人民日报》2006 年 10 月 19 日。

33. 中共中央办公厅：《关于培育和践行社会主义核心价值观的意见》，《人民日报》2013 年 12 月 24 日。

34.《中共中央关于全面推进依法治国若干重大问题的决定》，《人民日报》2014 年 10 月 29 日。

35. 中共中央国务院：《关于加大改革创新力度加快农业现代化建设的若干意见》，《人民日报》2015 年 2 月 2 日。

36.《中共中央国务院关于加快推进生态文明建设的意见》，《人民日报》2015 年 5 月 6 日。

37. 中共中央办公厅、国务院办公厅：《关于完善法律援助制度的意见》，《人民日报》2015 年 6 月 30 日。

38. 中共中央办公厅、国务院办公厅：《关于全面推进政务公开工作的意见》，《人民日报》2016 年 2 月 18 日。

39. 胡锦涛:《在人民日报社考察工作时的讲话》,《人民日报》2008 年 6 月21 日。
40. 胡锦涛:《坚定不移走中国特色社会主义文化发展道路 努力建设社会主义文化强国》,《求是》2012 年第 1 期。
41. 胡锦涛:《进一步认识把握社会历史发展规律 增强推进改革发展的自觉性主动性》,《人民日报》2003 年 11 月 26 日。
42. 习近平:《在庆祝中国共产党成立 95 周年大会上的讲话》,《人民日报》2016 年 7 月 2 日。
43. 习近平:《把培育和弘扬社会主义核心价值观作为凝魂聚气强基固本的基础工程》,《人民日报》2014 年 2 月 26 日。
44. 习近平:《在文艺工作座谈会上的讲话》,《人民日报》2015 年 10 月 15 日。
45. 习近平:《在哲学社会科学工作座谈会上的讲话》,《人民日报》2016 年 5 月 19 日。
46. 李长春:《正确认识和处理文化建设发展中的若干重大关系 努力探索中国特色社会主义文化发展道路》,《求是》2010 年第 12 期。
47. 刘云山:《建设和谐文化 巩固社会和谐的思想道德基础》,《人民日报》2006 年 10 月 24 日。
48. 刘云山:《深入推进社会主义核心价值体系建设 巩固全党全国人民团结奋斗的共同思想基础》,《党建》2008 年第 5 期。
49. 刘云山:《着力培育和践行社会主义核心价值观》,《求是》2014 年第 2 期。
50. 中央宣传部理论局:《六个“为什么”——对几个重大问题的回答》,学习出版社 2009 年版。
51. 韩震主编:《社会主义核心价值体系研究》,人民出版社 2007 年版。
52. 梅荣政:《用马克思主义引领社会思潮》,武汉大学出版社 2008 年版。
53. 梅荣政、杨军:《社会主义核心价值体系与社会思潮析评》,中国社会科学出版社 2010 年版。
54. 梅荣政、张晓红:《新自由主义思潮》,高等教育出版社 2004 年版。
55. 周新城:《民主社会主义思潮析评》,社会科学文献出版社 2008

年版。
56. 张一兵、胡大平：《西方马克思主义哲学的历史逻辑》，南京大学出版社 2003 年版。
57. 徐崇温：《西方马克思主义》，天津人民出版社 1982 年版。
58. 房宁、王柄权：《民族主义思潮》，高等教育出版社 2004 年版。
59. 龚书铎等编：《民族文化虚无主义评析》，中国人民大学出版社 1990 年版。
60. 宁先圣、石新宇：《社会主义核心价值体系与当代社会思潮》，社会科学文献出版社 2011 年版。
61. 邓卓明主编：《社会思潮专题研究》，中国社会科学出版社 2012 年版。
62. 陆学艺、景天魁主编：《转型中的中国社会》，黑龙江人民出版社 1994 年版。
63. 阎志民：《中国现阶段阶级阶层研究》，中共中央党校出版社 2002 年版。
64. 李强：《转型时期中国社会分层》，辽宁教育出版社 2004 年版。
65. 王绍臣等：《意识形态与社会主义市场经济研究》，天津人民出版社 2002 年版。
66. 陈晓明等：《意识形态建设理论的新发展》，社会科学文献出版社 2008 年版。
67. 段忠桥：《当代国外社会思潮》，中国人民大学出版社 2004 年版。
68. 曼纽卡·卡斯特：《网络社会的兴起》，社会科学文献出版社 2011 年版。
69. 德鲁里：《列奥·施特劳斯与美国右派》，刘华等译，华东师范大学出版社 2006 年版。
70. ［美］拉塞尔·雅各比：《最后的知识分子》，洪洁译，江苏人民出版社 2006 年版。
71. 本尼迪克特：《菊与刀》，吕万和等译，商务印书馆 2005 年版。
72. ［美］诺姆·乔姆斯基：《新自由主义和全球秩序》，徐海铭、季海宏译，江苏人民出版社 2000 年版。
73. 侯惠勤：《新中国主流意识形态建设的基本经验》（上），《思想理论教育导刊》2009 年第 8 期。
74. 侯惠勤：《新中国主流意识形态建设的基本经验》（下），《思想理论教育导刊》2009 年第 9 期。
75. 萧功秦：《改革开放以来意识形态创新的历史考察》，《天津社会科学》2006 年第 4 期。
76. 祝宝钟：《新时期我国的意识形态建设》，《党建研究》2008 年第 9 期。
77. 蒋成贵：《马克思主义意识形态日常生活化必要性分析》，《宜春学院学报》2012 年第 7 期。
78. 赵曜：《大力推进社会主义核心价值体系建设》，《学习论坛》2007 年第 7 期。
79. 吴潜涛：《社会主义核心价值体系的科学内涵》，《道德与文明》2007 年第 1 期。
80. 许耀桐：《关于社会主义核心价值观的若干问题》，《中共中央党校学报》2012 年第 4 期。
81. 陆树程、杨倩：《论培育和践行社会主义核心价值观的内在机制》，《毛泽东邓小平理论研究》2014 年第 8 期。
82. 韩震：《社会主义核心价值体系引领作用论略》，《光明日报》2011 年 11 月 23 日。
83. 韩震：《论民族精神的历史性与时代性》，《理论月刊》2007 年第 1 期。
84. 梅荣政：《关于社会主义核心价值观的几点思考》，《思想理论教育导刊》2015 年第 8 期。
85. 李庚香：《论社会主义核心价值体系的社会化》，《科学社会主义》2007 年第 3 期。
86. 王伟：《社会主义核心价值体系是建设和谐文化的根本》，《光明日报》2006 年 12 月 3 日。
87. 田海舰：《社会主义核心价值体系的基本特征》，《思想政治工作研究》2007 年第 6 期。
88. 欧阳恩良：《社会主义核心价值体系是社会主义和谐文化建设的灵魂》，《贵州社会科学》2008 年第 2 期。

89. 赵绪生:《社会主义核心价值体系的基本特性》,《思想政治工作研究》2007 年第 9 期。
90. 李景源:《核心价值体系是立国之基》,《光明日报》2011 年 1 月 10 日。
91. 白建民、高敏:《社会主义核心价值体系的精神动力功能解读》,《铜陵学院学报》2009 年第 2 期。
92. 李树业、孙兰英:《提升社会主义核心价值体系的文化软实力》,《中国特色社会主义研究》2008 年第 4 期。
93. 董朝霞、张绍平:《论中国特色社会主义共同理想的立论依据》,《毛泽东思想研究》2008 年第 5 期。
94. 梁亚敏、梅荣政:《试论社会主义核心价值体系的引领作用》,载《求索》2009 年第 5 期。
95. 陈秉公:《论社会主义核心价值观“高势位”培育和践行的规律性》,《思想理论教育》2014 年第 2 期。
96. 韩震、欧阳向英:《以历史的观点看待新自由主义》,《中国特色社会主义研究》2000 年第 4 期。
97. 中国社会科学院“新自由主义研究”课题组:《新自由主义研究》,《马克思主义研究》2003 年第 6 期。
98. 梁柱:《历史虚无主义思潮评析》,《红旗文稿》2009 年第 9 期。
99. 韩庆祥:《反对拜金主义》,《求是》2005 年第 9 期。
100. 梅荣政、杨军:《历史虚无主义重新泛起的透视》,《马克思主义研究》2005 年第 5 期。
101. 龚书铎:《历史虚无主义二题》,《高校理论战线》2005 年第 5 期。
102. 田居俭:《历史岂容虚无——评史学研究中的若干历史虚无主义言论》,《高校理论战线》2005 年第 6 期。
103. 刘清廉:《坚持科学社会主义防止民主社会主义思潮的侵蚀》,《兰州学刊》1991 年第 4 期。
104. 罗大文:《试析爱国主义的内涵、结构与功能》,《学术论坛》2006 年第 6 期。
105. 杨威、王国有:《西方马克思主义与现代西方思潮、后现代思潮的比较研究》,《马克思主义与现实》(双月刊)2007 年第 1 期。

106. 张本：《“西方马克思主义”与当代西方马克思主义思潮》，《武汉大学学报》（社会科学版）1985 年第 3 期。
107. 梅荣政、周志平：《“公共知识分子”论是怎样一种思潮?》，《高校理论战线》2005 年第 2 期。
108. 苏力：《中国当代公共知识分子的社会建构》，《社会学研究》2003 年第 2 期。
109. 张爱华、储德天：《公共知识分子何以可能》，《社会观察》2004 年第 5 期。
110. 徐清泉：《国情因素影响下的知识分子及其理性的认同》，《毛泽东邓小平理论研究》2006 年第 7 期。
111. 李崇富、沼智奎、杨绍华：《知识分子在中华民族伟大复兴事业中的地位和作用》，《科学社会主义》2005 年第 5 期。
112. 邓雪琳：《“公共知识分子”思潮简论》，《理论观察》2009 年第 2 期。
113. 广东省邓小平理论和“三个代表”重要思想研究中心：《警惕“公共知识分子”思潮》，《光明日报》2004 年 12 月 14 日。
114. 教育部邓小平理论和“三个代表”重要思想研究中心：《关于普世价值的若干问题》，《求是》2008 年第 22 期。
115. 刘长龙：《试论对社会主义核心价值体系产生较大危害的几种社会思潮》，《社会科学论坛》2007 年第 10 期。
116. 何梓：《略论社会思潮的本质和特征》，《岭南学刊》1999 年第 3 期。
117. 何梓焜：《社会思潮在社会意识结构中的地位和作用》，《探求》1991 年第 6 期。
118. 王炳权：《论社会思潮的基本特征》，《思想理论教育》2011 年第 1 期。
119. 佘双好：《当代社会思潮的内涵、特征及其研究意义》，《学校党建与思想教育》2011 年第 7 期。
120. 姜志强、高道才：《略论社会思潮与意识形态的关系》，《甘肃理论学刊》2005 年第 5 期。
121. 肖锦全：《论社会思潮作为社会意识一个层次的构想》，《现代哲学》1997 年第 1 期。

122. 解松：《当前主要社会思潮及其影响》，《江南社会学院学报》2009 年第 2 期。
123. 魏红霞：《当代社会思潮的新特点及其对大学生的影响》，《思想政治教育研究》2009 年第 4 期。
124. 郑佳明：《中国社会转型与价值变迁》，《清华大学学报》（哲学社会科学版）2010 年第 1 期。
125. 马正平：《国外社会思潮的传播与控制——基于高校环境的政治社会学分析》，《甘肃社会科学》2009 年第 5 期。
126. 邱柏生、韩巍：《试论当代社会思潮影响的内在方式》，《思想教育研究》2009 年第 11 期。
127. 张国祚：《论多样化社会思潮的引领》，《求是》2007 年第 14 期。
128. 张耀灿、杨静：《以社会主义核心价值体系引领社会思潮的着力点》，《思想理论教育》2007 年 10 月上半月。
129. 陈秉公：《论社会主义核心价值体系引领社会思潮的规律性》，《江汉论坛》2009 年第 11 期。
130. 陈秉公：《论用社会主义核心价值体系引领社会思潮的基本途径》，《政治学研究》2008 年第 6 期。
131. 陈秉公：《论国家意识形态“高势位”建设与实现“引领”功能的基本方式》，《思想理论教育》2010 年第 7 期。
132. 李忠杰：《深入探讨维护文化安全的思路——〈中国文化安全与意识形态战略〉简评》，《人民日报》2010 年 5 月 10 日。
133. 梅荣政、王炳权：《坚持以社会主义核心价值体系引领社会思潮》，《思想理论教育导刊》2007 年第 6 期。
134. 章传家、张理海：《坚持以社会主义核心价值体系引领社会思潮》，《光明日报》2006 年 12 月 16 日。
135. 广东省中国特色社会主义理论体系研究中心：《以社会主义核心价值体系引领社会思潮》，《光明日报》2009 年 7 月 21 日。
136. 朱士群：《当代中国社会思潮：回应与引领》，《安徽师范大学学报》（人文社会科学版）2008 年第 4 期。
137. 王秀阁：《论社会主义核心价值体系引领机制的建构》，《马克思主义研究》2010 年第 1 期。

138. 张骥、刘云章：《论马克思主义意识形态对多样化社会思潮的引领机制》，《马克思主义研究》2011 年第 4 期。
139. 刘长军：《社会主义核心价值体系引领社会思潮的三大机制》，《井冈山干部学院学报》2009 年第 5 期。
140. 肖浩：《论构建社会主义核心价值体系引领社会思潮的有效机制》，《电子科技大学学报》（社会科学版）2009 年第 2 期。
141. 文雅：《当代中国社会思潮的引领和整合——兼论我国社会思潮的特质》，《信阳师范学院学报》2010 年第 1 期。
142. 陈新汉：《论社会思潮的民众评价机制》，《攀登》2003 年第 3 期。
143. 王永芹：《当代中国多样化社会思潮发展态势与引领机制探析》，《河北学刊》2008 年第 6 期。
144. 张军：《坚持以社会主义核心价值体系引领社会思潮》，《人民日报》2007 年 1 月 19 日。
145. 刘同舫：《在应对当代各种社会思潮的挑战中发挥马克思主义的威力》，《马克思主义研究》2010 年第 3 期。
146. 孙百亮：《西方意识形态渗透的隐蔽性与中国高校思想政治教育创新》，《学术论坛》2009 年第 7 期。
147. 张宗伟：《文化软实力建设与维护我国意识形态安全》，《东岳论丛》2012 年第 10 期。
148. 张博颖、苗伟：《文化软实力与社会主义意识形态安全》，《天津社会科学》2010 年第 3 期。
149. 李磊明：《提高正确引导社会舆论的能力》，《理论前沿》2005 年第 3 期。
150. 吴晓明：《新媒体传播中的社会舆论场综合考察》，《徐州师范大学学报》（哲学社会科学版）2010 年第 3 期。
151. 单刚：《科学引领我国当代社会思潮论析》，《中州学刊》2011 年第 2 期。
152. 单刚：《关于当前社会思潮引领路径的几点思考》，《毛泽东邓小平理论研究》2011 年第 9 期。
153. 单刚：《当前社会思潮的新特点及对我国意识形态建设的影响》，《洛阳师范学院学报》2011 年第 9 期。

后　记

以社会主义核心价值体系引领社会思潮，是社会主义意识形态建设的必然要求和重大战略任务。自中共十六届六中全会首次提出这一命题以来，中央对这一问题高度重视，多次作出专题部署，提出指导原则和明确要求；理论界十分关注，发表和出版了诸多研究成果；宣传思想文化战线更是多渠道多形式地开展了富有成效的系列宣传教育和文艺创作，这些既使我们进一步明确了研究方向，又为本课题研究提供了丰厚的积累和有益的借鉴。

本书围绕社会主义核心价值体系引领社会思潮这一论题，本着深入系统、创新提升的指导思想，坚持以马克思主义及其中国化理论成果为指导，立足当代中国深化改革、扩大开放和中国特色社会主义建设实际，从我国社会主义意识形态建设的新形势、新使命、新特点和新要求出发，对社会思潮的一些基本问题、社会思潮与主流意识形态的关系等作了深入探讨，对中国共产党近百年来应对和引领社会思潮的历程作了简要回顾，总结了中国共产党应对和引领社会思潮的基本经验，对以社会主义核心价值体系引领社会思潮的必然性和可行性等基本问题作了深入论证，进而对引领社会思潮的基本原则、基本要求和基本方法，对以“工程化”方式构建引领机制，对优化引领各类思潮的社会条件等问题进行了深入研究。本书旨在通过一个新的视角提高对引领社会思潮问题研究的系统性和科学性，并以期对这一重大理论和实践问题的解决提供一些有益的参考。

本书是国家社会科学基金项目“用社会主义核心价值体系引领和整合社会思潮研究”（项目批准号：10BKS059）的最终成果。该项目由单刚主持申报并拟定研究提纲、提出研究分工和写作要求，黄秀梅、丁少锋、朱四倍、李东晓参与研究工作。初稿执笔分工如下：导论、第六章由单刚执笔，第一章由丁少锋执笔，第二章、第三章由朱四倍执笔，第四章、第五章由李东晓执笔，第七章由黄秀梅执笔。全书由单刚统修、定稿。

本课题研究和最终成果的出版得到了国家社科规划办、河南省社科规划办、信阳师范学院科研处和社科办、中国社会科学出版社的大力支持，同时得到了国家行政学院许耀桐教授、信阳师范学院李俊教授、兰州大学王学俭教授、湖北大学郭大俊教授、山东大学蒋锐教授、上海政法学院张远新教授、中共河南省委党校徐学庆编审、河南财经政法大学朱金瑞教授、信阳师范学院金荣权教授、中国社会科学出版社马克思主义理论出版中心田文副主任等的指导和帮助，在此一并表示诚挚的谢意！

在课题研究和书稿写作过程中，我们参考、引用了海内外许多专家学者的相关论著等成果，从中汲取了诸多营养，受到了很大启发，有的成果未能在参考文献中一一列出，在此谨向各位专家同仁一并表示由衷的感谢！

以社会主义核心价值体系引领社会思潮是一项长期的战略任务，也是一项政治性和政策性、理论性和实践性都很强的重大课题。随着形势的发展和社会主义先进文化建设的需要，这一领域许多理论和实践问题的解决尚需我们不断地开阔研究视野、深化思想认识、提高研究水平、加大研究力度。在课题研究和书稿写作过程中尽管我们作了很大努力，但我们深知自己的学识、研究水平以及接触资料的局限，书中肯定存在不少疏漏和不当之处，恳请各位专家同仁和广大读者批评指正。

单　刚

2016 年 11 月